本书由国家自然科学基金青年科学基金项目“资金约束下的共享平台动态竞争策略研究”（项目编号：71801170）、扬州大学出版基金、扬州大学商学院出版基金资助出版



QUANQUDAO SHIDAI XIA DE
GONGYINGLIAN XIETONG YU ZHENGHE

# 全渠道时代下的
# 供应链协同与整合

张鹏 / 著

江苏大学出版社
JIANGSU UNIVERSITY PRESS
镇　江

**图书在版编目(CIP)数据**

全渠道时代下的供应链协同与整合 / 张鹏著. -- 镇江：江苏大学出版社，2024.1
ISBN 978-7-5684-2080-8

Ⅰ. ①全… Ⅱ. ①张… Ⅲ. ①供应链管理 Ⅳ. ①F252.1

中国国家版本馆 CIP 数据核字(2023)第 237273 号

**全渠道时代下的供应链协同与整合**

著　　者/张　鹏
责任编辑/张小琴
出版发行/江苏大学出版社
地　　址/江苏省镇江市京口区学府路 301 号(邮编：212013)
电　　话/0511-84446464(传真)
网　　址/http://press.ujs.edu.cn
排　　版/镇江文苑制版印刷有限责任公司
印　　刷/镇江文苑制版印刷有限责任公司
开　　本/710 mm×1 000 mm　1/16
印　　张/14.25
字　　数/263 千字
版　　次/2024 年 1 月第 1 版
印　　次/2024 年 1 月第 1 次印刷
书　　号/ISBN 978-7-5684-2080-8
定　　价/58.00 元

如有印装质量问题请与本社营销部联系(电话：0511-84440882)

# 前 言

著名供应链管理专家马丁·克里斯托弗（Martin Christopher）曾指出："21世纪的竞争不再是企业与企业之间的竞争，而是供应链与供应链之间的竞争。"如何提升整个供应链的绩效，成为学界和业界共同关注的话题。供应链管理这一新的领域也应运而生。它不同于企业内部的管理，供应链上的成员分属不同的主体，虽然核心企业可以运用其市场地位在一定程度上影响供应链上其他成员的行为，但是供应链管理依然需要依靠市场机制。因此，供应链管理更多的是核心企业通过市场的力量对供应链成员进行协同与整合，以提升整个供应链的绩效水平。

在电子商务尚未兴起之时，供应链管理主要关注线下销售渠道，研究的重点是供应链纵向整合。随着电子商务的发展，供应链的渠道结构开始变得复杂，零售商、供应商、制造商等位于供应链不同位置的企业都开始开设线上销售渠道。此时的供应链管理不仅要关注供应链纵向的整合，还要关注供应链横向（线下渠道与线上渠道）的协同，如线下与线上渠道如何定价、决策库存水平、相互合作等。随着移动互联网以及新信息技术的出现，为消费者提供产品或服务的渠道呈现越来越多元化的趋势，消费者不仅可以从线下销售渠道和线上销售渠道购买产品，而且可以从共享渠道租用产品：全渠道时代正式到来。全渠道能够使供应链覆盖更多消费者，从而实现销量的提升，同时也能为消费者提供更好的购物体验。然而，全渠道间复杂的竞合关系也给整个供应链管理带来了巨大的挑战。如何在全渠道时代对供应链进行协同与整合，提升整个供应链的绩效水平，已经成为当前亟待解决的问题。

虽然目前是全渠道时代，但是这并不意味着企业一定要开设所有渠道，而是需要根据实际情况选择合适的渠道组合。因此，为了解决全渠道时代下的供应链协同与整合问题，本书首先从供应链渠道的选择入手，分析供应链上的成员应该如何依据市场情况与自身条件，在线下销售渠道、线上销售渠道、多类型共享渠道中选择适合自己的渠道组合。然后在此基础上，进一步从全渠道协同定价、库存共享、联合促销、利益分享等方面探讨全渠道间的横向协同策略。最后分析全渠道模式对整个供应链上下游的影响，并以供应链整体绩效最大化为目标，在不同横向协同策略下设计相应的供应链的纵向整合机制，从而实现整个供应链的二维协同与整合。

本书的特色和创新之处主要包括：(1) 紧跟当前商业实践，不仅考虑了线下销售渠道和线上销售渠道，而且考虑了共享这一新兴渠道；(2) 不仅考虑了全渠道间的横向协同，而且从整个供应链的角度考虑了纵向整合；(3) 不仅有基于理论与案例的定性分析，还有基于数学模型与数值仿真的定量研究。

本书在编写过程中得到了东南大学何勇教授和加拿大劳瑞尔大学施春明教授的指导，初稿完成后由我的硕士研究生居思思调整版式、更新数据、整合文献等。此外，本书还受到国家自然科学基金青年科学基金项目“资金约束下的共享平台动态竞争策略研究”(项目编号：71801170)、扬州大学出版基金和扬州大学商学院出版基金资助。在此，一并表示诚挚的谢意。

限于时间和作者水平，书中难免存在不足之处，欢迎广大读者提出宝贵意见。

张　鹏

2023 年 10 月

# 目 录

# 绪 论

## 0.1 研究背景和意义

中华人民共和国商务部发布的《中国电子商务报告(2022)》显示,截至2022年,中国电子商务交易额达43.83万亿元,按可比口径计算,比上年增长3.5%。该交易额已经相当于2021年国内生产总值的36.22%。其中,网络零售业继续呈现出爆发式增长态势,中国网上零售额达13.79万亿元,同比增长4.0%,占当年社会消费品零售总额的比重达到27.2%。2022年,"双十一"全网交易额为11154亿元,同比增长13.7%。由此可见,线上销售渠道发展迅猛,已经成为现代销售渠道的重要组成部分。

2021年12月,中华人民共和国国务院发布的《"十四五"数字经济发展规划》中指出,"深入发展共享经济"成为"数字经济新业态培育工程"的重要内容。"共享经济"(sharing economy)的实质是物品所有权与使用权的分离,拥有物品所有权的企业或个人,借助现代信息平台,以有偿的方式将物品使用权便捷地出让给有需要的企业或个人,从而实现物尽其用,提升社会资源的利用效率。国家信息中心发布的《中国共享经济发展报告(2023)》显示,2022年中国共享经济市场交易规模约为3.83万亿元,同比增长约3.9%。在商业实践中,共享模式开始广泛应用于生活服务、出行、住宿、办公空间、生产能力、知识技能等众多行业领域。由此可见,共享渠道也已经成为当前企业渠道的重要组成部分。

当前,企业面对的渠道种类多,包括线下销售渠道、线上销售渠道以及共享渠道,各类渠道还存在不同的运营模式,如线上直销渠道模式、线上中介销售模式、B2C共享模式、C2C共享模式、C2B2C共享模式等。因此,在全渠道时代下,企业首先需要解决的问题是如何根据自身情况选择合适的渠道模式。

对于已经拥有多个渠道的企业而言,如何发挥多个渠道间的协同效应是其需要解决的第二个问题。到目前为止,双渠道零售商如何进行两个渠道的价格协同仍然存在分歧。有些零售商采用线上和线下渠道同品同价的定价策略,如苏宁所有门店销售的所有商品与苏宁易购实现同品同价;而有些零售商则采用两个销售渠道同品不同价的定价策略,如国美和沃尔玛。企业对于其他协同策略的尝试比较少,且策略类型比较单一。中国连锁经营协会(CCFA)的调查数据显示,目前只有43%的双渠道零售商开展了线上线下业务整合的尝试,在这些开展业务整合的双渠道零售商中,有70%的双渠道零售商采用了线上关注、线下体验和购买的形式。由此可见,企业对于共享渠道与销售渠道如何进行协同仍处在探索阶段。

此外,全渠道时代给供应链管理也带来了新的挑战。传统供应链管理的核心是通过对供应链上下游企业进行整合以提升供应链的绩效。然而,在全渠道时代下,供应链管理如何在考虑上下游企业间关系的同时,进一步考虑多渠道间的竞合关系,实现纵向与横向的二维整合。这是企业需要解决的第三个问题。

通过研究,本书力图解决上述三个问题,为全渠道时代下企业渠道决策与供应链管理提供有效建议,提高顾客服务水平,增强整个供应链的竞争能力。因此,本书不仅在理论上具有原创性和创新性,而且具有非常重要的应用价值。

## 0.2 研究内容和结构

本书首先对研究的背景与意义进行了说明和分析。其次,对研究对象及相关概念进行了界定。在此基础上,按照决策逻辑,分为两个主题:渠道选择、供应链协同与整合。对于第一个主题,分别对零售商、制造商以及餐饮企业的渠道选择进行了研究,探讨了不同情况下的最优渠道选择。对于第二个主题,对三种渠道的协同与整合策略——价格策略、“线上购买、线下取货”策略、横向转载策略进行了研究。

本书的研究内容具体如下:

绪论分析研究的背景及意义,界定研究对象及相关概念,介绍研究内容与框架。

第1章在集中式供应链和分散式供应链两种情形下,分别对零售商单一线上渠道、单一线下渠道与双渠道这三种渠道结构进行对比分析,研究得到每种渠道结构的适用范围，并提出供应链的协调机制。

第 2 章采用斯塔克尔伯格博弈与纳什博弈对制造商三种线上分销渠道模式下的均衡批发价格、线上渠道价格与线下渠道价格进行分析，采用定量与数值仿真的方法，对制造商如何在三种线上分销渠道模式中进行选择展开研究。

第 3 章分析餐厅三种可能的外卖模式，即不提供在线外卖服务（简称 NTO 模式）、通过加入在线外卖平台提供外卖服务（简称 TOF 模式），以及自己提供在线外卖服务（简称 TOH 模式），对餐厅的最优外卖模式选择的问题进行研究。在此基础上，进一步研究在线外卖供应链的协调问题。

第 4 章首先从运营方式、运营成本、运营复杂度、服务质量与类型等方面，对 B2C、C2C、C2B2C 与 C2C＋B2C 这四种常见共享模式的优缺点进行分析与比较；其次对供给端、需求端与企业自身状况三个大类分析共享模式的适用范围；最后基于上述分析，对企业共享模式的选择提出建议。

第 5 章首先在 M-S 模型和 MR-S 模型下研究制造商和零售商的最优决策问题；其次在此基础上，研究制造商在 M-S 模型和 MR-S 模型之间的渠道结构选择；最后设计适当的销售奖励合同，使双方都能从共享渠道中获益。

第 6 章用制造商斯塔克尔伯格博弈、零售商斯塔克尔伯格博弈和纳什博弈这三种博弈方式刻画不同的渠道权力结构，在不同的渠道权力结构下对双渠道零售商的价格策略进行研究，并对结果进行比较分析。

第 7 章在“同品同价”和“纳什竞争”环境下研究“线上购买，线下取货”策略的有效性及适用范围，并对模型的参数进行数值分析，得到各系统参数对协同策略选择的影响。

第 8 章在“同品异价”和“斯塔克尔伯格竞争”环境下研究“线上购买，线下取货”策略的有效性及适用范围，并对模型的参数进行数值分析，得到各系统参数对协同策略选择的影响。

第 9 章针对由一个制造商、一个网上商店（属于制造商）和一个零售商组成的双渠道供应链系统，分析单向转载策略对供应链及其成员的利润影响，并通过设计合适的转载价格机制实现供应链的协调及成员的帕累托（Pareto）改进。

第 10 章在协同策略（转载策略）与库存竞争并存的情形下，研究多零售渠道间库存协同策略的有效性及适用范围，并设计库存风险和共享成本共担的 VMI 机制，从而实现供应链的协调。

本书的研究框架如图 0.1 所示。

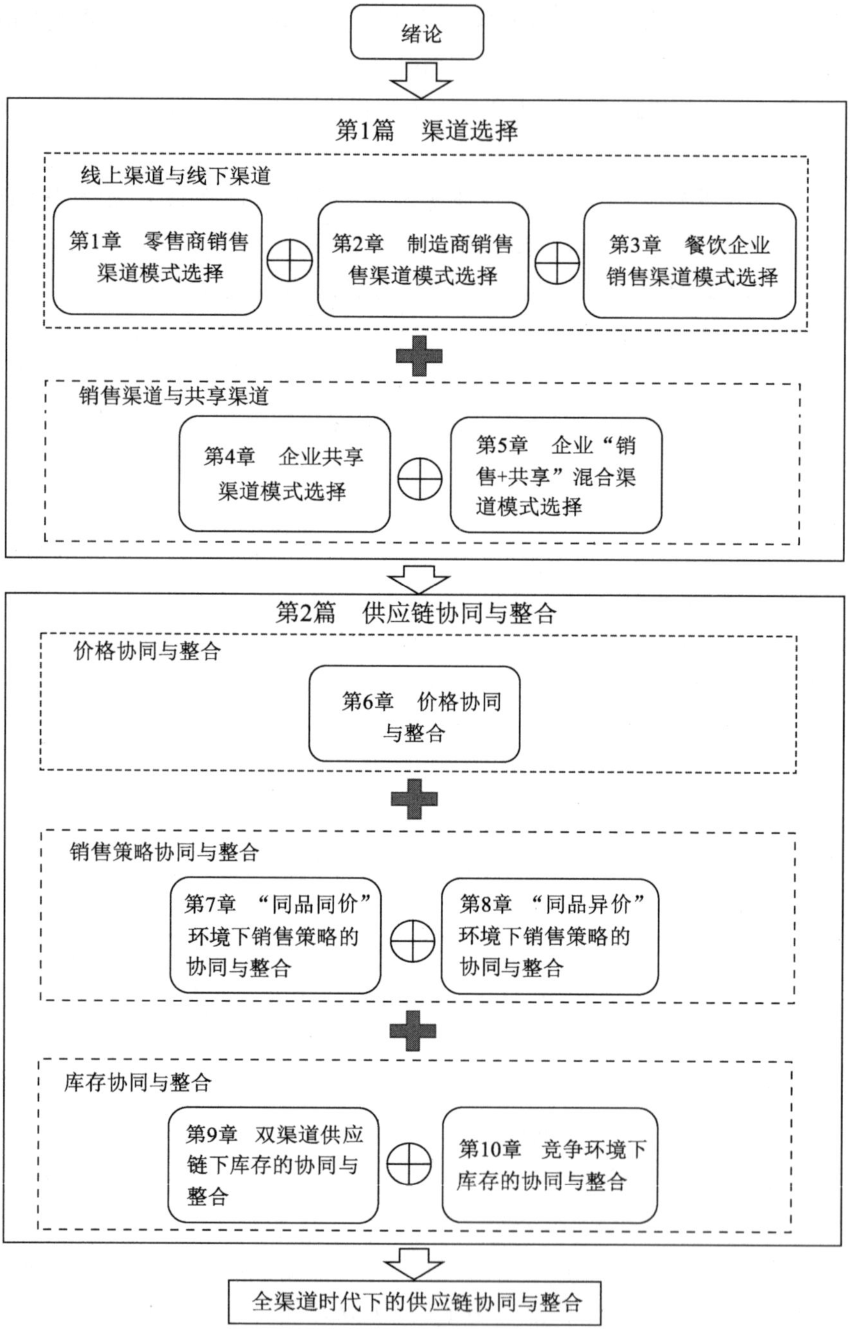
绪论
第1篇　渠道选择
线上渠道与线下渠道
第1章　零售商销售渠道模式选择
第2章　制造商销售售渠道模式选择
第3章　餐饮企业销售渠道模式选择
销售渠道与共享渠道
第4章　企业共享渠道模式选择
第5章　企业“销售+共享”混合渠道模式选择
第2篇　供应链协同与整合
价格协同与整合
第6章　价格协同与整合
销售策略协同与整合
第7章　“同品同价”环境下销售策略的协同与整合
第8章　“同品异价”环境下销售策略的协同与整合
库存协同与整合
第9章　双渠道供应链下库存的协同与整合
第10章　竞争环境下库存的协同与整合
全渠道时代下的供应链协同与整合

**图 0.1　本书的研究框架**

# 第1篇

# 渠道选择

# 第1章　零售商销售渠道模式选择

## 1.1　引言

随着电子商务的快速发展，越来越多的零售商开始重新审视自身的分销渠道策略，考虑采用单一线下渠道结构、单一线上渠道结构还是双渠道结构。但到目前为止，许多大型实体零售企业对于是否开设线上渠道仍然存在着分歧。中国财经网提供的数据显示，2020年实体零售商开通线上渠道的占比高达84%(其中，近半数商家的线上渠道并不具有销售功能，而是提供智能导购、数字化会员、社交互动营销等服务)，仅有16%的实体商家尚未开通任何形式的线上渠道。同时，纯线上零售商也面临着类似的渠道选择问题，即是否应该开设线下销售渠道。一方面，凡客诚品、麦考林等许多纯线上零售商开始建设自己的线下渠道；另一方面，智奥一号店、拼多多等仍坚持单一线上渠道。

因此，接下来的问题具有重要的实践意义：零售商应该在何时采用单一线下渠道结构、单一线上渠道结构或双渠道结构？为了回答这个问题，本章构建了由一个制造商与一个零售商组成的二级供应链结构，具体分析过程如下：第一阶段，为了得到基准，首先分析集中式供应链下的渠道选择。第二阶段，运用博弈理论对分散式供应链下的博弈均衡情况进行研究，获得分散式供应链下三种渠道结构的适用范围，并在此基础上进一步分析零售商渠道选择对制造商和供应链利润的影响。研究发现，零售商改变自身渠道结构可能会使制造商的利润受损。为了解决这个潜在的冲突，本章设计了一个制造商授权购买机制。第三阶段，提出一个销售奖励与惩罚契约来实现供应链的协调。

## 1.2 文献综述

### 1.2.1 零售商渠道选择

早期的学者主要通过定性的方法对双渠道的优势进行分析，并普遍认为零售商采用双渠道结构要优于采用单渠道结构。Lal 和 Sarvary 通过定性分析的方法，对单一线下零售商之间的竞争状况与双渠道零售商之间的竞争状况进行了对比研究。研究发现，线上渠道的出现可以降低零售商之间的价格竞争强度[1]。Zettelmeyer 认为，零售商通过线上渠道和线下渠道同时销售产品有利于消费者更加全面地了解产品的功效，从而有利于销量的提升[2]。Wallace 等研究了渠道结构对消费者对零售商忠诚度的影响。数据分析发现，相对于单一分销渠道而言，零售商采用双渠道分销结构有利于提升消费者对自身的忠诚度[3]。在现实中，许多实体零售商，特别是大型实体零售商，担心采用双渠道分销结构后，线上渠道会对线下渠道的销售产生很大的冲击。但 Biyalogorsky 和 Naik 研究表明，实体零售商增加线上销售渠道并不会对线下渠道的销售产生显著的负面影响[4]。

近年来，有些学者开始建立相关数学模型，采用定量的分析方法对零售商的渠道选择进行研究。研究发现，对于零售商而言，双渠道分销结构并不一定优于单渠道分销结构。Bernstein 等建立了一个零售商寡头垄断模型，在此基础上对零售商的均衡分销渠道结构进行了研究[5]。研究发现，无论初始状态如何，零售商最终都会采用双渠道分销结构，且消费者会从中获益，但零售商的利润不一定会上升。此外，他们还进一步研究了零售商不自己建立线上渠道而是通过与纯电商合作实现线上销售的情形。研究发现，在该情形下零售商之间的渠道结构博弈可能会陷入囚徒困境，即渠道结构在一种最差的情况下实现均衡。Ofek 等在考虑线上渠道可以为消费者提供购物便利从而增加潜在销量的同时，还进一步考虑了消费者对从线上渠道购买的产品缺乏直观的感知从而也会增加潜在退货量的情形。基于此，他们对两个竞争零售商的均衡渠道结构进行了分析[6]。结果发现，当两个零售商销售的产品区别不大时，两个零售商的渠道结构将会在一种非对称的情况下实现均衡，即一个零售商将会采用双渠道结构，而另一个零售商将会采用单一线下渠道结构，并且双渠道零售商的利润会低于单渠道零售商的利润。

### 1.2.2 制造商渠道选择

在电子商务发展的过程中，许多制造企业除了传统的线下渠道外，还建立了自己的线上直销渠道，如联想、耐克、IBM等。在这样的背景下，许多学者开始关注制造商的渠道选择问题，即制造商是否应该开设线上直销渠道，并进行了大量的研究。Park和Keh建立了一个新的需求模型，将制造企业采用单一线下渠道分销模式和采用双渠道分销模式关联起来，使之具有可比性。通过博弈分析发现，制造商采用双渠道模式可以提高自身的利润和供应链的利润，同时消费者也能够获得更低的价格，但传统实体零售商的利润会降低[7]。Fruchter和Tapiero对制造商的线上直销渠道进行分析，除了得到与Park和Keh类似的结论外，还发现制造商线上直销渠道的价格与零售企业的价格保持一致对其最有利[8]。Chiang等基于消费者效用理论建立了新的需求模型，并提出假设：对于同种商品，消费者从线下购买获得的效用要大于从线上购买获得的效用。通过对模型的分析，他们找出了制造商开设线上直销渠道的阈值，并为制造商和零售商在开设线上直销渠道情形下如何获得帕累托改进提出了有效的建议[9]。陈明洋等考虑了产品的差异性，建立了营销渠道选择的概念模型，并运用层次分析法对制造商的渠道选择进行了研究。通过对图书市场的实证研究发现，附加值高的产品更加适合通过传统线下渠道进行销售，而附加值低的产品更加适合线上渠道[10]。Arya等研究发现，当制造商增加线上直销渠道时，即使制造商不采用任何协同措施，并销售同样的产品，零售商的利润也不会受到影响，反而零售商与制造商的利润会得到帕累托改进。出现这种现象的主要原因是直销渠道的增加促使制造商降低了批发价格，削弱了双边际效应，从而提高了供应链整体利润[11]。许传永等进一步考虑了制造商采用单一线上渠道的可能性，并将其与双渠道结构和单一线下渠道结构进行对比研究。研究发现，如果供应链采用集中式决策模式，双渠道将是最优的渠道结构。如果供应链采用分散式决策模式，对于制造商来说，单一线上渠道与混合渠道结构带来的利润相同，而单一线下渠道结构带来的利润与其他两种渠道结构相比并不确定[12]，因而进一步研究了不同渠道结构的参数范围。

Yao和Liu对Park和Keh的模型进行了改进，进一步考虑了服务水平对需求的影响，发现制造商开设线上渠道可以促使零售商提高其服务水平，增加供应链利润，同时提出一种策略确保制造商和零售商达到帕累托改进[13]。Tsay和Agrawal研究发现，制造商增加线上直销渠道并不一定会引发渠道冲突，反而在一些情况下增加直销渠道会使制造商和零售商同时获益。因为制造商在增加直销渠道后会降低批发价格，零售商可以从中获益。同时，较低的批发价格也会削弱双边际效应，使整个供应链的利润增加[14]。

Dumrongsiri 等也考虑了服务水平对需求的影响，同样发现制造商开设线上渠道可以增加供应链利润，与 Park 和 Keh 不同的是，他们发现需求变动程度和两个渠道的边际成本对是否采用双渠道模式有着重要的影响，并提出当线下渠道边际成本较大和市场需求变动较多时，制造商有更强的动机去开设线上直销渠道[15]。

以上文献都考虑了由一个制造商和一个零售商组成的供应链。一些学者在此基础上对供应链的结构进行了改进。Kumar 和 Ruan 考虑了由两个制造商和一个零售商组成的供应链系统，分析了其中一个制造商开设线上直销渠道对自身的影响，发现零售商对于其支持力度和顾客对于不同品牌差异的敏感度起着至关重要的作用。当零售商支持力度低、顾客敏感度高时，采用双渠道模式可能对自身不利[16]。Hendershott 和 Zhang 考虑了由一个制造企业和多个零售企业组成的供应链结构，假设存在退货，并且线上直销渠道的退货率和退货成本高于线下渠道。研究发现，当贴现因子、制造商的交易成本与退货成本都较高时，制造商采用单一线下渠道结构比较好；当制造商的交易成本与退货成本都不是很高，而贴现因子又比较低时，制造商更应该采用线下渠道与线上直销渠道相结合的模式[17]。Netessine 和 Rudi 将单一渠道结构与双渠道结构进行了对比，发现零售商数量、批发价格和运输成本等因素都会对制造商的渠道选择产生影响[18]。浦徐进和唐建荣进一步考虑了制造商与零售商的渠道权力关系，对仅通过占优零售商进行销售、同时通过占优零售商和直销模式进行销售、同时通过占优零售商和非占优零售商进行销售、同时通过三类渠道进行销售这四种渠道结构进行了对比研究。研究发现，后两种渠道结构优于前两种渠道结构。随后他们进一步对后两种渠道结构选择的参数范围进行了研究[19]。

综上所述，目前关于渠道选择方面的研究大多数集中在制造商渠道选择方面，即是仅采用单一线下渠道还是同时采用线上直销渠道，而对零售商渠道选择的研究较少，并且多为定性分析。同时，这些研究均未考虑上游制造商对零售商渠道选择的影响。因此，在二级供应链下，零售商的渠道选择问题仍有待进一步研究。

## 1.3 模型描述及符号说明

在本节中，考虑由一个制造商和一个零售商组成的供应链。制造商以成本 $c$ 生产一种产品，并以批发价格 $w$ 供应给零售商，其中 $w>c$。类似于

Chiang 等提出的模型，假设消费者对产品效用的估值 $v$ 是异质的，并且 $v\in[0,1]$。消费者以单位密度均匀分布在 $v\in[0,1]$中。消费者从线下渠道购买产品时，因为可以直观感知并立即获得产品，所以此时的产品估值为 $v$；从线上渠道购买时，因为缺乏直观的感知，所以消费者对产品的估值为 $\theta v$（$\theta$ 表示消费者对线上渠道的接受程度）。同时，Kacen 等[20]通过实证研究发现，对于大多数产品而言，消费者对线上渠道的接受程度都小于线下渠道。因此，假设 $0<\theta<1$。从线下渠道购买产品时，消费者需要亲自到实体店寻找期望购买的产品，并且排队等候付款。因此，假设线下渠道的购买成本$b_r$大于线上渠道的购买成本$b_e$。这个假设同样出现在 Ofek 等[6]的文献中，零售商需要在单一线下渠道、单一线上渠道和双渠道这三种渠道结构中进行选择，如图 1.1 所示。

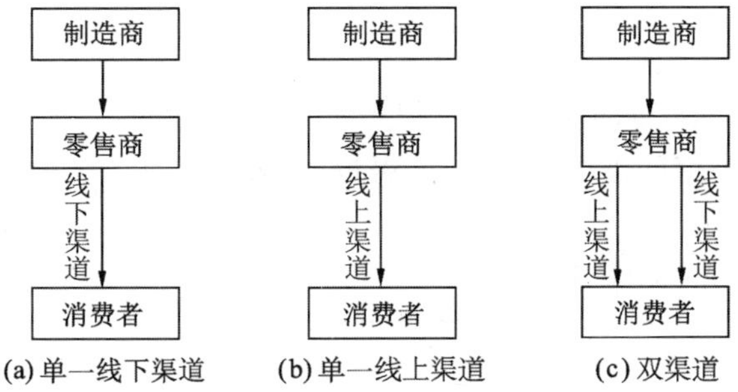


**图 1.1 零售商三种可能的渠道结构**

基于以上模型描述和假设，进一步讨论在三种渠道结构下的零售商需求函数。

**情形 1**：单一线下渠道

在这种情形下，零售商仅通过单一线下渠道以价格 $p_r^r$ 销售制造商的产品。此时，只有当 $v-p_r^r-b_r\geqslant 0$ 时，消费者才会从线下渠道购买产品。由购买条件可知，消费者会从线下渠道购买的最低效用估值为$v^r=p_r^r+b_r$。因此，在单一线下渠道结构下，零售商的需求 $D_r^r$ 为

$$D_r^r=1-p_r^r-b_r \tag{1.1}$$

**情形 2**：单一线上渠道

在这种情形下，零售商仅通过单一线上渠道以价格 $p_e^e$ 销售制造商的产品。此时，只有当 $\theta v-p_e^e-b_e\geqslant 0$ 时，消费者才会从线上渠道购买产品。由购买条件可知，消费者会从线上渠道购买的最低效用估值为$v^e=\dfrac{p_e^e+b_e}{\theta}$。因此，

在单一线上渠道结构下，零售商的需求 $D_e^e$ 为

$$D_e^e = 1 - \frac{p_e^e + b_e}{\theta} \tag{1.2}$$

**情形 3：**双渠道

在这种情形下，零售商同时通过线下渠道和线上渠道销售制造商的产品。此时线下渠道的价格与线上渠道的价格分别用 $p_r^u$ 和 $p_e^u$ 来表示。在双渠道结构下，消费者会选择消费者剩余大的渠道购买产品。因此，如果 $v - p_r^u - b_r > \theta v - p_e^u - b_e$，那么消费者会选择从线下渠道购买产品。由购买条件可知，在双渠道结构下，消费者会从线下渠道购买的最低效用估值为 $v^u = \frac{p_r^u + b_r - p_e^u - b_e}{1-\theta}$。结合情形 1 和情形 2 的分析，零售商的需求函数分为以下两种情况。

（1）$v^e < v^r$

当 $v^e < v^r$ 时，可以得到 $v^e < v^r < v^u$，如图 1.2 所示。当 $v^u < 1$ 时，两个渠道下都有需求，线下渠道的需求 $D_r^u$ 为 $1 - v^u$，线上渠道的需求 $D_e^u$ 为 $v^u - v^e$。当 $v^u \geq 1$ 时，线下渠道的需求为 0，线上渠道的需求 $D_e^u$ 为 $1 - v^e$，即 $D_e^u = D_e^e$。

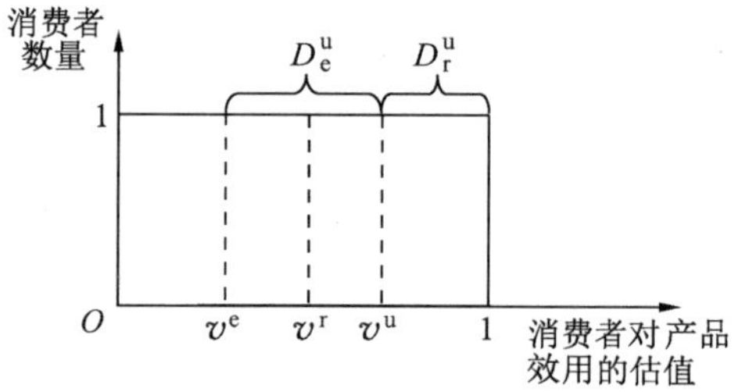


**图 1.2　双渠道结构下零售商的需求（$v^e < v^r$）**

（2）$v^r < v^e$

当 $v^r < v^e$ 时，可以得到 $v^u < v^r < v^e$，如图 1.3 所示。此时，线上渠道的需求为 0，线下渠道的需求 $D_r^u$ 为 $1 - v^r$，即 $D_r^u = D_r^r$。

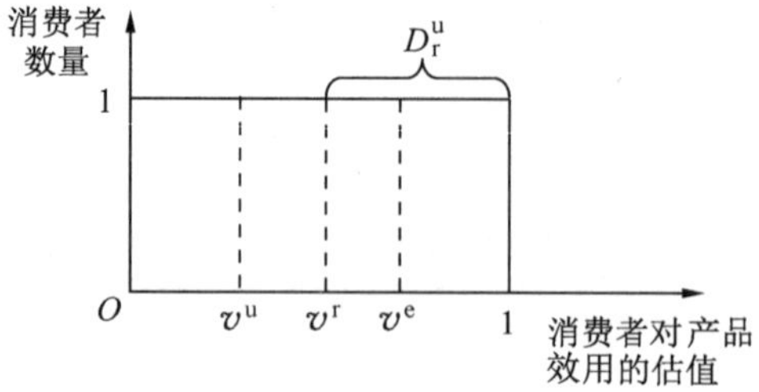


**图 1.3　双渠道结构下零售商的需求（$v^r < v^e$）**

综上所述，在双渠道结构下，零售商的需求为

$$D_{\mathrm{r}}^{\mathrm{u}}=\begin{cases}0, & 1-\theta+p_{\mathrm{e}}^{\mathrm{u}}+b_{\mathrm{e}}-b_{\mathrm{r}}<p_{\mathrm{r}}^{\mathrm{u}}\leqslant 1-b_{\mathrm{r}}\\ 1-\dfrac{p_{\mathrm{r}}^{\mathrm{u}}+b_{\mathrm{r}}-p_{\mathrm{e}}^{\mathrm{u}}-\mathrm{b_e}}{1-\theta}, & \dfrac{p_{\mathrm{e}}^{\mathrm{u}}+b_{\mathrm{e}}}{\theta}-b_{\mathrm{r}}\leqslant p_{\mathrm{r}}^{\mathrm{u}}\leqslant 1-\theta+p_{\mathrm{e}}^{\mathrm{u}}+b_{\mathrm{e}}-b_{\mathrm{r}}\\ 1-p_{\mathrm{r}}^{\mathrm{u}}-b_{\mathrm{r}}, & w\leqslant p_{\mathrm{r}}^{\mathrm{u}}<\dfrac{p_{\mathrm{e}}^{\mathrm{u}}+b_{\mathrm{e}}}{\theta}-b_{\mathrm{r}}\end{cases} \tag{1.3}$$

$$D_{\mathrm{e}}^{\mathrm{u}}=\begin{cases}1-\dfrac{p_{\mathrm{e}}^{\mathrm{u}}+b_{\mathrm{e}}}{\theta}, & 1-\theta+p_{\mathrm{e}}^{\mathrm{u}}+b_{\mathrm{e}}-b_{\mathrm{r}}<p_{\mathrm{r}}^{\mathrm{u}}\leqslant 1-b_{\mathrm{r}}\\ \dfrac{\theta(p_{\mathrm{r}}^{\mathrm{u}}+b_{\mathrm{r}})-(p_{\mathrm{e}}^{\mathrm{u}}+b_{\mathrm{e}})}{(1-\theta)\theta}, & \dfrac{p_{\mathrm{e}}^{\mathrm{u}}+b_{\mathrm{e}}}{\theta}-b_{\mathrm{r}}\leqslant p_{\mathrm{r}}^{\mathrm{u}}\leqslant 1-\theta+p_{\mathrm{e}}^{\mathrm{u}}+b_{\mathrm{e}}-b_{\mathrm{r}}\\ 0, & w\leqslant p_{\mathrm{r}}^{\mathrm{u}}<\dfrac{p_{\mathrm{e}}^{\mathrm{u}}+b_{\mathrm{e}}}{\theta}-b_{\mathrm{r}}\end{cases} \tag{1.4}$$

## 1.4　集中式供应链

在集中式供应链下，所有决策都由同一个决策者统一制定。此时的决策以整个供应链利润最大化为目标。这一部分研究的主要目标是回答对于整个供应链来说最优的分销渠道结构是什么这个问题。为了完成这个目标，首先需要分析在单一线下渠道、单一线上渠道和双渠道结构下，供应链的最优价格决策和最优利润。为了便于区分，用$(\quad)^{\mathrm{v}}$表示集中式供应链的情形。

### 1.4.1　单一线下渠道结构

在本小节中，整个供应链仅通过线下渠道来销售产品。供应链决策者需要通过制定合适的线下渠道价格来使供应链利润最大化。此时供应链的利润函数 $\Pi_{\mathrm{S}}^{\mathrm{vr}}$ 为

$$\Pi_{\mathrm{S}}^{\mathrm{vr}}(p_{\mathrm{r}}^{\mathrm{vr}})=(p_{\mathrm{r}}^{\mathrm{vr}}-c)(1-p_{\mathrm{r}}^{\mathrm{vr}}-b_{\mathrm{r}}) \tag{1.5}$$

对式(1.5)分别求关于$p_{\mathrm{r}}^{\mathrm{vr}}$的一阶和二阶导数，可得

$$\frac{\partial \Pi_{\mathrm{S}}^{\mathrm{vr}}(p_{\mathrm{r}}^{\mathrm{vr}})}{\partial p_{\mathrm{r}}^{\mathrm{vr}}}=1-2p_{\mathrm{r}}^{\mathrm{vr}}-b_{\mathrm{r}}+c \tag{1.6}$$

$$\frac{\partial^2 \Pi_{\mathrm{S}}^{\mathrm{vr}}(p_{\mathrm{r}}^{\mathrm{vr}})}{\partial (p_{\mathrm{r}}^{\mathrm{vr}})^2}=-2<0 \tag{1.7}$$

因此，存在唯一的$p_{\mathrm{r}}^{\mathrm{vr}*}$使得供应链的利润最大，其值为

$$p_{\mathrm{r}}^{\mathrm{vr}*}=\frac{1-b_{\mathrm{r}}+c}{2} \tag{1.8}$$

**命题 1.1**　当集中式供应链采用单一线下渠道结构时，供应链最优的价

格、需求及利润见表1.1。

**表1.1 单一线下渠道结构下集中式供应链的最优解**

| | |
|---|---|
| 线下渠道价格 | $p_r^{vr*}=\dfrac{1-b_r+c}{2}$ |
| 线下渠道需求 | $D_r^{vr*}=\dfrac{1-b_r-c}{2}$ |
| 供应链利润 | $\Pi_S^{vr*}=\dfrac{(1-b_r-c)^2}{4}$ |

### 1.4.2 单一线上渠道结构

在本小节中，整个供应链仅通过线上渠道来销售产品。供应链决策者需要通过制定合适的线上渠道价格来使供应链利润最大化。此时供应链的利润函数$\Pi_S^{ve}$为

$$\Pi_S^{ve}(p_e^{ve})=(p_e^{ve}-c)\left(1-\frac{p_e^{ve}+b_e}{\theta}\right) \tag{1.9}$$

对式(1.9)分别求关于$p_e^{ve}$的一阶和二阶导数，可得

$$\frac{\partial \Pi_S^{ve}(p_e^{ve})}{\partial p_e^{ve}}=1-\frac{2p_e^{ve}+b_e-c}{\theta} \tag{1.10}$$

$$\frac{\partial^2 \Pi_S^{ve}(p_e^{ve})}{\partial (p_e^{ve})^2}=-\frac{2}{\theta}<0 \tag{1.11}$$

因此，存在唯一的$p_e^{ve*}$使得供应链的利润最大，其值为

$$p_e^{ve*}=\frac{\theta-b_e+c}{2} \tag{1.12}$$

**命题1.2** 当集中式供应链采用单一线上渠道结构时，供应链最优的价格、需求及利润见表1.2。

**表1.2 单一线上渠道结构下集中式供应链的最优解**

| | |
|---|---|
| 线上渠道价格 | $p_e^{ve*}=\dfrac{\theta-b_e+c}{2}$ |
| 线上渠道需求 | $D_e^{ve*}=\dfrac{\theta-b_e-c}{2\theta}$ |
| 供应链利润 | $\Pi_S^{ve*}=\dfrac{(\theta-b_e-c)^2}{4\theta}$ |

### 1.4.3 双渠道结构

在本小节中，整个供应链同时通过线下渠道和线上渠道来销售产品。供应链决策者需要通过制定合适的线上、线下渠道价格来使供应链利润最大

化。此时供应链的利润函数$\Pi_S^{vu}$为

$$\Pi_S^{vu}(p_r^{vu},p_e^{vu})=(p_r^{vu}-c)D_r^{vu}+(p_e^{vu}-c)D_e^{vu} \tag{1.13}$$

从式(1.3)和式(1.4)可知,在双渠道结构下,零售商的需求函数在不同的区间是不一样的。当两个渠道都有正的需求,即$\frac{p_e^{vu}+b_e}{\theta}-b_r\leqslant p_r^{vu}\leqslant 1-\theta+p_e^{vu}+b_e-b_r$时,供应链的利润函数为

$$\begin{aligned}\Pi_S^{vu}(p_r^{vu},p_e^{vu})=&(p_r^{vu}-c)\left(1-\frac{p_r^{vu}+b_r-p_e^{vu}-b_e}{1-\theta}\right)+\\&(p_e^{vu}-c)\frac{\theta(p_r^{vu}+b_r)-(p_e^{vu}+b_e)}{(1-\theta)\theta}\end{aligned} \tag{1.14}$$

对式(1.14)分别求关于$p_r^{vu}$和$p_e^{vu}$的二阶导数,可得

$$\frac{\partial^2\Pi_S^{vu}(p_r^{vu},p_e^{vu})}{\partial(p_r^{vu})^2}=-\frac{2}{1-\theta}<0 \tag{1.15}$$

$$\frac{\partial^2\Pi_S^{vu}(p_r^{vu},p_e^{vu})}{\partial p_r^{vu}\partial p_e^{vu}}=\frac{2}{1-\theta} \tag{1.16}$$

$$\frac{\partial^2\Pi_S^{vu}(p_r^{vu},p_e^{vu})}{\partial(p_e^{vu})^2}=-\frac{2}{(1-\theta)\theta}<0 \tag{1.17}$$

$$\frac{\partial^2\Pi_S^{vu}(p_r^{vu},p_e^{vu})}{\partial p_e^{vu}\partial p_r^{vu}}=\frac{2}{1-\theta} \tag{1.18}$$

由式(1.15)至式(1.18)可得黑塞矩阵为

$$\boldsymbol{H}(p_r^{vu},p_e^{vu})=\begin{pmatrix}\frac{\partial^2\Pi_S^{vu}}{\partial(p_r^{vu})^2} & \frac{\partial^2\Pi_S^{vu}}{\partial p_r^{vu}\partial p_e^{vu}}\\ \frac{\partial^2\Pi_S^{vu}}{\partial p_e^{vu}\partial p_r^{vu}} & \frac{\partial^2\Pi_S^{vu}}{\partial(p_e^{vu})^2}\end{pmatrix}=\begin{pmatrix}-\frac{2}{1-\theta} & \frac{2}{1-\theta}\\ \frac{2}{1-\theta} & -\frac{2}{(1-\theta)\theta}\end{pmatrix} \tag{1.19}$$

由式(1.19)容易证得

$$\begin{aligned}&|H_1(p_r^{vu},p_e^{vu})|=-\frac{2}{1-\theta}<0,\\&|H_2(p_r^{vu},p_e^{vu})|=\frac{4}{(1-\theta)\theta}>0,\\&|H_3(p_r^{vu},p_e^{vu})|=-\frac{2}{(1-\theta)\theta}<0\end{aligned} \tag{1.20}$$

由式(1.20)可得黑塞矩阵负定。因此,可证得$\Pi_S^{vu}$是关于$p_r^{vu}$和$p_e^{vu}$的联合凹函数,存在唯一的$(p_r^{vu*},p_e^{vu*})$使得供应链的利润最大,其值为

$$p_r^{vu*}=\frac{1-b_r+c}{2} \tag{1.21}$$

$$p_e^{vu*}=\frac{\theta-b_e+c}{2} \tag{1.22}$$

由式(1.21)和式(1.22)可知，只有当 $\theta\in\left[\frac{b_e+c}{b_r+c},1-b_r+b_e\right]$ 时，$(p_r^{vu*},p_e^{vu*})$ 才能满足 $\frac{p_e^u+b_e}{\theta}-b_r\leqslant p_r^u\leqslant 1-\theta+p_e^u+b_e-b_r$。当 $\theta<\frac{b_e+c}{b_r+c}$ 时，消费者对线上渠道没有需求，此时的供应链最优决策与单一线下渠道相同；当 $\theta>1-b_r+b_e$ 时，消费者对线下渠道没有需求，此时的供应链最优决策与单一线上渠道相同。因此，可以得到命题 1.3。

**命题 1.3** 当 $\theta\in[\underline{\theta}^v,\bar{\theta}^v]$ 时，消费者对线上渠道与线下渠道都有需求，这里 $\underline{\theta}^v=(b_e+c)/(b_r+c)$，$\bar{\theta}^v=1-b_r+b_e$，此时供应链最优的价格、需求及利润见表 1.3。

**表 1.3 双渠道结构下集中式供应链的最优解**

| | |
|---|---|
| 线上渠道价格 | $p_e^{vu*}=\frac{\theta-b_e+c}{2}$ |
| 线下渠道价格 | $p_r^{vu*}=\frac{1-b_r+c}{2}$ |
| 线上渠道需求 | $D_e^{vu*}=\frac{\theta(1-b_r+c)-(\theta+b_e+c)}{2\theta(1-\theta)}$ |
| 线下渠道需求 | $D_r^{vu*}=\frac{1-\theta-b_r+b_e}{2(1-\theta)}$ |
| 总需求 | $D_S^{vu*}=\frac{\theta-b_e-c}{2\theta}$ |
| 供应链总利润 | $\Pi_S^{vu*}=\frac{2\theta(\theta-b_e-c)(b_r+c)+\theta(1-b_r-c)^2-(\theta+b_e+c)(\theta-b_e-c)}{4\theta(1-\theta)}$ |

### 1.4.4 渠道结构选择

上面我们已经得到了三种渠道结构下供应链的最优决策。在本小节中，我们将研究供应链的最优渠道结构选择。

首先，将三种渠道结构下的价格和需求进行比较。通过比较可得：当集中式供应链从单一线下（线上）渠道结构转变为双渠道结构时，最优的线下（线上）渠道价格依然保持不变；当集中式供应链采用双渠道结构时，线下渠道价格总是高于线上渠道价格；当集中式供应链从单一线下（线上）渠道结构转变为双渠道结构时，总的需求会上升（保持不变）。

基于以上比较结果，可以得到命题 1.4。

**命题 1.4** 在集中式供应链下，最优的渠道结构如下：

① 当 $0\leqslant\theta<\underline{\theta}^{v}$ 时，最优的渠道结构为单一线下渠道；

② 当 $\underline{\theta}^{v}\leqslant\theta\leqslant\bar{\theta}^{v}$ 时，最优的渠道结构为双渠道；

③ 当 $\bar{\theta}^{v}<\theta\leqslant 1$ 时，最优的渠道结构为单一线上渠道。

**证明** 首先比较单一线上渠道与双渠道下的供应链利润。当单一线上渠道的供应链转变为双渠道结构时，线上渠道的价格和总需求都保持不变，但线下渠道的价格较高，故可得 $\Pi_{S}^{vu*}\geqslant\Pi_{S}^{ve*}$。

然后比较单一线下渠道与双渠道下的供应链利润。当单一线下渠道的供应链转变为双渠道结构时，线上渠道的价格保持不变，总需求上升，但线上渠道价格较低，所以无法直接判断二者的利润大小。为了解决这个问题，我们保持 $p_{r}^{vu*}$ 不变，同时令 $\widetilde{p}_{e}^{vu}=\dfrac{(1+b_{r}+c)\theta-2b_{e}}{2}$，使 $\dfrac{\widetilde{p}_{e}^{vu}+b_{e}}{\theta}-b_{r}=p_{r}^{vu*}$。当 $\dfrac{\widetilde{p}_{e}^{vu}+b_{e}}{\theta}-b_{r}=p_{r}^{vu*}$ 时，可以得到 $v^{r}=v^{e}=v^{u}$。基于此，可以推出 $D_{e}^{vu}=0$ 和 $D_{r}^{vu}=D_{S}^{vu}=\dfrac{1-b_{r}-c}{2}$，故可得 $\Pi_{S}^{vu}(p_{r}^{vu*},\widetilde{p}_{e}^{vu})=\Pi_{S}^{vr*}$。同时，由命题 1.3 可知，当 $\theta\in\left[\dfrac{b_{e}+c}{b_{r}+c},1-b_{r}+b_{e}\right]$ 时，$\Pi_{S}^{vu}(p_{r}^{vu*},p_{e}^{vu*})\geqslant\Pi_{S}^{vu}(p_{r}^{vu*},\widetilde{p}_{e}^{vu})$，因此可得 $\Pi_{S}^{vu*}\geqslant\Pi_{S}^{vr*}$。

最后比较两种单一渠道结构下的供应链利润。当单一线上渠道供应链利润大于单一线下渠道供应链利润时，满足如下不等式：

$$\frac{(\theta-b_{e}-c)^{2}}{4\theta}\geqslant\frac{(1-b_{r}-c)^{2}}{4}\tag{1.23}$$

由式(1.23)可得

$$\theta\geqslant\frac{(1-b_{r}-c)^{2}+2(b_{e}+c)+\sqrt{(1-b_{r}-c)^{4}+4\,(1-b_{r}-c)^{2}(b_{e}+c)}}{2}\tag{1.24}$$

通过式(1.24)，可以得到单一线上渠道结构优于单一线下渠道的阈值 $\hat{\theta}$。通过比较，易证得 $\underline{\theta}^{v}<\hat{\theta}<\bar{\theta}^{v}$。

综合以上分析，命题 1.4 成立。

## 1.5 分散式供应链

在本节中，考虑由一个零售商和一个制造商组成的供应链。零售商和制造商都以自身利润最大化为目标进行决策。为了在该情况下讨论零售商的渠道选择，我们首先分析在三种渠道结构下的零售商和制造商博弈均衡解。假设供应链以零售商为主导，则事件发生的顺序如下：首先，零售商决策边际利润；然后，在此基础上，制造商决策批发价格。我们采用逆向归纳法分析该博弈。为了便于区分，用( )$^d$表示分散式供应链的情形。

1.5.1 单一线下渠道结构

在本小节中，零售商仅通过线下渠道来销售产品。制造商和零售商都以自身利润最大化为目标决策批发价格 $w^{dr}$ 和线下渠道边际利润 $m_r^{dr}$。

因为是零售商主导的供应链，所以采用逆向归纳法。首先需要求出制造商的反应函数，此时制造商的利润函数 $\Pi_M^{dr}$ 为

$$\Pi_M^{dr}(w^{dr})=(w^{dr}-c)(1-m_r^{dr}-w^{dr}-b_r) \tag{1.25}$$

对式(1.25)分别求关于 $w^{dr}$ 的一阶和二阶导数，可得

$$\frac{\partial \Pi_M^{dr}(w^{dr})}{\partial w^{dr}}=1-m_r^{dr}-2w^{dr}-b_r+c \tag{1.26}$$

$$\frac{\partial^2 \Pi_M^{dr}(w^{dr})}{\partial (w^{dr})^2}=-2<0 \tag{1.27}$$

设一阶导数为零可得制造商的反应函数 $\widetilde{w}^{dr}$ 为

$$\widetilde{w}^{dr}=\frac{1-m_r^{dr}-b_r+c}{2} \tag{1.28}$$

在单一线下渠道结构下，零售商的利润函数 $\Pi_R^{dr}$ 为

$$\Pi_R^{dr}(m_r^{dr})=m_r^{dr}(1-m_r^{dr}-w^{dr}-b_r) \tag{1.29}$$

将 $\widetilde{w}^{dr}$ 代入式(1.29)可得

$$\Pi_R^{dr}(m_r^{dr})=m_r^{dr}\frac{1-m_r^{dr}-b_r-c}{2} \tag{1.30}$$

对式(1.30)分别求关于 $m_r^{dr}$ 的一阶和二阶导数得

$$\frac{\partial \Pi_R^{dr}(m_r^{dr})}{\partial m_r^{dr}}=\frac{1-2m_r^{dr}-b_r-c}{2} \tag{1.31}$$

$$\frac{\partial^2 \Pi_R^{dr}(m_r^{dr})}{\partial (m_r^{dr})^2}=-1<0 \tag{1.32}$$

因此，存在唯一的 $m_r^{dr*}$ 使得零售商的利润最大，其值为

$$m_r^{dr*}=\frac{1-b_r-c}{2} \tag{1.33}$$

将式(1.33)代入式(1.28)可得均衡的批发价格 $w^{dr*}$。根据以上分析，可

得如下命题。

**命题 1.5**　在分散式供应链下，当零售商采用单一线下渠道时，制造商与零售商的博弈均衡解见表 1.4。

**表 1.4　单一线下渠道结构下的制造商与零售商博弈均衡解**

| | |
|---|---|
| 线下渠道边际利润 | $m_r^{dr*}=\dfrac{1-b_r-c}{2}$ |
| 线下渠道价格 | $p_r^{dr*}=\dfrac{3(1-b_r)+c}{4}$ |
| 批发价格 | $w^{dr*}=\dfrac{1-b_r+3c}{4}$ |
| 线下渠道需求 | $D_r^{dr*}=\dfrac{1-b_r-c}{4}$ |
| 零售商利润 | $\Pi_R^{dr*}=\dfrac{(1-b_r-c)^2}{8}$ |
| 制造商利润 | $\Pi_M^{dr*}=\dfrac{(1-b_r-c)^2}{16}$ |

### 1.5.2　单一线上渠道结构

在本小节中，零售商仅通过线上渠道来销售产品。制造商和零售商都以自身利润最大化为目标决策批发价格 $w^{de}$ 和线上渠道边际利润 $m_e^{de}$。首先求出制造商的反应函数，此时制造商的利润函数 $\Pi_M^{de}$ 为

$$\Pi_M^{de}(w^{de})=(w^{de}-c)\frac{\theta-m_e^{de}-w^{de}-b_e}{\theta} \tag{1.34}$$

对式(1.34)分别求关于 $w^{de}$ 的一阶和二阶导数，可得

$$\frac{\partial\Pi_M^{de}(w^{de})}{\partial w^{de}}=\frac{\theta-m_e^{de}-2w^{de}-b_e+c}{\theta} \tag{1.35}$$

$$\frac{\partial^2\Pi_M^{de}(w^{de})}{\partial(w^{de})^2}=-\frac{2}{\theta}<0 \tag{1.36}$$

设一阶导数为零可得制造商的反应函数 $\widetilde{w}^{de}$ 为

$$\widetilde{w}^{de}=\frac{\theta-m_e^{de}-b_e+c}{2} \tag{1.37}$$

在单一线上渠道结构下，零售商的利润函数 $\Pi_R^{de}$ 为

$$\Pi_R^{de}(m_e^{de})=m_e^{de}\left(1-\frac{m_e^{de}+w^{de}+b_e}{\theta}\right) \tag{1.38}$$

将式(1.37)代入式(1.38)可得

$$\Pi_{\mathrm{R}}^{\mathrm{de}}(m_{\mathrm{e}}^{\mathrm{de}})=m_{\mathrm{e}}^{\mathrm{de}}\frac{\theta-m_{\mathrm{e}}^{\mathrm{de}}-b_{\mathrm{e}}-c}{2\theta} \tag{1.39}$$

对式(1.39)分别求关于 $m_{\mathrm{e}}^{\mathrm{de}}$ 的一阶和二阶导数,可得

$$\frac{\partial \Pi_{\mathrm{R}}^{\mathrm{de}}(m_{\mathrm{e}}^{\mathrm{de}})}{\partial m_{\mathrm{e}}^{\mathrm{de}}}=\frac{\theta-2m_{\mathrm{e}}^{\mathrm{de}}-b_{\mathrm{e}}-c}{2\theta} \tag{1.40}$$

$$\frac{\partial^2 \Pi_{\mathrm{R}}^{\mathrm{de}}(m_{\mathrm{e}}^{\mathrm{de}})}{\partial (m_{\mathrm{e}}^{\mathrm{de}})^2}=-\frac{1}{\theta}<0 \tag{1.41}$$

因此,存在唯一的 $m_{\mathrm{e}}^{\mathrm{de}*}$ 使得零售商的利润最大,其值为

$$m_{\mathrm{e}}^{\mathrm{de}*}=\frac{\theta-b_{\mathrm{e}}-c}{2} \tag{1.42}$$

将式(1.42)代入式(1.37)可得均衡的批发价格 $w^{\mathrm{de}*}$。因此,可得如下命题。

**命题 1.6** 在分散式供应链下,当零售商采用单一线上渠道时,制造商与零售商的博弈均衡解见表 1.5。

**表 1.5 单一线上渠道结构下的制造商与零售商博弈均衡解**

| | |
|---|---|
| 线上渠道边际利润 | $m_{\mathrm{e}}^{\mathrm{de}*}=\frac{\theta-b_{\mathrm{e}}-c}{2}$ |
| 线上渠道价格 | $p_{\mathrm{e}}^{\mathrm{de}*}=\frac{3(\theta-b_{\mathrm{e}})+c}{4}$ |
| 批发价格 | $w^{\mathrm{de}*}=\frac{\theta-b_{\mathrm{e}}+3c}{4}$ |
| 线上渠道需求 | $D_{\mathrm{e}}^{\mathrm{de}*}=\frac{\theta-b_{\mathrm{e}}-c}{4\theta}$ |
| 零售商利润 | $\Pi_{\mathrm{R}}^{\mathrm{de}*}=\frac{(\theta-b_{\mathrm{e}}-c)^2}{8\theta}$ |
| 制造商利润 | $\Pi_{\mathrm{M}}^{\mathrm{de}*}=\frac{(\theta-b_{\mathrm{e}}-c)^2}{16\theta}$ |

### 1.5.3 双渠道结构

在本小节中,零售商同时通过线下渠道和线上渠道销售产品,制造商和零售商都以自身利润最大化为目标决策批发价格 $w^{\mathrm{du}}$。设线上渠道边际利润为 $m_{\mathrm{e}}^{\mathrm{du}}$、线下渠道边际利润为 $m_{\mathrm{r}}^{\mathrm{du}}$。由式(1.13)可知,当两个渠道都有正的需求时,$\frac{p_{\mathrm{e}}^{\mathrm{u}}+b_{\mathrm{e}}}{\theta}-b_{\mathrm{r}}\leqslant p_{\mathrm{r}}^{\mathrm{u}}\leqslant 1-\theta+p_{\mathrm{e}}^{\mathrm{u}}+b_{\mathrm{e}}-b_{\mathrm{r}}$。在分散式供应链情形下,上式可表示为 $\frac{p_{\mathrm{e}}^{\mathrm{du}}+b_{\mathrm{e}}}{\theta}-b_{\mathrm{r}}\leqslant p_{\mathrm{r}}^{\mathrm{du}}\leqslant 1-\theta+p_{\mathrm{e}}^{\mathrm{du}}+b_{\mathrm{e}}-b_{\mathrm{r}}$,制造商和零售商的利润函数分

别为

$$\Pi_{M}^{du}(w^{du})=(w^{du}-c)\frac{\theta-p_{e}^{du}-b_{e}}{\theta} \tag{1.43}$$

$$\begin{aligned}\Pi_{R}^{du}(p_{r}^{du},p_{e}^{du})=&(p_{r}^{du}-w^{du})\left(1-\frac{p_{r}^{du}+b_{r}-p_{e}^{du}-b_{e}}{1-\theta}\right)+\\&(p_{e}^{du}-w^{du})\frac{\theta(p_{r}^{du}+b_{r})-(p_{e}^{du}+b_{e})}{(1-\theta)\theta}\end{aligned} \tag{1.44}$$

根据逆向归纳法，首先求出制造商的反应函数。将$p_{e}^{du}=m_{e}^{du}+w^{du}$代入式(1.43)可得

$$\Pi_{M}^{du}(w^{du})=(w^{du}-c)\frac{\theta-m_{e}^{du}-w^{du}-b_{e}}{\theta} \tag{1.45}$$

对式(1.45)分别求关于$w^{du}$的一阶和二阶导数，可得

$$\frac{\partial\Pi_{M}^{du}(w^{du})}{\partial w^{du}}=\frac{\theta-m_{e}^{du}-2w^{du}-b_{e}+c}{\theta} \tag{1.46}$$

$$\frac{\partial^{2}\Pi_{M}^{du}(w^{du})}{\partial(w^{du})^{2}}=-\frac{2}{\theta}<0 \tag{1.47}$$

设一阶导数为零可得制造商的反应函数$\widetilde{w}^{du}$为

$$\widetilde{w}^{du}=\frac{\theta-m_{e}^{du}-b_{e}+c}{2} \tag{1.48}$$

接下来，根据制造商的反应函数研究零售商的最优价格决策。将式(1.48)、$p_{r}^{du}=m_{r}^{du}+w^{du}$和$p_{e}^{du}=m_{e}^{du}+w^{du}$分别代入式(1.44)可得

$$\begin{aligned}\Pi_{R}^{du}(m_{r}^{du},m_{e}^{du})=&m_{r}^{du}\frac{1-\theta-(m_{r}^{du}+b_{r})+(m_{e}^{du}+b_{e})}{1-\theta}+\\&m_{e}^{du}\frac{\theta(\theta-m_{e}^{du}-b_{e}+c+2m_{r}^{du}+2b_{r})-(\theta+m_{e}^{du}+b_{e}+c)}{2(1-\theta)\theta}\end{aligned} \tag{1.49}$$

对式(1.49)分别求关于$m_{r}^{du}$和$m_{e}^{du}$的二阶导数，可得

$$\frac{\partial^{2}\Pi_{R}^{du}(m_{r}^{du},m_{e}^{du})}{\partial(m_{r}^{du})^{2}}=-\frac{2}{1-\theta}<0 \tag{1.50}$$

$$\frac{\partial^{2}\Pi_{R}^{du}(m_{r}^{du},m_{e}^{du})}{\partial m_{r}^{du}\partial m_{e}^{du}}=\frac{2}{1-\theta} \tag{1.51}$$

$$\frac{\partial^{2}\Pi_{R}^{du}(m_{r}^{du},m_{e}^{du})}{\partial(m_{e}^{du})^{2}}=-\frac{2(1+\theta)}{(1-\theta)\theta}<0 \tag{1.52}$$

$$\frac{\partial^{2}\Pi_{R}^{du}(m_{r}^{du},m_{e}^{du})}{\partial m_{e}^{du}\partial m_{r}^{du}}=\frac{2}{1-\theta} \tag{1.53}$$

由式(1.50)至式(1.53)可得黑塞矩阵为

$$\boldsymbol{H}(m_r^{du},m_e^{du})=\begin{pmatrix}\dfrac{\partial^2 \Pi_R^{du}}{\partial (m_r^{du})^2} & \dfrac{\partial^2 \Pi_R^{du}}{\partial m_r^{du}\partial m_e^{du}} \\ \dfrac{\partial^2 \Pi_R^{du}}{\partial m_e^{du}\partial m_r^{du}} & \dfrac{\partial^2 \Pi_R^{du}}{\partial {m_e^{du}}^2}\end{pmatrix}=\begin{pmatrix}-\dfrac{2}{1-\theta} & \dfrac{2}{1-\theta} \\ \dfrac{2}{1-\theta} & -\dfrac{2(1+\theta)}{(1-\theta)\theta}\end{pmatrix} \tag{1.54}$$

由式(1.54)容易证得

$$\begin{aligned}|H_1(m_r^{du},m_e^{du})|&=-\frac{2}{1-\theta}<0,\\ |H_2(m_r^{du},m_e^{du})|&=\frac{4}{(1-\theta)^2\theta}>0,\\ |H_3(m_r^{du},m_e^{du})|&=-\frac{2(1+\theta)}{(1-\theta)\theta}<0\end{aligned} \tag{1.55}$$

由式(1.55)可得黑塞矩阵负定。因此,可证得$\Pi_R^{du}$是关于$(m_r^{du},m_e^{du})$的联合凹函数,存在唯一的$(m_r^{du*},m_e^{du*})$使得零售商的利润最大,其值为

$$m_r^{du*}=\frac{1-b_r-c}{2} \tag{1.56}$$

$$m_e^{du*}=\frac{\theta-b_e-c}{2} \tag{1.57}$$

将式(1.56)和式(1.57)分别代入式(1.48)可得均衡的批发价格和销售价格:

$$w^{du*}=\frac{\theta-b_e+3c}{4} \tag{1.58}$$

$$p_r^{du*}=\frac{2(1-b_r)+\theta-b_e+c}{4} \tag{1.59}$$

$$p_e^{du*}=\frac{3(\theta-b_e)+c}{4} \tag{1.60}$$

由式(1.58)—式(1.60)可知,只有当

$$\theta\in\left[\frac{-(2b_r-b_e+c-1)+\sqrt{(2b_r-b_e+c-1)^2+4(b_e+c)}}{2},1-b_r+b_e\right]$$

时,才有$\dfrac{p_e^u+b_e}{\theta}-b_r\leqslant p_r^u\leqslant 1-\theta+p_e^u+b_e-b_r$。因此,可得如下命题。

**命题 1.7** 当$\theta\in[\underline{\theta}^d,\bar{\theta}^d]$时,线上渠道与线下渠道都有需求,这里$\underline{\theta}^d=\dfrac{-(2b_r-b_e+c-1)+\sqrt{(2b_r-b_e+c-1)^2+4(b_e+c)}}{2}$,$\bar{\theta}^d=1-b_r+b_e$,此时

制造商与零售商的博弈均衡解见表1.6。

**表1.6 双渠道结构下的制造商与零售商博弈均衡解**

| | |
|---|---|
| 线上渠道边际利润 | $m_e^{du*}=\dfrac{\theta-b_e-c}{2}$ |
| 线下渠道边际利润 | $m_r^{du*}=\dfrac{1-b_r-c}{2}$ |
| 线上渠道价格 | $p_e^{du*}=\dfrac{3(\theta-b_e)+c}{4}$ |
| 线下渠道价格 | $p_r^{du*}=\dfrac{2(1-b_r)+\theta-b_e+c}{4}$ |
| 批发价格 | $w^{du*}=\dfrac{\theta-b_e+3c}{4}$ |
| 线上渠道需求 | $D_e^{du*}=\dfrac{(1+\theta)(\theta-b_e-c)-2\theta(1-b_r-c)}{4\theta(1-\theta)}$ |
| 线下渠道需求 | $D_r^{du*}=\dfrac{1-\theta-b_r+b_e}{2(1-\theta)}$ |
| 总需求 | $D_{re}^{du*}=\dfrac{\theta-b_e-c}{4\theta}$ |
| 零售商利润 | $\Pi_R^{du*}=\dfrac{2\theta(1-b_r-c)^2+(1+\theta)(\theta-b_e-c)^2-4\theta(\theta-b_e-c)(1-b_r-c)}{8\theta(1-\theta)}$ |
| 制造商利润 | $\Pi_M^{du*}=\dfrac{(\theta-b_e-c)^2}{16\theta}$ |

### 1.5.4 渠道结构选择

上文中我们已经得到了三种渠道结构下的制造商与零售商的博弈均衡解。在本小节中，我们将研究在分散式供应链下，零售商如何选择最优的分销渠道结构。

首先，将三种渠道结构下的价格和需求进行比较。通过比较可得：当零售商从单一线下(线上)渠道结构转变为双渠道结构时，最优的线下(线上)渠道价格和批发价格都将下降(保持不变)；当零售商采用双渠道结构时，线下渠道价格总是高于线上渠道价格；当零售商从单一线下(线上)渠道结构转变为双渠道结构时，总需求会上升(保持不变)。

基于以上比较结果可知，当单一线上渠道零售商采用双渠道结构时，零售商和其制造商无须改变原来的线上渠道价格和批发价格；当单一线下渠道零售商采用双渠道结构时，零售商和其制造商需要同时降低原来的线下渠道价格和批发价格。

接下来，通过比较利润来研究零售商的渠道选择问题。在现实生活中，零售商有时候需要得到制造商的授权，才能将其产品通过一个新的渠道进行销售。例如，根据2014年天猫招商资质细则，零售商在天猫上销售的产品必须得到品牌商的授权；苏宁电器如果想将一款仅在线下渠道销售的美的电器同时在苏宁易购进行销售，必须得到美的的授权。但如果零售商比制造商的市场地位高很多，那么零售商可以自己决定产品的销售渠道。例如，沃尔玛就可以自己决定产品的销售渠道。因此，对于零售商的渠道选择问题需要分两种情况来讨论。

**情形1**：零售商无须得到制造商的授权

在这种情形下，零售商有权力决定通过什么渠道来分销制造商的产品，我们仅需要比较三种渠道结构下零售商的利润即可。因此，可得到如下命题。

**命题1.8** 在分散式供应链下，如果零售商有权决定自身的渠道结构，那么其最优的渠道选择如下：

① 当 $0\leqslant\theta<\underline{\theta}^{d}$ 时，最优的渠道结构为单一线下渠道；

② 当 $\underline{\theta}^{d}\leqslant\theta\leqslant\bar{\theta}^{d}$ 时，最优的渠道结构为双渠道；

③ 当 $\bar{\theta}^{d}<\theta\leqslant1$ 时，最优的渠道结构为单一线上渠道。

**证明** 首先比较单一线上渠道与双渠道下的零售商利润。当单一线上渠道的供应链转变为双渠道结构时，线上渠道的价格、批发价格和总需求都保持不变，但线下渠道的价格较高，故可得 $\Pi_{R}^{du*}\geqslant\Pi_{R}^{de*}$。

其次比较单一线下渠道与双渠道下的零售商利润。保持 $m_{r}^{du*}$ 不变，同时令线上渠道价格 $\widetilde{p}_{e}^{du}$ 满足 $\dfrac{\widetilde{p}_{e}^{du}+b_{e}}{\theta}-b_{r}=\widetilde{p}_{r}^{du}$。基于此可得

$$\widetilde{m}_{e}^{du}=\frac{(1-b_{r}-c)\theta-(1-\theta)(\theta-b_{e}+c)-2b_{e}+2\theta b_{r}}{1+\theta} \tag{1.61}$$

将式(1.61)代入式(1.48)可得

$$\widetilde{w}^{du}=\frac{2(\theta+c)-(1-b_{r}-c)\theta-2\theta b_{r}}{2(1+\theta)} \tag{1.62}$$

将式(1.62)和式(1.56)代入 $\widetilde{p}_{r}^{du}=\widetilde{w}^{du}+m_{r}^{du*}$ 可得

$$\widetilde{p}_{r}^{du}=\frac{2\theta(1-b_{r})+(1-b_{r}+c)}{2(1+\theta)} \tag{1.63}$$

因为 $\dfrac{\widetilde{p}_{e}^{du}+b_{e}}{\theta}-b_{r}=\widetilde{p}_{r}^{du}$，$\widetilde{D}_{r}^{du}=\widetilde{D}_{r}^{dr}=1-\widetilde{p}_{r}^{du}-b_{r}=\dfrac{1-b_{r}-c}{2(1+\theta)}$，$D_{r}^{dr*}=\dfrac{1-b_{r}-c}{4}$，所以

$$\widetilde{D}_{r}^{du}>D_{r}^{dr*} \tag{1.64}$$

因为$m_r^{du*}=m_r^{dr*}$，所以$\Pi_R^{du}(m_r^{du*},m_e^{du*})>\Pi_R^{du}(m_r^{du*},\widetilde{m}_e^{du})>\Pi_R^{dr}(m_r^{dr*},m_e^{dr*})$。

最后比较两种单一渠道结构下的零售商利润。当单一线上渠道供应链利润大于单一线下渠道供应链利润时，满足如下不等式：

$$\frac{(\theta-b_e-c)^2}{8\theta}\geqslant\frac{(1-b_r-c)^2}{8} \tag{1.65}$$

由式(1.65)可得

$$\theta\geqslant\frac{(1-b_r-c)^2+2(b_e+c)+\sqrt{(1-b_r-c)^4+4\,(1-b_r-c)^2(b_e+c)}}{2} \tag{1.66}$$

通过式(1.66)，我们可以得到单一线上渠道结构优于单一线下渠道的阈值$\hat{\theta}$。通过比较，易证得$\underline{\theta}^d<\hat{\theta}<\bar{\theta}^d$。

综合以上分析，命题1.8成立。

基于以上分析，我们发现单一线上渠道的零售商与单一线下渠道的零售商采用双渠道的动机是不一样的。对于单一线下渠道零售商而言，双渠道结构能够增加总需求，还能促使制造商降低批发价格。对于单一线上渠道零售商而言，虽然双渠道结构不能增加总需求或降低批发价格，但是可以为零售商提供一个采用价格歧视策略的平台，即零售商为从线下渠道购买的消费者制定了更高的销售价格。

Chiang等用相似的模型研究了制造商渠道选择[9]。通过比较发现，制造商采用双渠道的动机与采用两种单一渠道的零售商都不相同。当制造商开设线上直销渠道后，可以与原来的线下渠道进行竞争，从而降低线下渠道的价格，削弱双边际效应。

**情形2**:零售商需要得到制造商的授权

在这种情形下，一个单一线下(线上)零售商如果想在线上(线下)也销售制造商的产品，那么需要得到制造商的授权。为了在这种情形下研究零售商的渠道选择，我们首先分析渠道变化对制造商利润的影响。因此，有如下命题。

**命题1.9** 在分散式供应链下，当单一线上渠道零售商采用双渠道结构时，制造商的利润保持不变。当单一线下渠道零售商采用双渠道结构时，如果$\theta\in[\underline{\theta}^d,\theta_M]$，制造商的利润就会下降；如果$\theta\in[\theta_M,\bar{\theta}^d]$，制造商的利润就会上升。这里，$\theta_M=\frac{(1-b_r-c)^2+2(b_e+c)+\sqrt{(1-b_r-c)^4+4\,(1-b_r-c)^2(b_e+c)}}{2}$。

**证明** 由命题1.5至命题1.7可知，当单一线上零售商采用双渠道结构时，批发价格与总需求都保持不变，所以制造商的利润也保持不变。接下来讨论当单一线下零售商采用双渠道结构时，制造商利润的变化情况。当制造商利润在双渠道结构下大于单一线下渠道结构下时，满足如下不等式：

$$\frac{(\theta-b_e-c)^2}{16\theta} \geqslant \frac{(1-b_r-c)^2}{16} \tag{1.67}$$

由式(1.67)可得

$$\theta \geqslant \frac{(1-b_r-c)^2+2(b_e+c)+\sqrt{(1-b_r-c)^4+4\,(1-b_r-c)^2(b_e+c)}}{2} \tag{1.68}$$

因此，可以得到阈值$\theta_M$。要比较$\theta_M$与$\bar{\theta}^d$，$\underline{\theta}^d$的大小关系，首先比较$\Pi_M^{dr}$与$\Pi_M^{dm}$的大小关系。当$\theta=\underline{\theta}^d$时，

$$\Pi_M^{dr}(\underline{\theta}^d)-\Pi_M^{dm}(\underline{\theta}^d)=\frac{(1-b_r-c)^2\theta-(\theta-b_e-c)^2}{16\theta} \tag{1.69}$$

因为此时$\theta=\underline{\theta}^d$，所以可得$v^r=v^e$，即$\frac{2+2b_r+\theta-b_e+c}{4}=\frac{3\theta+b_e+c}{4\theta}$。基于此可得

$$\theta-b_e-c=\frac{2\theta(1-b_r-c)}{1+\theta} \tag{1.70}$$

将式(1.70)代入式(1.69)可得

$$\begin{aligned}\Pi_M^{dr}(\underline{\theta}^d)-\Pi_M^{dm}(\underline{\theta}^d)&=\frac{(1-b_r-c)^2\theta[(1+\theta)^2-4\theta]}{16\theta\,(1+\theta)^2}\\&=\frac{(1-b_r-c)^2\theta\,(1-\theta)^2}{16\theta\,(1+\theta)^2}>0\end{aligned} \tag{1.71}$$

因此可得$\underline{\theta}^d<\theta_M$。再比较$\theta_M$与$\bar{\theta}^d$的大小关系：

$$\begin{aligned}\bar{\theta}^d-\theta_M&=\frac{2(1-b_r-c)-(1-b_r-c)^2-(1-b_r-c)\sqrt{(1-b_r-c)^2+4(b_e+c)}}{2}\\&=\frac{(1-b_r-c)[(1+b_r+c)-\sqrt{(1-b_r-c)^2+4(b_e+c)}]}{2}\\&=\frac{2(1-b_r-c)(b_r-b_e)}{[(1+b_r+c)+\sqrt{(1-b_r-c)^2+4(b_e+c)}]}>0\end{aligned} \tag{1.72}$$

由式(1.72)可得$\theta_M<\bar{\theta}^d$。

综合以上分析，命题 1.9 成立。

由命题 1.9 可知，制造商无须关注单一线上零售商是否采用双渠道结构，因为这对制造商的利润没有影响。但当单一线下零售商采用双渠道结构时，

制造商的利润可能会遭受损失，所以制造商需要关注单一线下零售商渠道的变化。

结合命题1.8和命题1.9可得如下命题。

**命题1.10**　在分散式供应链下，如果零售商调整产品的销售渠道需要得到制造商的授权，那么其最优的渠道选择如下：

① 当 $0\leqslant\theta<\theta_M$ 时，最优的渠道结构为单一线下渠道；

② 当 $\theta_M\leqslant\theta\leqslant\bar{\theta}^d$ 时，最优的渠道结构为双渠道；

③ 当 $\bar{\theta}^d<\theta\leqslant 1$ 时，最优的渠道结构为单一线上渠道。

由命题1.8和命题1.10可知，当消费者对线上渠道接受程度较低时，尽管线上购买的成本较低，但单一线下渠道结构依然是零售商的最优选择。随着消费者对线上渠道接受程度的逐步增加，双渠道结构会给零售商带来更大的利润。当消费者对线上渠道接受程度很高时，零售商应该采用单一线上渠道。因此，可以预测随着技术的发展与电子商务环境的改善，单一线上零售商，如亚马逊、京东、天猫等，在零售业中的占比会越来越大。

由命题1.10可知，零售商在选择渠道时会受到制造商是否授权的影响，只有在消费者对线上渠道的接受程度更高时才采用双渠道结构。这种影响对整体供应链是有利还是有害？为回答这个问题，我们将比较三种渠道结构下的供应链利润。

**命题1.11**　在分散式供应链下，供应链最优的渠道选择如下：

① 当 $0\leqslant\theta<\underline{\theta}^d$ 时，最优的渠道结构为单一线下渠道；

② 当 $\underline{\theta}^d\leqslant\theta\leqslant\bar{\theta}^d$ 时，最优的渠道结构为双渠道；

③ 当 $\bar{\theta}^d<\theta\leqslant 1$ 时，最优的渠道结构为单一线上渠道。

**证明**　由命题1.5至命题1.7可知，当单一线上零售商采用双渠道结构时，线上渠道价格和总需求都保持不变，同时，线下渠道价格又高于线上渠道价格，故可得在该情况下供应链的利润上升。下面讨论单一线下零售商采用双渠道时的供应链利润变化。保持 $p_r^{du^*}$ 不变，令 $\hat{p}_e^{du}$ 满足 $\dfrac{\hat{p}_e^{du}+b_e}{\theta}-b_r=\hat{p}_r^{du}$，则

$$\hat{p}_e^{du}=\frac{[2(1+b_r)+\theta-b_e+c]\theta-4b_e}{4} \tag{1.73}$$

因为 $p_r^{dr^*}>p_r^{du^*}>p_r^{vr^*}$，所以 $\Pi_S^{du}(p_r^{du^*},\hat{p}_e^{du})>\Pi_S^{dr}(p_r^{dr^*})$。当 $\theta\in[\underline{\theta}^d,\bar{\theta}^d]$ 时，可得 $\hat{p}_e^{du}>p_e^{du^*}>p_e^{vu^*}$，故可得 $\Pi_S^{du}(p_r^{du^*},p_e^{du^*})>\Pi_S^{du}(p_r^{du^*},\hat{p}_e^{du})$。基于此，可得 $\Pi_S^{du}(p_r^{du^*},p_e^{du^*})>\Pi_S^{dr}(p_r^{dr^*})$。

综合以上分析，命题 1.11 成立。

由命题 1.8 至命题 1.11 可知，当零售商无须制造商授权时，其渠道选择与供应链的最优渠道选择是一致的。换句话说，当 $\theta \in (\underline{\theta}^{\mathrm{d}}, \theta_{\mathrm{M}})$ 时，制造商的授权会使供应链的利润受到影响。接下来提出一种购买授权机制来解决这个问题。

**命题 1.12** 在分散式供应链下，当 $\theta \in (\underline{\theta}^{\mathrm{d}}, \theta_{\mathrm{M}})$ 时，单一线下渠道零售商可以向制造商支付费用 $G$ 来购买线上销售的授权，并同时使二者的利润达到帕累托改进。这里，$G \in \left[\dfrac{\theta(1-b_{\mathrm{r}}-c)^2-(\theta-b_{\mathrm{e}}-c)^2}{16\theta}, \dfrac{\theta(3-\theta)(1-b_{\mathrm{r}}-c)^2+(1+\theta)(\theta-b_{\mathrm{e}}-c)^2-4\theta(\theta-b_{\mathrm{e}}-c)(1-b_{\mathrm{r}}-c)}{8\theta(1-\theta)}\right]$。

**证明** 因为 $G$ 是一个常数，所以它不会影响销售价格和批发价格决策。由命题 1.9 和命题 1.11 可知，当 $\theta \in (\underline{\theta}^{\mathrm{d}}, \theta_{\mathrm{M}})$ 时，如果单一线下零售商采用双渠道，那么制造商的利润会下降，而供应链的利润却会上升。为了使制造商同意单一线下零售商在线上渠道销售其产品，零售商需要支付授权费 $G$ 使 $\Pi_{\mathrm{M}}^{\mathrm{du}*}+G_{\min}=\Pi_{\mathrm{M}}^{\mathrm{dr}*}$，故可得

$$G_{\min}=\Pi_{\mathrm{M}}^{\mathrm{dr}*}-\Pi_{\mathrm{M}}^{\mathrm{du}*}=\frac{\theta(1-b_{\mathrm{r}}-c)^2-(\theta-b_{\mathrm{e}}-c)^2}{16\theta} \tag{1.74}$$

同时，零售商也要从中获利，即$\Pi_{\mathrm{R}}^{\mathrm{du}*}-G_{\max}=\Pi_{\mathrm{R}}^{\mathrm{dr}*}$，故可得

$$\begin{aligned}G_{\max}&=\Pi_{\mathrm{R}}^{\mathrm{du}*}-\Pi_{\mathrm{R}}^{\mathrm{dr}*}\\&=\frac{\theta(3-\theta)(1-b_{\mathrm{r}}-c)^2+(1+\theta)(\theta-b_{\mathrm{e}}-c)^2-4\theta(\theta-b_{\mathrm{e}}-c)(1-b_{\mathrm{r}}-c)}{8\theta(1-\theta)}\end{aligned} \tag{1.75}$$

综合以上分析，命题 1.12 成立。

## 1.6 供应链协调

在本节中，首先比较集中式供应链与分散式供应链下的渠道结构决策和价格决策。因为集中式供应链下的决策可以使供应链整体利润达到最优，所以如果二者的决策不一致，那么需要设计一个合适的契约使供应链达到协调。

首先比较渠道结构决策，通过命题 1.4、命题 1.8 和命题 1.10 可知，单一线上零售商的渠道选择与集中式供应链是一致的，即 $\bar{\theta}^{\mathrm{d}}=\bar{\theta}^{\mathrm{v}}$；单一线下零售商的渠道选择则与集中式供应链不一致，单一线下零售商会在消费者对线上

渠道接受程度更高时才采用双渠道结构，即$\underline{\theta}^{\mathrm{v}}<\underline{\theta}^{\mathrm{d}}<\theta_{\mathrm{M}}$。然后比较价格决策，我们发现分散式供应链各种渠道结构下的价格决策都与集中式供应链下的决策不一致。通过比较可知，除了单一线上零售商的渠道结构决策外，分散式供应链与集中式供应链的决策都是不一致的。基于此，我们需要设计一个合适的契约来提升供应链利润。

与 He 等[21]类似，本节提出一个销售奖励与惩罚契约来协调供应链。销售奖励与惩罚(SRP)契约是指制造商以批发价格$w^*$ ($c\leqslant w^*\leqslant p_{\mathrm{e}}^{\mathrm{vu}*}$)向零售商供货，同时为零售商设置一个销售任务 $T$，若零售商完成这个任务，则制造商会对超出部分提供每单位 $\lambda$ 的奖励，反之则给予每单位 $\lambda$ 的惩罚。在该契约下，零售商的利润函数$\Pi_{\mathrm{R}}^{\mathrm{tu}}$为

$$\Pi_{\mathrm{R}}^{\mathrm{tu}}(p_{\mathrm{r}}^{\mathrm{tu}},p_{\mathrm{e}}^{\mathrm{tu}},\lambda)=(p_{\mathrm{r}}^{\mathrm{tu}}-w^*)D_{\mathrm{r}}^{\mathrm{tu}}+(p_{\mathrm{e}}^{\mathrm{tu}}-w^*)D_{\mathrm{e}}^{\mathrm{tu}}+\lambda(D_{\mathrm{r}}^{\mathrm{tu}}+D_{\mathrm{e}}^{\mathrm{tu}}-T) \tag{1.76}$$

易证得$\Pi_{\mathrm{R}}^{\mathrm{tu}}$是关于$(p_{\mathrm{r}}^{\mathrm{tu}},p_{\mathrm{e}}^{\mathrm{tu}})$的联合凹函数。因此，设一阶导数为零得到最优的销售价格为

$$p_{\mathrm{r}}^{\mathrm{tu}*}=\frac{1-b_{\mathrm{r}}+w^*-\lambda}{2} \tag{1.77}$$

$$p_{\mathrm{e}}^{\mathrm{tu}*}=\frac{\theta-b_{\mathrm{e}}+w^*-\lambda}{2} \tag{1.78}$$

为了使供应链达到协调，SRP 契约需要使得零售商的决策与集中式供应链的决策一致，即$p_{\mathrm{r}}^{\mathrm{tu}*}=p_{\mathrm{r}}^{\mathrm{vu}*}$和$p_{\mathrm{e}}^{\mathrm{tu}*}=p_{\mathrm{e}}^{\mathrm{vu}*}$。通过比较式(1.77)、式(1.78)与式(1.59)、式(1.60)可知，制造商需要将 $\lambda$ 定义为

$$\lambda^*=w^*-c \tag{1.79}$$

将式(1.79)代入式(1.76)可得零售商的利润函数为

$$\begin{aligned}\Pi_{\mathrm{R}}^{\mathrm{tu}}(p_{\mathrm{r}}^{\mathrm{vu}*},p_{\mathrm{e}}^{\mathrm{vu}*},\lambda^*)&=(p_{\mathrm{r}}^{\mathrm{vu}*}-c)D_{\mathrm{r}}^{\mathrm{u}}+(p_{\mathrm{e}}^{\mathrm{vu}*}-c)D_{\mathrm{e}}^{\mathrm{u}}-(w^*-c)T\\&=\Pi_{\mathrm{S}}^{\mathrm{vu}*}-(w^*-c)T\end{aligned} \tag{1.80}$$

由式(1.80)可知，当销售任务 $T$ 一定时，$(w^*-c)T$ 为常数，所以$\Pi_{\mathrm{R}}^{\mathrm{tu}}(p_{\mathrm{r}}^{\mathrm{vu}*},p_{\mathrm{e}}^{\mathrm{vu}*},\lambda^*)$与集中式供应链的决策是一致的。由式(1.80)可知，制造商的利润函数为

$$\Pi_{\mathrm{M}}^{\mathrm{tu}}(p_{\mathrm{r}}^{\mathrm{vu}*},p_{\mathrm{e}}^{\mathrm{vu}*},\lambda^*)=(w^*-c)T \tag{1.81}$$

综合以上论述，可得如下命题。

**命题 1.13**　当 $\lambda=w^*-c$ 时，销售奖励与惩罚契约可以协调供应链，并能通过销售任务 $T$ 实现供应链利润在制造商和零售商之间的任意分配。

由式(1.80)和式(1.81)可知，当销售任务 $T$ 确定后，制造商与零售商的利

润也就确定了。为了保证零售商能够接受这个协调契约，制造商需要确定合适的 $T$ 使零售商的利润较之前有所提升。

## 1.7 本章小结

本章主要研究了零售商应该在何时采用单一线下渠道、双渠道和单一线上渠道。为了回答这个问题，首先构建了由一个制造和一个零售商组成的二级供应链模型。基于此模型，我们得到三种渠道结构下的最优销售价格和批发价格决策。随后通过比较三种渠道结构下的最优利润得到了不同环境下的最优渠道选择。研究结果表明，当消费者对线上渠道的接受程度较低、中等、较高时，单一线下渠道、双渠道、单一线上渠道分别为零售商的最优渠道选择。

此外，本章还得到了一些其他的结论。其一，单一线下零售商在采用双渠道时，应该降低原线下价格，同时制定更低的线上价格。但单一线上零售商在采用双渠道时，应该保持原线上价格不变，同时制定更高的线下价格。其二，单一线下零售商在采用双渠道时，制造商的利润可能会受到影响，所以制造商可能会不同意零售商采用双渠道。为了解决这个问题，本章设计了一个授权购买机制，使二者获得双赢。其三，由于分散式供应链下的决策与集中式供应链下的决策不一致，因此本章设计了一个销售奖励与惩罚契约，实现了供应链的协调。

# 第 2 章　制造商销售渠道模式选择

## 2.1　引言

随着电子商务的快速发展，越来越多的制造商不再满足于仅通过线下渠道分销产品，于是开始开设线上分销渠道。

目前，制造商开设线上分销渠道主要有三种模式：其一，制造商通过搭建网站或入驻其他电商平台自己运营线上渠道，即线上直销渠道模式（模式 A）；其二，制造商通过与网络零售商合作来拓展线上渠道，即网络零售商模式（模式 B）；其三，制造商将线上渠道的代理权或经销权仍交于原有的实体零售商，并支持其开设线上渠道，即双渠道零售商模式（模式 C），具体如图 2.1 所示。在实践中，三种线上分销渠道模式下的供应链结构与运营模式各不相同，制造商如何根据自身的实际情况选择合适的线上分销渠道模式已成为一个亟待解决的问题。

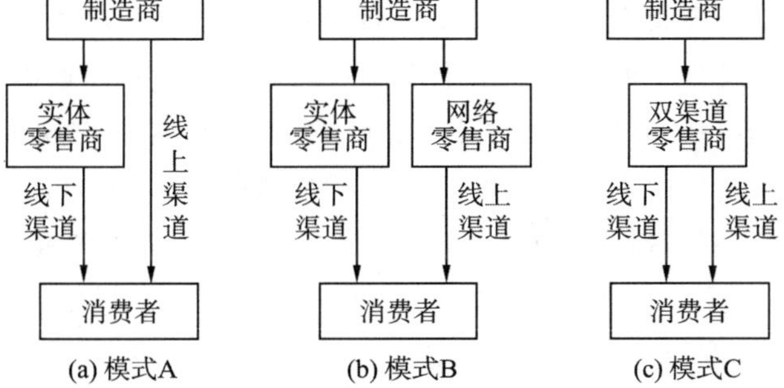


图 2.1　制造商三类线上分销渠道模式

## 2.2 文献综述

关于制造商渠道的选择问题,目前多数研究还集中在制造商是否应该开设线上直销渠道(如 Chiang 等[9]、Arya 等[11]、许传永等[12]、王玲[22])。少数学者进一步对制造商线上直销渠道模式的选择问题进行了研究。傅为忠等考虑了两种线上直销渠道模式,即制造商自建网站和入驻第三方电商平台,并用定量分析的方法对这两种模式进行比较,得到了两种模式的使用阈值[23]。

以上研究主要集中在模式 A,还有部分学者对另外两种线上渠道模式进行了研究。在模式 B 方面,范小军和刘艳从利润和服务质量两个角度研究了制造商应该在何时引入网络零售商[24]。李娟和濮阳小娟在网络零售商模式下研究了网络零售商在动态定价和价格承诺下的最优定价问题[25]。梁喜和蒋琼同样考虑了网络零售商模式,并采用定量分析的方法对价格竞争系数、佣金比例系数及价格的决策问题进行了研究[26]。在模式 C 方面,Zhang 和 He 考虑了双渠道零售商模式,并在三种渠道权力结构下对制造商与零售商的价格决策问题进行了研究[27]。岳柳青等考虑了由一个制造商与一个双渠道零售商组成的供应链结构,并通过设计一个收益共享契约实现了供应链协调[28]。李强和汪传旭对双渠道零售商在多种订货方式下的绩效水平进行了定量的分析与比较[29]。陈国鹏和向从武对双渠道零售商的线上线下同价与线上线下异价两种定价策略进行了对比分析[30]。

通过以上综述可知,目前有关制造商渠道选择的研究多集中在分析制造商是否应该开设线上直销渠道,虽然少部分学者研究了不同线上直销模式的选择问题,但仍未将双渠道零售商模式与网络零售商模式纳入选择范围。此外,对于双渠道零售商模式与网络零售商模式,虽有不少学者研究,但缺乏对这两种模式的比较,三种线上分销渠道模式的对比分析更是鲜有涉及。

据中国电子商务研究中心统计,2017 年我国网购用户规模已达 5.4 亿人,网络零售总额高达 7.6 万亿元,图书音像、数码产品、化妆品、服饰鞋帽等领域的线上渗透率均超过 15%。线上渠道已经成为许多领域制造商分销渠道中的重要组成部分。在此背景下,相对于是否应该开设线上渠道,许多制造商更加关注开设什么样的线上渠道。

依据研究现状与现实问题,本章将采用定量分析与数值仿真相结合的方法,对制造商如何在三种线上分销渠道模式中进行选择展开研究,为制造商开设线上分销渠道提供决策支持。

## 2.3　模型描述及符号说明

制造商以单位成本 $c$ 生产一种产品，并以单位批发价格 $w$ 分销给零售商，其中 $w>c$ 。线下渠道与线上渠道的单位销售价格分别为 $p_r$ 和 $p_e$。与许多类似的研究相同，假设线下渠道的市场需求 $D_r$ 与线上渠道的市场需求 $D_e$ 都与价格具有一定的相关性，并采用价格敏感需求的线性函数形式，具体表示如下：

$$D_r=(1-\theta)a-b_1 p_r+g p_e \tag{2.1}$$

$$D_e=\theta a-b_2 p_e+g p_r \tag{2.2}$$

式中，$a$ 表示市场潜在总需求量。$\theta$ 和 $1-\theta$ 分别表示市场价格为零时，线上渠道和线下渠道所占的市场份额。$\theta$ 还可以用来度量消费者对于线上渠道的偏好程度，$\theta$ 越大表示消费者对线上渠道的偏好程度越高。$b_1$ 和 $b_2$ 分别表示线下渠道和线上渠道的需求价格弹性系数。因为消费者通过线上渠道购买时更容易比价，所以线上渠道的需求价格弹性一般大于线下渠道，即 $b_2>b_1$。$g$ 表示两个渠道之间的交叉价格弹性系数。一般来讲，自身价格变动对自身需求的影响要大于竞争渠道价格变动对自身需求的影响，故假设 $b_2>b_1>g$。

## 2.4　价格决策

在实践中，需求量、利润和实体零售商的阻力是制造商进行线上分销渠道模式选择时考虑的重要因素，而这三者都与市场的均衡价格相关。因此，为了能够实现定量分析，本节将首先采用斯塔克尔伯格博弈与纳什博弈对三种线上分销渠道模式下的均衡批发价格、线上渠道价格与线下渠道价格进行分析。

### 2.4.1　线上直销渠道模式

在该模式下博弈主体为制造商与实体零售商，其决策顺序如下：首先，制造商决策批发价格与线上销售价格；其次，实体零售商决策其线下销售价格。为便于区分，用 $(\ )^A$ 表示模式 A 下的相关变量。此时制造商的利润函数 $\Pi_M^A$ 和实体零售商的利润函数 $\Pi_R^A$ 分别为

$$\Pi_M^A=(w^A-c)D_r^A+(p_e^A-c)D_e^A \tag{2.3}$$

$$\Pi_R^A=(p_r^A-w)D_r^A \tag{2.4}$$

依据决策顺序,制造商与实体零售商之间进行以制造商为主导的斯塔克尔伯格博弈,故采用逆向归纳法。首先对实体零售商的销售价格决策进行分析。

对$\Pi_R^A$求关于$p_r^A$的二阶导数,易证得$\frac{\partial^2 \Pi_R^A}{\partial (p_r^A)^2}<0$,故$\Pi_R^A$是关于$p_r^A$的凹函数。因此,实体零售商销售价格的最优反应函数可以通过设一阶导数为0得到,即

$$p_r^A=\frac{(1-\theta)a+gp_e^A+b_1w^A}{2b_1} \tag{2.5}$$

基于以上分析,进一步对制造商的批发价格与线上渠道价格决策进行分析。将式(2.5)代入式(2.3),分析黑塞矩阵$\boldsymbol{H}(w^A,p_e^A)$,易证得$\boldsymbol{H}(w^A,p_e^A)$为负定矩阵,故$\Pi_M^A$是关于$w^A$和$p_e^A$的联合凹函数。因此,制造商最优的批发价格与线上渠道价格决策可以通过设一阶导数为0得到,即

$$w^{A^*}=\frac{b_2(1-\theta)a+g\theta a}{2(b_1b_2-g^2)}+\frac{c}{2} \tag{2.6}$$

$$p_e^{A^*}=\frac{g(1-\theta)a+b_1\theta a}{2(b_1b_2-g^2)}+\frac{c}{2} \tag{2.7}$$

将式(2.6)和式(2.7)代入式(2.5),可得如下命题。

**命题2.1** 当制造商采用线上直销渠道模式(模式A)时,制造商与实体零售商关于批发价格、线上销售价格与线下销售价格存在唯一的博弈均衡解,即

$$w^{A^*}=\frac{b_2(1-\theta)a+g\theta a}{2(b_1b_2-g^2)}+\frac{c}{2} \tag{2.8}$$

$$p_r^{A^*}=\frac{b_2(1-\theta)a+g\theta a}{2(b_1b_2-g^2)}+\frac{(1-\theta)a+(g+b_1)c}{4b_1} \tag{2.9}$$

$$p_e^{A^*}=\frac{g(1-\theta)a+b_1\theta a}{2(b_1b_2-g^2)}+\frac{c}{2} \tag{2.10}$$

### 2.4.2 网络零售商模式

在该模式下博弈主体为制造商、实体零售商与网络零售商,其决策顺序如下:首先,制造商决策批发价格;其次,实体零售商与网络零售商同时决策线上销售价格与线下销售价格。用$(\ )^B$表示模式B下的相关变量。此时,制造商的利润函数$\Pi_M^B$、实体零售商的利润函数$\Pi_R^B$与网络零售商的利润函数$\Pi_E^B$分别为

$$\Pi_M^B=(w^B-c)(D_r^B+D_e^B) \tag{2.11}$$

$$\Pi_R^B=(p_r^B-w^B)D_r^B \tag{2.12}$$

$$\Pi_E^B=(p_e^B-w^B)D_e^B \tag{2.13}$$

依据决策顺序，制造商与零售商之间进行以制造商为主导的斯塔克尔伯格博弈，而实体零售商与网络零售商之间进行纳什博弈，故采用逆向归纳法。首先对两个零售商之间的定价纳什博弈进行分析。

对$\Pi_R^B$与$\Pi_E^B$分别求关于$p_r^B$与$p_e^B$的二阶导数，易证得$\frac{\partial^2\Pi_R^B}{\partial(p_r^B)^2}<0$，$\frac{\partial^2\Pi_E^B}{\partial(p_e^B)^2}<0$。如果对方价格一定，自身的最优定价可以通过设一阶导数为 0 得到。基于隐函数求导定理，易证得$\left|\frac{\partial p_r^B}{\partial p_e^B}\right|<1$，$\left|\frac{\partial p_e^B}{\partial p_r^B}\right|<1$，因此存在唯一的纳什均衡解，即

$$p_r^B=F+G\,w^B \tag{2.14}$$

$$p_e^B=H+I\,w^B \tag{2.15}$$

式中，

$$F=\frac{g\theta a+2b_2(1-\theta)a}{4b_1b_2-g^2},G=\frac{(g+2b_1)b_2}{4b_1b_2-g^2},$$

$$H=\frac{2b_1\theta a+g(1-\theta)a}{4b_1b_2-g^2},I=\frac{(g+2b_2)b_1}{4b_1b_2-g^2}$$

基于以上分析，进一步对制造商的批发价格决策进行分析。将式(2.14)和式(2.15)代入式(2.11)，对$\Pi_M^B$求关于$w^B$的二阶导数，易证得$\frac{\partial^2\Pi_M^B}{\partial(w^B)^2}<0$，故$\Pi_M^B$是关于$w^B$的凹函数。因此，制造商最优的批发价格决策可以通过设一阶导数为 0 得到，即

$$w^{B^*}=\frac{a-(b_1-g)F-(b_2-g)H}{2G(b_1-g)+2I(b_2-g)}+\frac{c}{2} \tag{2.16}$$

将式(2.16)代入式(2.14)和式(2.15)，可得如下命题。

**命题 2.2**　当制造商采用网络零售商模式(模式 B)时，制造商、实体零售商与网络零售商关于批发价格、线上销售价格与线下销售价格存在唯一的博弈均衡解，即

$$w^{B^*}=\frac{a-(b_1-g)F-(b_2-g)H}{2G(b_1-g)+2I(b_2-g)}+\frac{c}{2} \tag{2.17}$$

$$p_r^{B^*}=F+G\,\frac{a-(b_1-g)F-(b_2-g)H}{2G(b_1-g)+2I(b_2-g)}+\frac{Gc}{2} \tag{2.18}$$

$$p_e^{B^*}=H+I\,\frac{a-(b_1-g)F-(b_2-g)H}{2G(b_1-g)+2I(b_2-g)}+\frac{Ic}{2} \tag{2.19}$$

### 2.4.3 双渠道零售商模式

在该模式下博弈主体为制造商与双渠道零售商，其决策顺序如下：首先，制造商决策批发价格；其次，双渠道零售商决策其线下与线上销售价格。用$(\ )^{\mathrm{C}}$表示模式C下的相关变量。此时制造商的利润函数$\Pi_{\mathrm{M}}^{\mathrm{C}}$和双渠道零售商的利润函数$\Pi_{\mathrm{RE}}^{\mathrm{C}}$分别为

$$\Pi_{\mathrm{M}}^{\mathrm{C}}=(w^{\mathrm{C}}-c)(D_{\mathrm{r}}^{\mathrm{C}}+D_{\mathrm{e}}^{\mathrm{C}}) \tag{2.20}$$

$$\Pi_{\mathrm{RE}}^{\mathrm{C}}=(p_{\mathrm{r}}^{\mathrm{C}}-w^{\mathrm{C}})D_{\mathrm{r}}^{\mathrm{C}}+(p_{\mathrm{e}}^{\mathrm{C}}-w^{\mathrm{C}})D_{\mathrm{e}}^{\mathrm{C}} \tag{2.21}$$

依据决策顺序，采用逆向归纳法。首先对双渠道零售商的线上与线下销售价格决策进行分析。

分析黑塞矩阵$\boldsymbol{H}(p_{\mathrm{r}}^{\mathrm{C}},p_{\mathrm{e}}^{\mathrm{C}})$，易证得$\boldsymbol{H}(p_{\mathrm{r}}^{\mathrm{C}},p_{\mathrm{e}}^{\mathrm{C}})$为负定矩阵，故$\Pi_{\mathrm{RE}}^{\mathrm{C}}$是关于$p_{\mathrm{r}}^{\mathrm{C}}$和$p_{\mathrm{e}}^{\mathrm{C}}$的联合凹函数。因此，双渠道零售商线上与线下价格的最优反应函数可以通过设一阶导数为0得到，即

$$p_{\mathrm{r}}^{\mathrm{C}}=J+Kw^{\mathrm{C}} \tag{2.22}$$

$$p_{\mathrm{e}}^{\mathrm{C}}=L+Nw^{\mathrm{C}} \tag{2.23}$$

式中，

$$J=\frac{2g\theta a+2b_2(1-\theta)a}{4b_1b_2-g^2},K=\frac{2g(b_2-g)+2b_2(b_1-g)}{4b_1b_2-g^2},$$

$$L=\frac{2b_1\theta a+2g(1-\theta)a}{4b_1b_2-g^2},N=\frac{2g(b_1-g)+2b_1(b_2-g)}{4b_1b_2-g^2}$$

基于以上分析，进一步对制造商的批发价格决策进行分析。将式(2.22)和式(2.23)代入式(2.20)，与模式B中的分析方法类似，设一阶导数为0，求得制造商最优的批发价格决策，即

$$w^{\mathrm{C}^*}=\frac{a-(b_1-g)J-(b_2-g)L}{2K(b_1-g)+2N(b_2-g)}+\frac{c}{2} \tag{2.24}$$

将式(2.24)代入式(2.22)和式(2.23)，可得如下命题。

**命题2.3** 当制造商采用双渠道零售商模式(模式C)时，制造商与双渠道零售商关于批发价格、线上销售价格与线下销售价格存在唯一的博弈均衡解，即

$$w^{\mathrm{C}^*}=\frac{a-(b_1-g)J-(b_2-g)L}{2K(b_1-g)+2N(b_2-g)}+\frac{c}{2} \tag{2.25}$$

$$p_{\mathrm{r}}^{\mathrm{C}^*}=J+K\,\frac{a-(b_1-g)J-(b_2-g)L}{2K(b_1-g)+2N(b_2-g)}+\frac{Kc}{2} \tag{2.26}$$

$$p_{\mathrm{e}}^{\mathrm{C}^*}=L+N\,\frac{a-(b_1-g)J-(b_2-g)L}{2K(b_1-g)+2N(b_2-g)}+\frac{Nc}{2} \tag{2.27}$$

本节主要分析了三种线上分销渠道模式下的批发价格、线上销售价格与线下销售价格的博弈均衡决策。在实践中，制造商与零售商可以根据具体的系统参数，依据命题 2.1 至命题 2.3 的结论，在以上三种渠道模式下制定使自身利润最大化的批发价格与销售价格。

## 2.5　渠道模式选择

本节将基于命题 2.1 至命题 2.3 的结论，分别比较三种线上分销渠道模式下的制造商利润、销量与零售商利润，对制造商的渠道选择问题进行分析。首先将均衡价格代入三种模式下的总需求函数并进行比较分析，可以得到命题 2.4。

**命题 2.4**　三种模式下制造商的总需求量从高到低依次为线上直销渠道模式、网络零售商模式与双渠道零售商模式，即 $D^A > D^B > D^C$。

由命题 2.4 可知，如果单从需求量的角度出发，制造商采用线上直销渠道模式最为合适。

然而，制造与零售分属两个不同领域，有些制造商不具备零售领域的运营能力。在这种情形下，制造商只能在另外两种模式中进行选择。由命题 2.4 可知，相对于双渠道零售商模式，制造商采用网络零售商模式更加有利于需求量的提升，主要原因是网络零售商与实体零售商之间的竞争促使双方制定了较低的价格，从而增大了总需求量。在实践中，通过调研可以发现，许多制造商更加倾向于选择网络零售商模式，如李宁在其线上渠道与线下渠道分别采用了独立的网络零售商与实体零售商，并且要求二者不能进入对方的领域。

在现实中，消费者对于不同领域产品的线上渠道偏好程度 $\theta$ 存在着较大的差异，如相对于母婴类产品，消费者对服装类产品的线上渠道偏好程度更高。此外，即使是同一领域的产品，随着时间的变化，消费者对于其线上渠道的偏好程度也会有一定程度的改变，如消费者对于生鲜类产品的线上渠道偏好程度在逐年递增。基于此，下面通过数值仿真对三种模式下需求量随 $\theta$ 的变化情况进行分析。本节数值仿真中的具体参数如下：$a=200$，$c=2$，$b_1=2$，$b_2=3$，$g=1$。将以上参数分别代入需求函数，同时变动 $\theta$，可得三种模式下随 $\theta$ 变化的需求量，具体如图 2.2 所示。

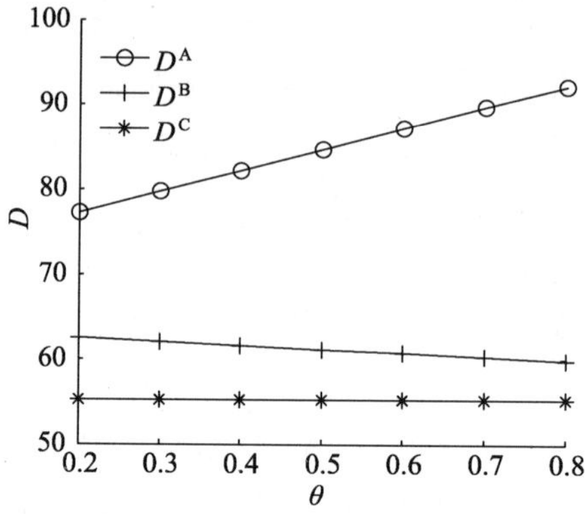


**图 2.2　三种模式下的制造商需求量**

由图 2.2 可知，消费者对于线上渠道的偏好程度越高，相对于其他两种模式，线上直销渠道模式对于提升制造商销量的帮助就越大。主要原因是在线上直销渠道模式下，制造商自己掌控线上渠道，从而一定程度上削弱了"双边际效应"，而随着消费者对于线上渠道偏好程度的增加，线上渠道的重要程度也在增加，"双边际效应"进一步削弱，使得销售价格更低。

此外，由图 2.2 还可知，随着消费者线上渠道偏好程度的增加，从需求量的角度而言，网络零售商模式相对于双渠道零售商模式的优势在逐步降低。主要原因是在网络零售商模式下，随着线上渠道偏好程度的增加，线上渠道价格上涨的速度大于双渠道零售商模式，从而使总的需求量有所下降。

接下来，将均衡价格代入三种模式下的制造商利润函数并进行比较分析，可得如下命题。

**命题 2.5**　三种模式下制造商利润从高到低依次为线上直销渠道模式、双渠道零售商模式与网络零售商模式，即$\Pi_M^A > \Pi_M^C > \Pi_M^B$。

由命题 2.5 可知，如果单从利润的角度出发，制造商采用线上直销渠道模式实现网上销售最为合适。主要原因是在这种模式下制造商获得了线上渠道的全部利润。

综合命题 2.4 和命题 2.5 可知，相对于其他两种模式，线上直销渠道模式下无论是利润还是需求量，都能提高制造商的绩效水平。因此，如果条件允许，制造商应该通过线上直销模式拓展线上渠道。在实践中，格力、美的、方太等规模较大的制造商也选择了线上直销渠道模式。

如果制造商不具备零售领域的运营能力，由命题 2.5 可知，制造商选择双渠道零售商模式可以获得更多的利润。主要原因是网络零售商与实体零售商之间的竞争促使双方制定了较低的价格，虽然增加了总需求量，但是较低的定价也影响了网络零售商与实体零售商的利润空间，使得零售商向制造商争取更低的批发价格，从而制造商利润在网络零售商模式下反而低于在双渠道零售商模式下。下面通过数值仿真进一步分析三种模式下的制造商利润对比情况。将参数代入制造商利润函数，同时变动 $\theta$，可得三种模式下制造商利润的变化情况，如图 2.3 所示。

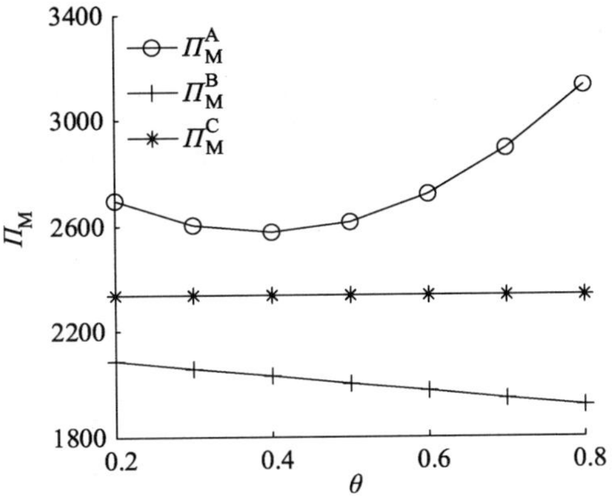


**图 2.3　三种模式下的制造商利润**

由图 2.3 可知，从利润角度而言，当消费者对于线上渠道的偏好程度较低时，随着线上渠道偏好程度的增加，线上直销渠道模式相对于其他两种模式的优势在逐步减小。主要原因是在该情形下制造商的利润来主要来自线下渠道，随着线上渠道偏好程度的增加，线上线下的竞争越发激烈，使得来自线下渠道的利润大幅度降低，从而制造商的总利润有所减少。然而，当消费者对于线上渠道的偏好程度较高时，线上渠道偏好程度越高，线上直销渠道模式对于提升制造商利润的帮助就越大。主要原因是在该情况下制造商的利润主要来自自营的线上渠道，随着线上渠道偏好程度的增加，线上渠道的优势会更加明显，从而制造商的总利润也会增加。

接下来，将均衡价格代入三种模式下的实体零售商利润函数并进行比较分析，可得如下命题。

**命题 2.6**　相对于其他两种模式，制造商采用线上直销渠道模式时，实体零售商的利润较低。

由命题 2.6 可知，实体零售商最不希望制造商采用线上直销渠道模式。换句话说，制造商采用该模式时遭受到的实体零售商的阻力也会最大。例如，2016 年哈药集团开设线上直销渠道时遭受到传统药店的联合抵制，最终以失败告终。主要原因是制造商通过线上直销渠道与实体零售商竞争时，制造商是实体零售商的供货方，在产品成本方面占有绝对的优势，实体零售商难以与之竞争，因此会抵制制造商选择线上直销渠道模式。综合命题 2.4 至命题 2.6 可知，虽然线上销渠道模式可以为制造商带来更多的利润与需求量，但在推行过程中受到的阻力也最大。在实践中，许多制造商为了减少实体零售商的阻力，往往会采用一些合作或利益分享策略。例如，格力通过线上直销渠道接单后由当地经销商负责实际销售，二者分享利润。

双渠道零售商模式与网络零售商模式下的零售利润难以用解析的方法直接比较，下面将运用数值仿真的方法进行分析。将参数代入零售商利润函数，同时变动 θ，可得三种模式下零售商利润变化情况，如图 2.4 所示。

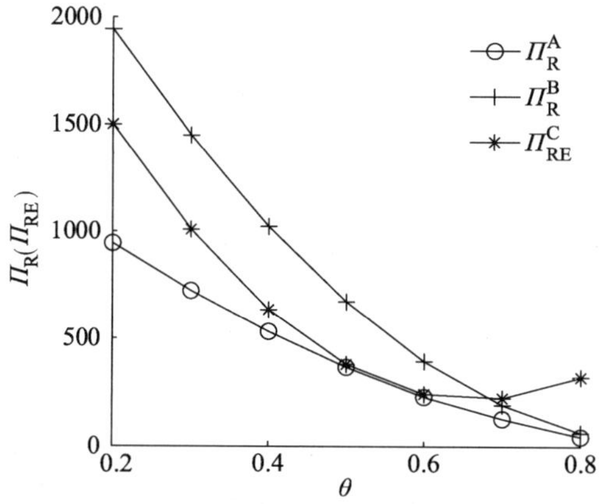


**图 2.4　三种模式下的网络零售商和双渠道零售商利润**

由图 2.4 可知，当消费者对于线上渠道的偏好程度较低时，双渠道零售商模式下的零售商利润低于网络零售商模式下的零售商利润。主要原因是在双渠道零售商模式下，零售商虽然同时运营线上线下渠道，可获得全部渠道利润，但由于消费者对于线上渠道的偏好程度不高，因此线上渠道不仅对零售商利润的贡献度有限，而且影响了线下渠道的销售与利润。例如，2010—2013 年中国多家百强连锁零售企业在开设线上渠道后又将其撤销。同时，在该情形下由于线上渠道的竞争力有限，因此制造商通过网络零售商拓展线上渠道对实体零售商利润的影响并不大。综合命题 2.6 与以上分析，当消费者对于线上渠道的偏好程度较低时，相对于其他两种模式，制造商采用网络零售商模式的阻力最小。

然而，当消费者对于线上渠道的偏好程度较高时，双渠道零售商模式下的零售商利润远大于网络零售商模式下的零售商利润。主要原因是在该情形下线上渠道的竞争能力较强，故网络零售商的存在对实体零售商的利润有较大的影响，而双渠道零售商模式下的零售商由于同时运营线上与线下渠道，因而会从中获益。据中国连锁经营协会统计，2017 年中国百强连锁零售企业都已开设线上渠道。综合命题 2.6 与以上分析，当消费者对于线上渠道的偏好程度较高时，相对于其他两种模式，制造商采用双渠道零售商模式的阻力最小。

本节从需求量、利润及线下阻力三个角度对制造商线上分销渠道模式的选择进行了分析，为制造商的相关决策提供了支持。现将研究结果汇总至表 2.1。

**表 2.1　制造商线上渠道模式选择的影响因素**

| 模式 | 因素 | | | |
|---|---|---|---|---|
| | 需求量 | 利润 | 线下阻力 | |
| | | | 偏好高 | 偏好低 |
| 模式 A | *** | *** | *** | *** |
| 模式 B | ** | * | * | ** |
| 模式 C | * | ** | ** | * |

注：* 越多表示在该模式下的需求量、利润或阻力越大。

## 2.6　本章小结

本章主要对制造商如何在线上直销渠道模式、网络零售商模式与双渠道零售商模式中进行选择展开研究。为了对比三种线上分销渠道模式下的制造商需求量、利润与实体零售商的阻力，首先构建了三种模式下的数学模型，运用斯塔克尔伯格博弈与纳什博弈理论，对三种模式下的均衡批发价格、线上渠道价格与线下渠道价格进行了分析，得到了三种模式下制造商与零售商的均衡价格决策。

基于均衡价格分析，采用定量与数值仿真相结合的方法进一步对三种模式下的制造商需求量、利润与实体零售商的阻力进行了比较。结果显示，从需求量的角度考虑，制造商采用线上直销渠道模式最为合适，当消费者对于线上渠道的偏好程度越高时，相对于其他两种模式，线上直销渠道模式对于提升制造商需求量的帮助就越大。如果制造商不具备零售领域的运营能力，那么采用网络零售商模式较为合适；从利润的角度考虑，线上直销渠道模式也是制造商实现网上销售的最优选择，但如果制造商不具备零售领域的运营能力，相对于网络零售商模式，制造商选择双渠道零售商模式可以获得更多的利润。从实施阻力的角度考虑，当消费者对于线上渠道的偏好程度较低时，制造商采用网络零售商模式较为合适，而当消费者对于线上渠道的偏好程度较高时，制造商采用双渠道零售商模式的阻力最小。

本章从制造商需求量、利润与实体零售商阻力三个方面对制造商线上分销渠道模式选择的问题进行了系统的分析，研究结论可以为制造商科学地选择线上分销渠道模式提供决策支持，但仍然存在一些不足。因此，可以从以下几个方面进行后续研究：第一，本章主要考虑的是以制造商为主导的供应链结构，而渠道权力结构的变化对制造商线上渠道模式选择的影响仍有待进一步研究；第二，本章主要考虑了线上线下竞争，而当线上线下合作时（如“线上购买，线下送货”），制造商该如何选择线上渠道模式仍有待进一步探索；第三，本章分别分析了三种线上渠道模式，但当制造商同时采用多种线上渠道模式时是否更为有利还有待进一步分析。

# 第 3 章　餐饮企业销售渠道模式选择

## 3.1　引言

随着移动互联网的普及，在线外卖的市场规模快速增长。中国互联网络信息中心的数据显示，截至 2023 年 6 月，中国网上外卖用户规模已达 5.35 亿人。2022 年中国在线外卖市场规模达 1.1 万亿元，较 2021 年增长 10%。越来越多的餐饮企业通过加入一些在线外卖平台提供在线外卖服务（TOF 模式），如美团、饿了么和 Delivery Hero。美团财报显示，2022 年加入美团平台的餐饮企业数量达 930 万家。据悉，Delivery Hero 在 40 个国家拥有 15 万家餐饮企业合作伙伴。

近年来，随着在线外卖平台行业集中度的提高，一些平台逐渐提高了佣金率（或收入分成比例）。例如，美团的佣金率从 5%提高到 8%。在高佣金率下，一些餐饮企业很难从在线外卖服务中获益。此外，随着餐饮企业外卖利润率的降低，食品材料的质量难以保证，易导致食品安全问题。因此，有些餐饮企业选择不提供在线外卖服务（NTO 模式），有些则选择自己提供在线外卖服务（TOH 模式）。随着一些餐馆离开在线外卖平台，平台的潜在收入也将受到负面影响。

因此，以下问题具有重要的现实意义：对于在线外卖平台，应如何设置佣金率和协调机制以吸引更多餐饮企业，实现共赢？对于餐饮企业，应如何根据自身情况选择最优外卖模式？为了解决这些问题，本章建立了一个外卖供应链模型，其中包含一家餐饮企业和一个在线外卖平台（简称平台）。首先，推导出 TOF 模式、NTO 模式和 TOH 模式下餐饮企业的最优价格（堂食和外卖）和/或平台的佣金率；其次，比较三种模式下餐饮企业的利润，分析分散式供应链下餐饮企业的最优外卖模型；最后，推导出集中式供应链下价格和外卖模式的最优决策。通过比较集中式和分散式供应链下的最优决策，设计销售奖励合同，证明它可以同时协调价格和模式选择，实现双赢。

研究发现：首先，应推导出外卖平台的最优佣金率。其次，只有在外卖服务产生的需求增量很高时，餐饮企业才能从提供在线外卖服务中获益。此外，在集中式供应链下，TOF 模式总是优于 TOH 模式。最后，集中式供应链下的外卖价格和模式选择与分散式供应链下的不一致。为了协调供应链，提出了销售奖励合同的概念。

本章主要解决以下三个问题。第一，关于在线外卖供应链协调的文献很少，而这种供应链结构在实践中很常见，因此本章内容可以填补这一缺口。第二，现有的相关文献主要关注平台的价格和服务努力程度的决策，然而，在实践中，佣金率对平台和餐饮企业的利润以及餐饮企业的外卖模式选择具有重要影响。本章不仅考虑了最优佣金率决策，还分析了参数对佣金率决策的影响。第三，虽然也有学者研究了餐饮企业的外卖模式选择，但是他们主要是分析餐饮企业是否应加入平台。在现实生活中，有些餐饮企业会通过即时通信软件（如 QQ、微信和 Skype）和在线支付工具（如支付宝、微信和 PayPal）提供在线销售服务，自行将食物送到消费者手中。因此，我们在研究餐饮企业的外卖模式选择时也会考虑这种模式。

## 3.2 文献综述

与本章相关的文献可分为两类：第一类关于餐饮平台；第二类关于供应链协调。

### 3.2.1 第一类文献

随着电子商务的快速发展和移动互联网的普及，许多餐馆开始通过加入一些平台来打开线上销售渠道或 O2O 渠道。因此，是否加入平台以及加入平台后如何定价成为餐饮业的一大课题。Heo 研究了加入团购平台对餐饮企业利润的影响。通过实证分析，他发现，如果餐饮企业加入团购平台可以吸引很多新顾客，就应该与平台合作；如果将老顾客转为折扣顾客，加入平台就会损害餐饮企业的利润[31]。Zheng 和 Guo 进一步考虑了一些相互竞争的餐饮企业，研究了餐饮企业的最优定价策略，发现加入平台并不总是对餐饮企业有利。他们建议，如果线下忠实顾客的数量相对较少，那么餐饮企业可以加入平台并提供线上价格折扣[32]。但上述研究并没有考虑餐饮企业与平台之间的博弈。

事实上，平台在初期会提供价格补贴，以吸引餐饮企业。Xu 等研究了餐饮企业的在线价格策略，以及外卖平台的最优服务努力程度，并进一步提出了不同场景下的最优合作策略[33]。还有学者分析了餐饮企业是否应该加入外卖平台。Zhang 等基于一家中式快餐连锁店的数据，研究了增加外卖平台渠道对企业的线下销售额和总销售额及利润的影响。他们发现，加入平台虽然会在短期内损害线下销售额和总利润，但从长远来看会改善线下销售额和总销售额及利润，并且加入更多的外卖平台不一定有利于餐饮企业利润的提高。另外，他们还建立了一个外卖平台和餐饮企业之间的斯塔克尔伯格博弈模型，研究在有价格补贴和无价格补贴情况下平台的最优价格补贴和/或餐饮企业的外卖价格，通过比较不同情况下的收益得出了餐饮企业的最优策略[34]。上述文献虽然考虑了餐饮企业与平台之间的博弈关系，但没有研究平台佣金的决策问题。而在实践中，佣金是影响平台和餐饮企业利润的重要因素。接下来，本章会研究平台的佣金决策，同时研究餐饮企业是否应该加入外卖平台，以及餐饮企业自行提供在线外卖服务的情况。此外，也有学者研究了配送网络优化[35－36]、食品供应链质量[37]、消费者购买行为[38]以及外卖平台推荐系统[39]。

### 3.2.2　第二类文献

与供应链协调有关的文献主要关注传统的供应链结构。在这一领域，学者们设计了各种合同来协调供应链。例如，数量折扣合同[40]、回购合同[41]、收益分享合同[42]、销售返利合同[43]等。一些学者研究了双渠道下的供应链协调问题。Chen 等发现制造商的批发价格和网上销售价格的合同可以协调双渠道供应链，但不能实现双赢。于是他们将该合同与补充协议结合起来以解决这个问题[44]。He 等进一步考虑了线上渠道和线下渠道之间的单向转载政策，并对双渠道供应链制订数量折扣合同[45]。Zhu 等建立了一个双渠道供应链，考虑了条件风险价值标准，设计了带收益分享的回购合同来协调双渠道供应链[46]。在上述文献中，企业自行建立了线上渠道。在现实中，大多数企业通过在线平台建立线上渠道。Zha 等建立了一个酒店通过携程网（平台）建立线上渠道的模型，并提出成本分摊合同来实现渠道协调[47]。与普通的线上平台不同，外卖平台不仅提供在线销售服务，而且提供配送服务。同时，上述文献对供应链协调的研究并没有考虑企业的模式选择，即加入或不加入平台。在实践中，餐饮企业有三种模式可以选择，即 NTO 模式、TOF 模式和 TOH 模式。本章将对外卖平台如何同时协调外卖价格和模式选择进行阐述，即在分散式和集中式供应链下做出餐饮企业的外卖价格和模式选择决策。

## 3.3 模型描述及符号说明

在本节中，考虑由一个外卖平台和一个餐饮企业组成的供应链。餐饮企业以单位成本 $c$ 提供单一的餐饮产品。外卖平台以单位成本$c_t$提供外卖服务（在线销售和配送），同时向消费者收取单位产品的配送费$c_d$，并根据营业额的一定比例向餐饮企业收取佣金，佣金率为 $\lambda$。假设需求函数在价格效应中是线性的，分别分析 NTO 模式、TOF 模式和 TOH 模式下的需求。

**情形 1**：NTO 模式下的需求

在这种情形下，餐饮企业只提供堂食服务，并以单位价格$p_r$出售给堂食消费者。假设需求函数在自身价格效应中是线性的，那么 NTO 模式下的堂食需求$D_r$为

$$D_r = a - b_r p_r \tag{3.1}$$

式中，$a$ 表示基本需求；$b_r$表示堂食需求$D_r$的价格弹性系数。

**情形 2**：TOF 模式下的需求

在这种情形下，餐饮企业不仅提供堂食服务，还通过在线外卖平台提供外卖服务。在现实中，外卖和堂食往往适用于不同的消费情形。例如，消费者订购外卖，往往是他们没有时间去餐饮企业或不想出去。而选择堂食的消费者往往是想享受更好的菜肴和环境，或者有额外的社交需求。因此，这里不考虑外卖和堂食之间的价格竞争。餐饮企业可以通过平台接触到更多的潜在消费者，基本需求从 $a$ 增加到$a+s$，其中 $s$ 表示需求增量。此外，消费者通过外卖平台订餐需要支付配送费$c_d$，因此在该模式下需要进一步考虑配送费对需求的影响。用$p_r^j$和$p_e^j$分别表示 TOF 模式下的堂食价格和外卖价格，则 TOF 模式下的堂食需求$D_r^j$和外卖需求$D_e^j$分别为

$$D_r^j = (1-\theta)(a+s) - b_r p_r^j \tag{3.2}$$

$$D_e^j = \theta(a+s) - b_e p_e^j - b_e c_d \tag{3.3}$$

在式(3.2)和式(3.3)中，$\theta$ $(0 \leqslant \theta \leqslant 1)$和 $1-\theta$ 分别表示当$p_e^j$和$p_r^j$均为零时，外卖和堂食占基本需求的百分比；另外，$\theta$ 也可以用来衡量消费者订购外卖的偏好程度。$b_r$ 表示堂食需求 $D_r^j$的价格的弹性系数。$b_e$表示外卖需求 $D_e^j$的价格和配送费的弹性系数。

**情形3**：TOH 模式下的需求

在这种情形下，餐饮企业自行提供外卖服务。由于餐饮企业缺乏平台流量的支撑，因此其需求增量下降到 $\beta s$ $(0\leqslant\beta\leqslant1)$，其中 $\beta$ 表示消费者的留存率。在现实生活中，如果餐饮企业自己配送外卖，那么消费者一般不需要支付配送费。因此，在 TOH 模式下，不需要考虑配送费对需求的影响。用 $p_r^i$ 和 $p_e^i$ 分别表示 TOH 模式下的堂食价格和外卖价格，则 TOH 模式下的堂食需求 $D_r^i$ 和外卖需求 $D_e^i$ 分别为

$$D_r^i=(1-\theta)(a+\beta s)-b_r p_r^i \tag{3.4}$$

$$D_e^i=\theta(a+\beta s)-b_e p_e^i \tag{3.5}$$

## 3.4 价格和/或佣金率决策

为了分析哪种模式更适合餐饮企业，需要获取不同模式下餐饮企业的利润。为此，在本节中，将研究餐饮企业和/或外卖平台如何决定价格和佣金率，以实现自身利润的最大化。

### 3.4.1 NTO 模式

在这种模式下，餐饮企业确定堂食价格以实现自身利润最大化。餐饮企业的利润 $\Pi_R$ 为

$$\Pi_R=(p_r-c)(a-b_r p_r) \tag{3.6}$$

在式(3.6)中，$p_r-c$ 表示餐饮企业的保证金；$a-b_r p_r$ 表示餐饮企业的堂食需求。

对式(3.6)分别求关于 $p_r$ 的一阶和二阶导数，可得

$$\frac{d\Pi_R}{dp_r}=a-2b_r p_r+b_r c \tag{3.7}$$

$$\frac{d^2\Pi_R}{d(p_r)^2}=-2b_r<0 \tag{3.8}$$

根据式(3.7)和式(3.8)可得如下命题。

**命题3.1** 在 NTO 模式下，餐饮企业的利润是关于 $p_r$ 的凹函数，最优堂食价格 $p_r^*$ 为

$$p_r^*=\frac{a+b_r c}{2b_r} \tag{3.9}$$

### 3.4.2 TOF 模式

在这种模式下，外卖平台作为斯塔克尔伯格博弈中的领导者确定佣金率

$\lambda$，餐饮企业作为跟随者决定堂食价格和外卖价格。通过逆向归纳法，首先分析餐饮企业的最优反应，然后研究外卖平台的佣金率决策。

第一阶段：餐饮企业的最优反应。

在这一小节中，餐饮企业将决定其对佣金率的最优反应，以实现自身利润最大化。餐饮企业的利润$\Pi_R^j$为

$$\begin{aligned}\Pi_R^j=&(p_r^j-c)[(1-\theta)(a+s)-b_r p_r^j]+\\&[(1-\lambda)p_e^j-c][\theta(a+s)-b_e p_e^j-b_e c_d]\end{aligned}\tag{3.10}$$

在式(3.10)右边，第一项和第二项分别表示堂食和外卖的利润。可得餐饮企业的最优反应为

$$p_r^j=\frac{(1-\theta)(a+s)+b_r c}{2b_r}\tag{3.11}$$

$$p_e^j=\frac{\theta(a+s)-b_e c_d}{2b_e}+\frac{c}{2(1-\lambda)}\tag{3.12}$$

第二阶段：外卖平台的佣金率决策。

外卖平台的利润$\Pi_f^j$为

$$\begin{aligned}\Pi_f^j=&\lambda\, p_e^j[\theta(a+s)-b_e p_e^j-b_e c_d]+c_d[\theta(a+s)-b_e p_e^j-b_e c_d]-\\&c_t[\theta(a+s)-b_e p_e^j-b_e c_d]\end{aligned}\tag{3.13}$$

在式(3.13)右边，第一项表示平台来自餐饮企业的佣金收入，第二项表示平台来自消费者的配送费收入，最后一项表示平台的外卖服务总成本。$c_t$表示单位外卖服务成本，具体包括平台的运营成本和配送成本。将式(3.12)代入式(3.13)并化简，可得

$$\Pi_f^j=\left\{\lambda\left[\frac{\theta(a+s)-b_e c_d}{2b_e}+\frac{c}{2(1-\lambda)}\right]+c_d-c_t\right\}\left[\frac{\theta(a+s)-b_e c_d}{2}-\frac{b_e c}{2(1-\lambda)}\right]\tag{3.14}$$

由式(3.14)可得如下命题。

**命题 3.2** 在 TOF 模式下，外卖平台的利润是关于$\lambda$的拟凹函数，最优佣金率$\lambda^*$为

$$\begin{aligned}\lambda^*=1-&\sqrt[3]{A+\sqrt{A^2+\left\{\frac{A[c+2(c_t-c_d)]}{3c}\right\}^3}}-\\&\sqrt[3]{A-\sqrt{A^2+\left\{\frac{A[c+2(c_t-c_d)]}{3c}\right\}^3}}\end{aligned}\tag{3.15}$$

式中，$A=\dfrac{b_e^2c^2}{[\theta(a+s)-b_e c_d]^2}$。

**证明**　$\Pi_R^j$关于$p_r^j$和$p_e^j$的二阶导数分别是

$$\frac{\partial^2 \Pi_R^j}{\partial (p_r^j)^2}=-2b_r<0 \tag{3.16}$$

$$\frac{\partial^2 \Pi_R^j}{\partial (p_e^j)^2}=-2b_e<0 \tag{3.17}$$

基于式(3.16)和式(3.17),可通过设一阶导数为零得到餐饮企业的最优响应。$\Pi_f^j$关于 $\lambda$ 的一阶和二阶导数分别是

$$\frac{d\Pi_f^j}{d\lambda}=\left[\frac{\theta(a+s)-b_e c_d}{2b_e}+\frac{c}{2(1-\lambda)}+\frac{\lambda c}{2(1-\lambda)^2}\right]\left[\frac{\theta(a+s)-b_e c_d}{2}-\frac{b_e c}{2(1-\lambda)}\right]-\left\{\lambda\left[\frac{\theta(a+s)-b_e c_d}{2b_e}+\frac{c}{2(1-\lambda)}\right]+c_d-c_t\right\}\frac{b_e c}{2(1-\lambda)^2} \tag{3.18}$$

$$\frac{d^2\Pi_f^j}{d\lambda^2}=\left[\frac{c}{(1-\lambda)^2}+\frac{\lambda c}{(1-\lambda)^3}\right]\left[\frac{\theta(a+s)-b_e c_d}{2}-\frac{b_e c}{2(1-\lambda)}\right]-\left[\frac{\theta(a+s)-b_e c_d}{2b_e}+\frac{c}{2(1-\lambda)}+\frac{\lambda c}{2(1-\lambda)^2}\right]\frac{b_e c}{(1-\lambda)^2}-\left\{\lambda\left[\frac{\theta(a+s)-b_e c_d}{2b_e}+\frac{c}{2(1-\lambda)}\right]+c_d-c_t\right\}\frac{b_e c}{(1-\lambda)^3} \tag{3.19}$$

令$\frac{d\Pi_f^j}{d\lambda}=0$ 并将结果代入式(3.19),可得

$$\frac{d^2\Pi_f^j}{d\lambda^2}=\left[\frac{c}{1-\lambda}+\frac{\lambda c}{(1-\lambda)^2}\right]\left[\theta(a+s)-b_e c_d-\frac{b_e c}{1-\lambda}\right]-\left[\frac{\theta(a+s)-b_e c_d}{b_e}+\frac{c}{1-\lambda}+\frac{\lambda c}{(1-\lambda)^2}\right][\theta(a+s)-b_e c_d]<0 \tag{3.20}$$

根据式(3.20)可得$\Pi_f^j$是关于 $\lambda$ 的拟凹函数,唯一最优解 $\lambda^*$ 应满足一阶条件。因此,命题 3.2 成立。

由命题 3.2 可知,只有伴随着超过补偿佣金成本的额外收入时,餐饮企业才能从佣金率的增加中获益。其主要原因是,佣金率的提高会促使餐饮企业提高外卖价格,从而会减少外卖需求。

接下来研究系统参数($\theta,s,c_t,c_d$)如何影响最优佣金率 $\lambda^*$。在 TOF 模式下佣金率的表达方式过于复杂,因此,对其进行数值仿真,结果如图 3.1 所示。如果没有特别说明,本章中的参数值均为 $a=1000,\theta=0.35,s=600,b_r=4,b_e=6,\beta=0.6,c_o=10,c_t=5,c_d=3$ 和 $c=30$。在实践中,外卖平台或餐饮企业一般通过在线方式提供外卖服务,所以消费者很容易对外卖价格进行比较。因此,外卖的需求价格弹性$b_e$一般要大于堂食的需求价

格弹性$b_r$。基于此，我们设定$b_e=6$，$b_r=4$。美团财报显示，美团向顾客收取的外卖费并不包括支付给外卖员的工资。因此，我们设定$c_d=3$，$c_t=5$。此外，餐饮企业还需支付外卖服务成本$c_o$。基于以上假设，设定$\theta=0.35$，$c_o=10$。

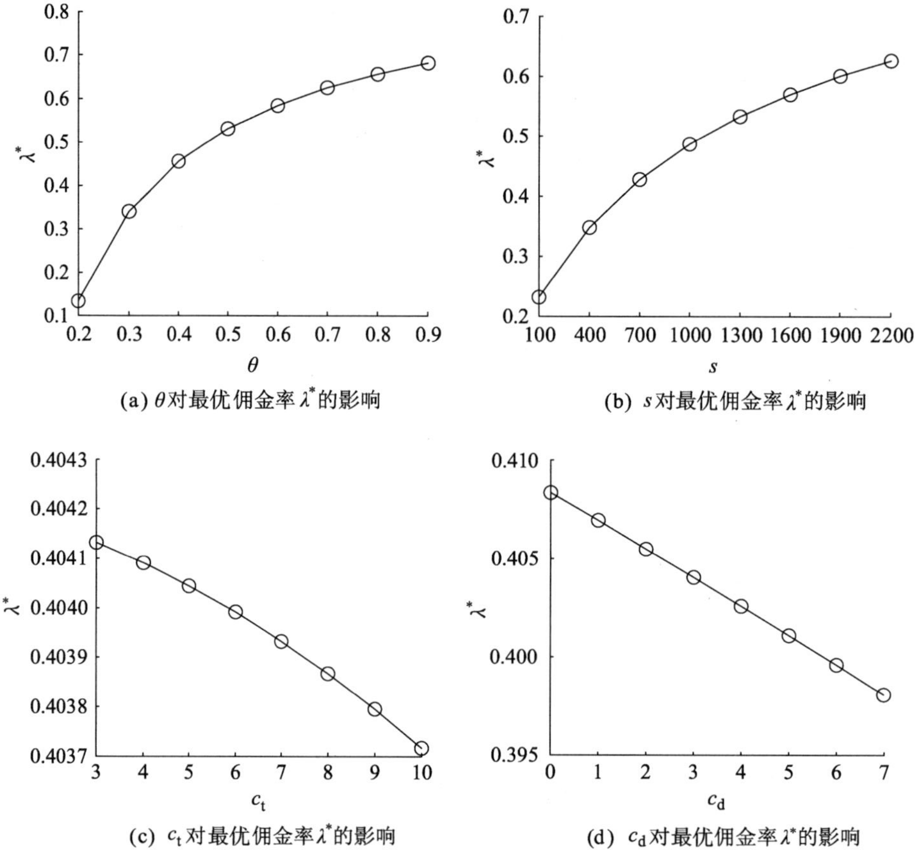


**图 3.1　系统参数($\theta, s, c_t, c_d$)对最优佣金率 $\lambda^*$ 的影响**

**观测 3.1**　最优佣金率$\lambda^*$随外卖偏好程度$\theta$和需求增量$s$的增加而增加，随平台的外卖服务成本$c_t$和配送费$c_d$的减少而减少。

外卖偏好程度越高，需求增量越大，意味着餐饮企业可以通过外卖获得的收入越高。因此，外卖平台也会设置较高的佣金率来分享这部分的收入。从式(3.3)和式(3.12)可以发现，佣金率和配送费都会对外卖需求产生负面影响。因此，最优佣金率会随着配送费的增加而降低。在实践中，外卖平台为许多餐饮企业提供外卖服务，并收取相同的佣金率。然而，不同类型的餐饮企业对提供外卖服务的偏好程度和需求增量不同。从命题 3.2 和观测 3.1 可知,对所有餐饮企业收取相同的佣金率并非良策。平台应该根据不同餐饮企业的实际情况收取不同的佣金率。例如,在加入平台的初期,由于缺乏历史销量和消费者评价,餐饮企业在平台搜索页面的排名相对靠后,这将导致需求增量较低。在这种情况下,平台应该收取较低的佣金率。一般来说,消费者对汉堡或比萨外卖的接受程度要高于火锅外卖。因此,汉堡或比萨店的佣金率可以高于火锅店。

将式(3.15)代入式(3.12)可得如下命题。

**命题 3.3**　在 TOF 模式下,餐饮企业的最优堂食价格 $p_r^{j*}$ 和外卖价格 $p_e^{j*}$ 分别为

$$p_r^{j*}=\frac{(1-\theta)(a+s)+b_r c}{2b_r} \tag{3.21}$$

$$p_e^{j*}=\frac{\theta(a+s)-b_e c_d}{2b_e}+\frac{c}{2\left\{\sqrt[3]{A+\sqrt{A^2+\left\{\frac{A[c+2(c_t-c_d)]}{3c}\right\}^3}}+\sqrt[3]{A-\sqrt{A^2+\left\{\frac{A[c+2(c_t-c_d)]}{3c}\right\}^3}}\right\}} \tag{3.22}$$

将 $p_r^{j*}$,$p_e^{j*}$ 和 $\lambda^*$ 分别代入式(3.10)和式(3.14),可得 TOF 模式下餐饮企业和外卖平台的最大利润分别为

$$\Pi_R^{j*}=\left[\frac{(1-\theta)(a+s)-b_r c}{2b_r}\right]^2+\frac{[(1-\lambda^*)\theta(a+s)-(1-\lambda^*)b_e c_d-b_e c]^2}{4b_e(1-\lambda^*)} \tag{3.23}$$

$$\Pi_f^{j*}=\left\{\lambda^*\left[\frac{\theta(a+s)-b_e c_d}{2b_e}+\frac{c}{2(1-\lambda^*)}\right]+c_d-c_t\right\}\left[\frac{\theta(a+s)-b_e c_d}{2}-\frac{b_e c}{2(1-\lambda^*)}\right] \tag{3.24}$$

研究系统参数($\theta,s,c_t,c_d$)如何影响外卖平台的利润,进行数值仿真,结果如图 3.2 所示。

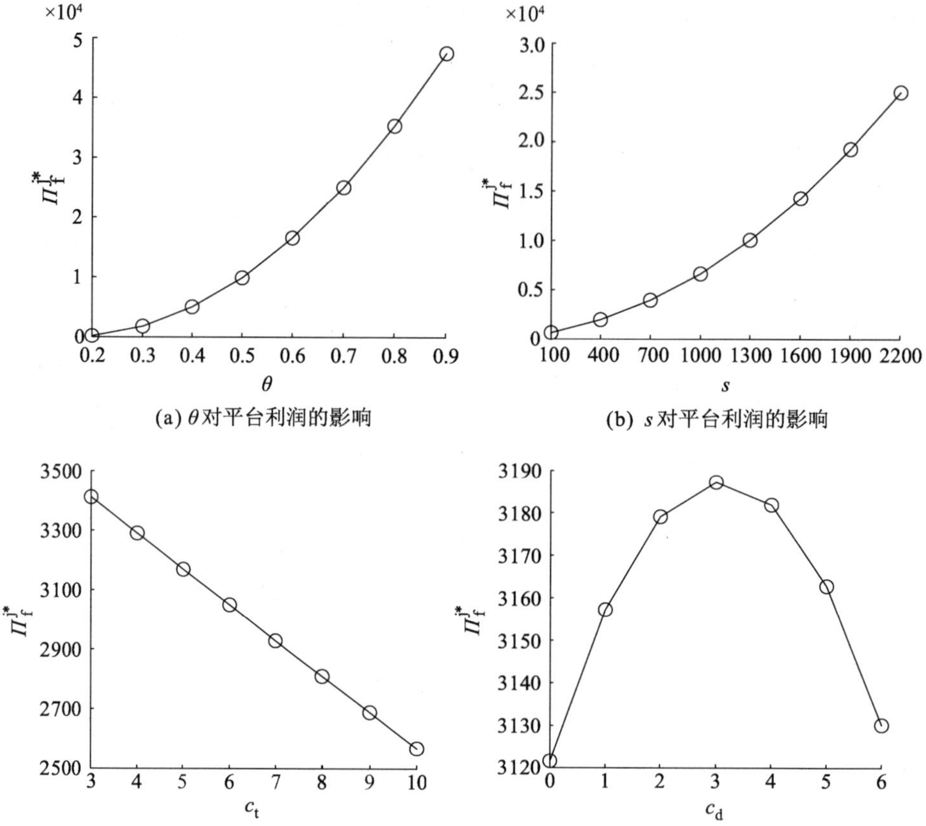


(a) $\theta$对平台利润的影响　(b) $s$对平台利润的影响

(c) $c_t$对平台利润的影响　(d) $c_d$对平台利润的影响

**图 3.2　系统参数($\theta, s, c_t, c_d$)对外卖平台利润 $\Pi_f^{j*}$ 的影响**

**观测 3.2**　外卖偏好程度 $\theta$、需求增量 $s$、配送费 $c_d$ 和平台外卖服务成本 $c_t$ 对外卖平台利润 $\Pi_f^{j*}$ 的影响如下：

① 外卖平台的利润 $\Pi_f^{j*}$ 随外卖偏好程度 $\theta$ 和需求增量 $s$ 的提高而增加，随平台外卖服务成本 $c_t$ 的减少而减少。

② 外卖平台的利润 $\Pi_f^{j*}$ 是关于配送费 $c_d$ 的凹函数。

观测 3.2 表明，外卖平台可以通过提高外卖偏好程度和需求增量，降低平台外卖服务成本来增加自己的利润。在实践中，消费者对外卖的偏好程度主要取决于配送速度和食品质量。平台可以通过优化配送任务分配和配送路径来提高配送速度。送餐速度的提高不仅可以缩短送餐时间，还可以缩小外卖食品与堂食食品之间的口味差异，从而提高外卖偏好程度。与堂食相比，外卖的生产过程是不可见的，还需要进行包装和配送，因此部分消费者对外卖食品的质量有所担心，平台应加强对食品质量的全过程监管。

目前，考虑到配送成本，外卖平台为餐饮企业提供的配送范围一般在3公里以内。扩大配送范围是提高需求增量的关键。同时，配送成本也是平台的主要支出。例如，2020年美团的配送成本占其总收入的74.8%。因此，降低配送成本是提高需求增量和降低平台外卖服务成本的关键。除了优化配送任务分配和配送路径外，提高配送规模和配送密度也是降低配送成本的两个主要途径。因此，平台应该开放其配送系统，为更多的非餐饮企业提供配送服务。此外，不同的外卖平台应加强合作，尝试开展联合配送。

从观测3.2中还发现，向消费者收取较高或较低的配送费，对平台来说都不是好选择。其主要原因是较低的配送费会减少单位收入，而较高的配送费则会大大减少需求。因此，只有适当的配送费才对平台有利。

3.4.3 TOH模式

在这种模式下，餐饮企业决定堂食价格和外卖价格，以实现自身利润的最大化。这里$c_o$表示餐饮企业的外卖服务成本。一般来说，外卖平台的规模和专业化程度要高于餐饮企业，所以假设$c_o > c_t$。餐饮企业的利润$\Pi_R^i$为

$$\Pi_R^i = (p_r^i - c)[(1-\theta)(a+\beta s) - b_r p_r^i] + (p_e^i + c_d - c - c_o)[\theta(a+\beta s) - b_e p_e^i - b_e c_d] \tag{3.25}$$

在式(3.25)右边，第一项表示餐饮企业从消费者的堂食需求中获得的收入，第二项表示餐饮企业从消费者的外卖需求中获得的收入。

根据式(3.25)可得如下命题。

**命题3.4** 在TOH模式下，餐饮企业的利润是关于$(p_r^i, p_e^i)$的联合凹函数，最优堂食价格$p_r^{i*}$和外卖价格$p_e^{i*}$分别为

$$p_r^{i*} = \frac{(1-\theta)(a+\beta s) + b_r c}{2b_r} \tag{3.26}$$

$$p_e^{i*} = \frac{\theta(a+\beta s) + b_e(c+c_o) - 2b_e c_d}{2b_e} \tag{3.27}$$

将$p_r^{i*}$和$p_e^{i*}$代入式(3.25)，可得餐饮企业在TOH模式下的最大利润$\Pi_R^{i*}$为

$$\Pi_R^{i*} = \left[\frac{(1-\theta)(a+\beta s) - b_r c}{2b_r}\right]^2 + \left[\frac{\theta(a+\beta s) - b_e(c+c_o)}{2b_e}\right]^2 \tag{3.28}$$

## 3.5 外卖模式选择

本节重点讨论本章的主要问题：餐饮企业应如何选择外卖模式？因此，

需要在 NTO 模式、TOF 模式和 TOH 模式之间比较餐饮企业的利润。为此，首先比较 NTO 模式和 TOH 模式的利润，可得如下命题。

**命题 3.5** 当 $s \geqslant \dfrac{D+\sqrt{D^2-4Bb_e^2[b_r^2c^2+b_r^2(c+c_o)^2-(a-b_rc)^2]}-2Ba}{2B\beta}$ 时，餐饮企业在 TOH 模式下的利润高于其在 NTO 模式下的利润。其中，$B=(1-\theta)^2b_e^2+\theta^2b_r^2$，$D=2b_eb_r[b_ec(1-\theta)+b_r(c+c_o)\theta]$。

**证明**

$$\Pi_R^{i*}-\Pi_R^*=\left[\frac{(1-\theta)(a+\beta s)-b_rc}{2b_r}\right]^2+\left[\frac{\theta(a+\beta s)-b_e(c+c_o)}{2b_e}\right]^2-\left(\frac{a-b_rc}{2b_r}\right)^2 \tag{3.29}$$

当 $\Pi_R^{i*}\geqslant\Pi_R^*$ 时，必须满足如下不等式：

$$\begin{aligned}(1-\theta)^2b_e^2(a+\beta s)^2+b_e^2b_r^2c^2-2b_e^2b_rc(1-\theta)(a+\beta s)+\\ \theta^2b_r^2(a+\beta s)^2+b_e^2b_r^2(c+c_o)^2-\\ 2b_eb_r^2(c+c_o)\theta(a+\beta s)-(a-b_rc)^2b_e^2\geqslant 0\end{aligned} \tag{3.30}$$

由此可得，当 $s \geqslant \dfrac{D+\sqrt{D^2-4Bb_e^2[b_r^2c^2+b_r^2(c+c_o)^2-(a-b_rc)^2]}-2Ba}{2B\beta}$ 时，$\Pi_R^{i*}\geqslant\Pi_R^*$。

命题 3.5 表明，当外卖带来的需求增量很大时，TOH 模式优于 NTO 模式；否则，NTO 模式是餐饮企业更好的选择。其主要原因是外卖服务对餐饮企业来说是一把“双刃剑”。一方面，外卖服务增加了总的基础需求，这将有利于增加餐饮企业的利润。另一方面，外卖服务将一部分原有的堂食消费转化为外卖消费，而外卖服务需要额外的服务成本，如配送费。因此，对原有消费者的服务成本增加，导致餐饮企业的利润降低。如果外卖服务为餐饮企业增加了更多的需求，那么前者就会比后者发挥更大的作用，从而使餐饮企业的利润增加；否则，后者将起主导作用。

在 TOF 模式下，餐饮企业的利润函数过于复杂，因此通过数值研究来比较三种模式的选择结果，如图 3.3 所示。

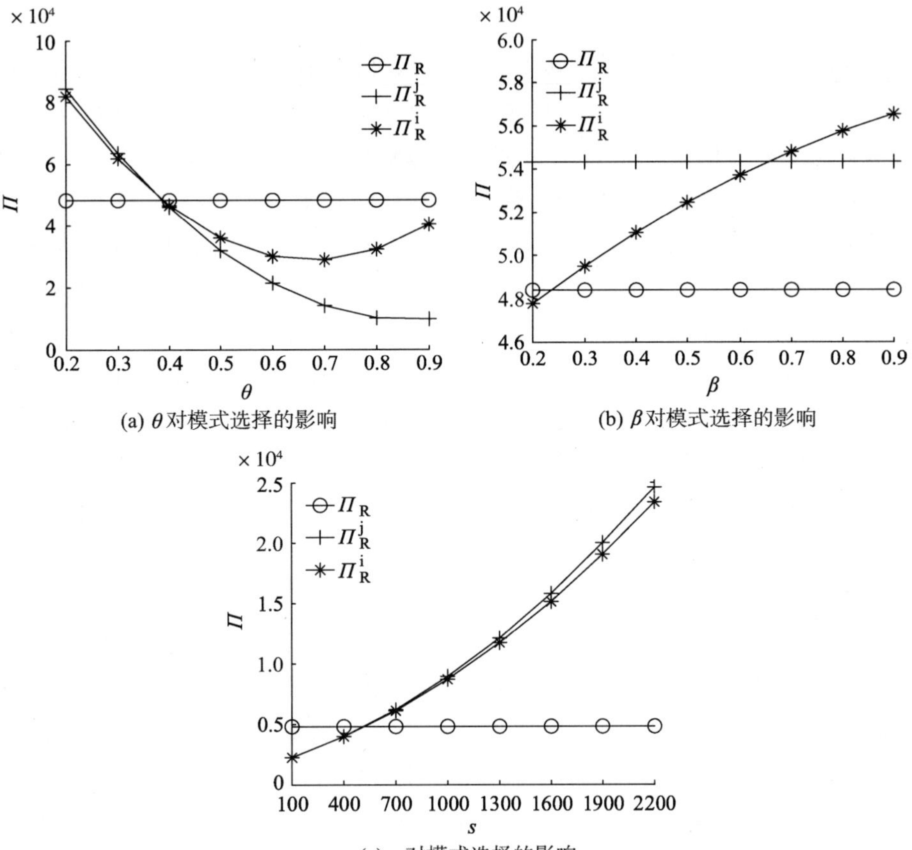


(a) $\theta$ 对模式选择的影响

(b) $\beta$ 对模式选择的影响

(c) $s$ 对模式选择的影响

**图 3.3　系统参数($\theta,\beta,s$)对模式选择的影响**

**观测 3.3**　外卖偏好程度 $\theta$、需求增量 $s$ 和留存率 $\beta$ 对餐饮企业最优模式选择的影响如下：

① 当外卖偏好程度 $\theta$ 较低时，餐饮企业的最优模式选择是 TOF；反之，NTO 模式是更好的选择。

② 当需求增量 $s$ 较高时，餐饮企业的最优模式选择是 TOF；反之，NTO 模式是更好的选择。

③ 当留存率 $\beta$ 较高时，餐饮企业的最优模式选择是 TOH；反之，TOF 模式是更好的选择。

外卖偏好程度提高，意味着如果提供外卖服务，更多的堂食消费将转化为外卖消费。在这种情况下，平均单位成本会增加，从而导致 TOF 模式和 TOH 模式下的餐饮企业利润下降。与命题 3.5 的分析类似，当需求增量较低时，增加的收入不能补偿增加的成本，因此 NTO 模式是餐饮企业的最优选择。

从图 3.3a 可以看出，当外卖偏好程度较低时，餐饮企业在 TOF 模式下的利润要高于在 TOH 模式下的利润。与 TOF 模式相比，TOH 模式的优点是餐饮企业不需要向外卖平台支付佣金，也就是说，不需要与外卖平台分享外卖收入。而 TOH 模式的缺点是推广能力较外卖平台弱，即 TOH 模式下的需求增量低于 TOF 模式下的需求增量。当外卖偏好程度较低时，更多通过外卖平台搜索餐饮企业的消费者会选择堂食，即更多外卖平台的流量转移到堂食。因为堂食收入不需要支付佣金，TOF 模式下的需求增量更高，所以在这种情况下餐饮企业应该选择 TOF 模式。外卖偏好程度越高，外卖收入占餐饮企业总收入的比重就越大。此外，从观测 3.1 可知，佣金率也会随着外卖偏好程度的提高而提高。这意味着餐饮企业的很大一部分收入将作为佣金转移到外卖平台。因此，在这种情况下，餐饮企业在 TOH 模式下的利润要高于在 TOF 模式下的利润。

从观测 3.1 还可知，佣金率会随着需求增量的提高而提高。这意味着，当需求增量较高时，餐饮企业在 TOF 模式下需要支付较高的佣金。因此，TOH 模式下的外卖收入会比 TOF 模式下的高。然而，更高的需求增量也会带来更高的堂食消费。由于 TOF 模式下的需求增量更高，堂食收入也高于 TOH 模式下的堂食收入，因此，当需求增量较高时，餐饮企业应该采用 TOF 模式。

从图 3.3b 可以看出，当消费者的留存率较高时，餐饮企业在 TOH 模式下的利润要高于在 TOF 模式下的利润。较高的消费者留存率意味着当餐饮企业离开外卖平台自行提供外卖服务时，需求损失并不大。同时，餐饮企业也不需要支付任何佣金。因此，在这种情况下，TOH 模式是更好的选择。

## 3.6 价格和模式选择的协调

本节主要集中讨论以下问题：从集中式供应链的角度看，最优价格和模式选择的决策是什么？外卖平台应如何建立协调机制，才能使分散式供应链下的决策与集中式供应链下的决策保持一致？

在集中式供应链下，价格和模式选择决策的目的是使整个供应链的利润最大化。为了清楚起见，在符号中加入上标，用$(\ )^{k}$表示。因此，为了进行基准测试，首先推导出供应链的总利润$\Pi_{T}^{k}$：

$$\begin{aligned}\Pi_{T}^{k}=&(p_{r}^{k}-c)[(1-\theta)(a+s)-b_{r}p_{r}^{k}]+\\&(p_{e}^{k}+c_{d}-c-c_{t})[\theta(a+s)-b_{e}p_{e}^{k}-b_{e}c_{d}]\end{aligned} \tag{3.31}$$

在式(3.31)右边,第一项和第二项分别表示堂食和外卖的利润。由式(3.31)可得如下命题。

**命题3.6** 在集中式供应链和TOF模式下,供应链的总利润是关于$(p_r^k, p_e^k)$的联合凹函数,最优堂食价格$p_r^{k*}$和外卖价格$p_e^{k*}$分别为

$$p_r^{k*}=\frac{(1-\theta)(a+s)+b_r c}{2b_r} \tag{3.32}$$

$$p_e^{k*}=\frac{\theta(a+s)+b_e(c+c_t)-2b_e c_d}{2b_e} \tag{3.33}$$

对比式(3.33)和式(3.22)发现,集中式供应链下的外卖价格与分散式供应链下的价格不一致。外卖平台收取佣金造成双边际效应,这是导致价格差异的主要原因。

将$p_r^{k*}$和$p_e^{k*}$代入式(3.31),可得TOF模式下供应链的最大利润$\Pi_T^{k*}$为

$$\Pi_T^{k*}=\left[\frac{(1-\theta)(a+s)-b_r c}{2b_r}\right]^2+\left[\frac{\theta(a+s)-b_e(c+c_t)}{2b_e}\right]^2 \tag{3.34}$$

比较式(3.28)和式(3.34)的结果发现,TOF模式下集中式供应链的利润总是高于TOH模式下餐饮企业的利润。这意味着,从集中式供应链的角度来看,TOF模式比TOH模式更好。其主要原因是在集中式供应链和TOF模式下没有佣金。同时,TOF模式下的需求增量和外卖服务成本比TOH模式下的低。因此,只需要比较TOF模式和NTO模式。对比式(3.34)和式(3.10),可以得到如下命题。

**命题3.7** 在集中式供应链下,如果

$$s\geqslant\frac{E+\sqrt{E^2-4Ab_e^2[b_r^2c^2+b_r^2(c+c_t)^2-(a-b_r c)^2]}-2Ba}{2B}$$

那么供应链的最优模式选择是TOF;否则,NTO模式更适合该供应链。其中,$E=2b_e b_r[b_e c(1-\theta)+b_r(c+c_t)\theta]$。

**证明**

$$\begin{aligned}\Pi_R^{k*}-\Pi_R^*=&\left[\frac{(1-\theta)(a+s)-b_r c}{2b_r}\right]^2+\\&\left[\frac{\theta(a+s)-b_e(c+c_t)}{2b_e}\right]^2-\left(\frac{a-b_r c}{2b_r}\right)^2\end{aligned} \tag{3.35}$$

当$\Pi_R^{i*}\geqslant\Pi_R^*$时,必须满足如下不等式:

$$\begin{aligned}&(1-\theta)^2b_e^2(a+s)^2+b_e^2b_r^2c^2-2b_e^2b_r c(1-\theta)(a+s)+\\&\theta^2b_r^2(a+s)^2+b_e^2b_r^2(c+c_t)^2-\\&2b_e b_r^2(c+c_t)\theta(a+s)-(a-b_r c)^2b_e^2\geqslant0\end{aligned} \tag{3.36}$$

由此可得，当 $s \geqslant \dfrac{E+\sqrt{E^2-4Ab_e^2[b_r^2c^2+b_r^2(c+c_t)^2-(a-b_rc)^2]}-2Ba}{2B}$ 时，$\Pi_R^{i*} \geqslant \Pi_R^*$。

对比命题 3.7 和命题 3.5 可以发现，集中式供应链下的最优模式选择也与分散式供应链下的最优模式选择不一致，可得

$$\frac{E+\sqrt{E^2-4Ab_e^2[b_r^2c^2+b_r^2(c+c_t)^2-(a-b_rc)^2]}-2Ba}{2B} \leqslant \frac{D+\sqrt{D^2-4Bb_e^2[b_r^2c^2+b_r^2(c+c_o)^2-(a-b_rc)^2]}-2Ba}{2B\beta} \tag{3.37}$$

根据式(3.37)、命题 3.7 和命题 3.5，可以画出一个模式选择的对比图，如图 3.4 所示。

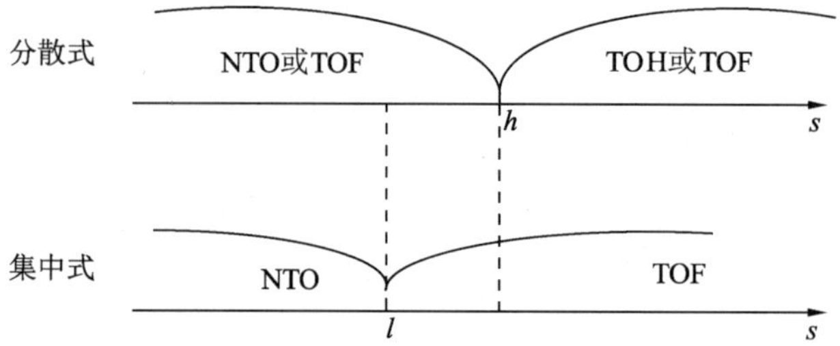


**图 3.4　集中式供应链与分散式供应链下的模式选择对比**

图 3.4 中，$h=\dfrac{D+\sqrt{D^2-4Bb_e^2[b_r^2c^2+b_r^2(c+c_o)^2-(a-b_rc)^2]}-2Ba}{2B\beta}$，$l=\dfrac{E+\sqrt{E^2-4Ab_e^2[b_r^2c^2+b_r^2(c+c_t)^2-(a-b_rc)^2]}-2Ba}{2B}$。

为了实现协调，本节设计了销售奖励合同。根据该合同，外卖平台为餐饮企业设定了一个销售目标。如果餐饮企业的外卖销售额（营业额，即 $P_eD_e$）超出目标，那么平台将给餐饮企业返利 $G$。为了确保分散式供应链下的价格决策与集中式供应链下的价格决策一致，销售目标应设定为 $P_e^{k*}D_e^{k*}$。

$$P_e^{k*}D_e^{k*}=\frac{\theta^2(a+s)^2-b_e^2(c+c_t)^2-2b_ec_d[\theta(a+s)-b_e(c+c_t)]}{4b_e} \tag{3.38}$$

在实践中，只有当协调机制能够使平台和餐饮企业都受益时，他们才愿意接受。因此，应该选择适当的返利 $G$，以确保在销售奖励合同下每个人的预期利润都能得到改善。接下来分析返利 $G$ 的取值范围。

**情形 1**：$l \leqslant s \leqslant h$

在这种情形下，如果$\Pi_R^{j*} \geqslant \Pi_R^{*}$，餐饮企业将采用分散式供应链下的 TOF 模式。在此条件下，餐饮企业的最优利润等于$\Pi_R^{j*}$，而平台的最优利润等于$\Pi_f^{j*}$。为了保证平台和餐饮企业接受该销售奖励合同，返利 $G$ 需要满足以下条件：

$$\Pi_R^{j}(p_r^{k*}, p_e^{k*}, \lambda^*) + G \geqslant \Pi_R^{j*} \tag{3.39}$$

$$\Pi_f^{j}(p_r^{k*}, p_e^{k*}, \lambda^*) - G \geqslant \Pi_f^{j*} \tag{3.40}$$

如果$\Pi_R^{j*} < \Pi_R^{*}$，餐饮企业将采用分散式供应链下的 NTO 模式。在此条件下，餐饮企业的最优利润等于$\Pi_R^{*}$，而平台的最优利润为零。为了保证双方都能接受该合同，返利 $G$ 需要满足以下条件：

$$\Pi_R^{j}(p_r^{k*}, p_e^{k*}, \lambda^*) + G \geqslant \Pi_R^{*} \tag{3.41}$$

$$\Pi_f^{j}(p_r^{k*}, p_e^{k*}, \lambda^*) - G \geqslant 0 \tag{3.42}$$

**情形 2**：$s > h$

在这种情形下，如果$\Pi_R^{j*} \geqslant \Pi_R^{i*}$，餐饮企业将采用分散式供应链下的 TOF 模式。在此条件下，餐饮企业的最优利润等于$\Pi_R^{j*}$，而平台的最优利润等于$\Pi_f^{j*}$。为了保证双方都能接受该合同，返利 $G$ 需要满足式(3.39)和式(3.40)。

如果$\Pi_R^{j*} < \Pi_R^{i*}$，餐饮企业将采用分散式供应链下的 TOH 模式。在此条件下，餐饮企业的最优利润等于$\Pi_R^{i*}$，而平台的最优利润等于零。为了保证双方都能接受该合同，返利 $G$ 需要满足以下条件：

$$\Pi_R^{j}(p_r^{k*}, p_e^{k*}, \lambda^*) + G \geqslant \Pi_R^{i*} \tag{3.43}$$

$$\Pi_f^{j}(p_r^{k*}, p_e^{k*}, \lambda^*) - G \geqslant 0 \tag{3.44}$$

综上所述，可得如下命题。

**命题 3.8**　外卖平台可以给餐饮企业返利：当餐饮企业的外卖营业额$(P_e D_e)$高于$\dfrac{\theta^2(a+s)^2 - b_e^2(c+c_t)^2 - 2b_e c_d[\theta(a+s) - b_e(c+c_t)]}{4b_e}$时给予返利 $G$，该返利可以使分散式供应链下的价格和模式选择决策与集中式供应链下的一致。$G$ 的取值范围如下：

① 当 $l \leqslant s \leqslant h$ 时，若 $\Pi_R^{j*} \geqslant \Pi_R^{*}$，则 $G \in [\Pi_R^{j*} - \Pi_R^{j}(p_r^{k*}, p_e^{k*}, \lambda^*), \Pi_f^{j}(p_r^{k*}, p_e^{k*}, \lambda^*) - \Pi_f^{j*}]$；若 $\Pi_R^{j*} < \Pi_R^{*}$，则 $G \in [\Pi_R^{*} - \Pi_R^{j}(p_r^{k*}, p_e^{k*}, \lambda^*), \Pi_f^{j}(p_r^{k*}, p_e^{k*}, \lambda^*)]$。

② 当 $s > h$ 时，若$\Pi_R^{j*} \geqslant \Pi_R^{i*}$，则 $G \in [\Pi_R^{j*} - \Pi_R^{j}(p_r^{k*}, p_e^{k*}, \lambda^*), \Pi_f^{j}(p_r^{k*}, p_e^{k*}, \lambda^*) - \Pi_f^{j*}]$；若$\Pi_R^{j*} < \Pi_R^{i*}$，则 $G \in [\Pi_R^{i*} - \Pi_R^{j}(p_r^{k*}, p_e^{k*}, \lambda^*), \Pi_f^{j}(p_r^{k*}, p_e^{k*}, \lambda^*)]$。

命题 3.8 表明，当外卖平台选择适当的返利 $G$ 时，餐饮企业和外卖平台都愿意签订该销售奖励合同。

## 3.7 本章小结

本章研究了在线外卖供应链的外卖模式的选择和协调，建立了一个由一家餐饮企业和一个外卖平台组成的供应链模型，推导出三种可能的外卖模式下的价格和/或佣金率的最优决策。三种外卖模式分别为 NTO 模式、TOF 模式和 TOH 模式。通过比较这些模式下餐饮企业的利润，发现在分散式供应链下，如果需求增量较低，那么餐饮企业应该采用 NTO 模式；否则，TOF 模式和 TOH 模式是更好的选择。接着通过数值研究，进一步比较了餐饮企业在 TOF 模式和 TOH 模式下的利润，当需求增量较高时，只有在顾客留存率较高的情况下，餐饮企业的最优模式选择才是 TOH 模式。随后推导出集中式供应链下价格和外卖模式的最优决策。我们发现，TOF 模式总是优于 TOH 模式。从供应链的角度来看，当需求增量很高时，餐饮企业应该选择 TOF 模式，否则 NTO 模式更好。最后，通过设计销售奖励合同，证明它可以协调外卖供应链。

通过以上研究，我们可以得到一些管理启示。首先，餐饮企业不一定能从持续提高佣金率中获益。其次，随着外卖偏好程度和需求增量的提高，或者平台外卖服务成本的下降，平台可以提高佣金率。最后，向消费者收取较高或较低的配送费用将对平台的利润产生负面影响。

有几个有趣的问题值得进一步研究。第一，本章没有考虑餐饮企业或平台之间的竞争。因此，竞争会如何影响价格决策、佣金率决策、外卖模式的选择和协调机制的设计是未来值得研究的。第二，本章考虑的是单期设置。然而，在实践中，外卖价格和佣金率往往是动态设定的，这也可以作为未来的研究方向。第三，在本章的模型中，考虑了一个确定性需求函数。然而，在商业实践中，需求往往是不确定的。因此，对这种更现实但复杂的设置进行建模是一个值得研究的方向。第四，本章假设配送服务是由平台提供的。但在现实中，也有一些第三方物流公司可提供配送服务。在这个由餐饮企业、平台和物流服务商组成的供应链中，还有很多问题值得研究。

# 第 4 章　企业共享渠道模式选择

## 4.1　引言

共享经济的实质是物品的所有权与使用权分离，拥有物品所有权的企业或个人，借助现代信息平台，以有偿的方式将物品的使用权便捷地出让给有需要的企业或个人，从而实现物尽其用，提升社会资源的利用效率。国家信息中心发布的《中国共享经济发展报告（2023）》显示，2022 年我国共享经济市场交易规模约为 38320 亿元，同比增长约 3.9%。随着共享经济的快速发展，在出行、住宿、服装、图书、农业服务等众多领域中出现了大量的共享类企业，而在实践中企业可采用的共享模式种类有很多，如何科学地选择适合自身的共享模式成为一个亟待解决的问题。

## 4.2　文献综述

目前，已经有许多学者围绕共享模式的相关问题展开了研究。其中，多数研究主要是在特定的共享模式下对消费者行为、企业决策及对传统供应链的影响进行分析。在消费者行为方面，Hamari 等在 C2C 共享模式下对消费者参与共享的动机进行了研究。研究发现，除了经济因素外，参与过程的乐趣也是消费者参与共享的重要原因[48]。闫永博研究了 C2C 和 B2C 共享模式对消费者行为的影响，基于此对共享经济下的监管提出了建议[49]。贺明华和刘小泉围绕消费者在 C2C 共享模式中的信任问题展开了研究，基于调研数据找出了对消费者信任有显著影响的因素[50]。邵婷和余嘉盈则聚焦于共享单车领域（B2C 共享模式），采用结构方程模型分析了影响消费者对共享单车品牌忠诚度的主要因素[51]。

在企业决策方面，史乐峰等基于租还车便捷度和单车驾乘体验度的分析，考虑先后进入市场和共同进入市场两种情况，对共享汽车租赁(B2C 共享模式)的定价策略进行了研究[52]。桂云苗等聚焦于 C2C 共享模式的车货匹配平台，在竞争环境下构建了豪泰林博弈模型，分别对单归属和多归属供应商的注册费决策进行了研究[53]。

在对传统供应链的影响方面，Weber 考虑了消费者在需求和产品估值方面的异质性，采用数学建模的方法，定量分析了存在与不存在 C2C 共享企业情形下的消费者剩余、零售商利润和社会福利[54]。Tian 和 Jiang 研究了 C2C 共享企业对制造商批发价格决策、生产能力决策、利润，以及零售商价格决策与利润的影响[55]。彭赓等分析了摩拜与 ofo(B2C 共享模式)的竞争状况，对两家企业的均衡定价机制进行了研究[56]。

部分研究则聚焦于共享模式的内涵与运作方式。Belk 对 C2C 式共享的内涵进行了分析，并通过与商品交换和赠予的对比界定了 C2C 共享的边界[57]。Puschmann 等采用定性分析的方法，从概念、产生原因、目前相关的企业、对顾客及传统企业的影响等多个方面对 B2C 共享模式和 C2C 共享模式进行了论述[58]。李四海和傅瑜佳则结合中国的具体情况对 B2C 共享模式和 C2C 共享模式的具体运作方式进行了讨论[59]。王千和范文芳从价值共创的视角对 B2C 共享模式和 C2C 共享模式进行了分析[60]。

综上所述，在共享模式的研究中，多数研究只关注了 C2C 和 B2C 两种共享模式，并且对两者优缺点与适用范围的研究较为缺乏。此外，除了上述两种共享模式，在实践中 C2B2C 与 C2C＋B2C 这两种共享模式也广泛存在，但这方面的研究却鲜有涉及。因此，本章将重点对 C2C、B2C、C2B2C 与 C2C＋B2C 这四种共享模式的优缺点进行探讨，并在此基础上对企业如何选择合适的共享模式进行分析。

## 4.3 共享模式分析

目前，在商业实践中常见的共享模式主要有 C2C 共享模式、B2C 共享模式、C2B2C 共享模式以及 C2C＋B2C 共享模式。本节将围绕这四种模式各自的优势和劣势进行分析。

### 4.3.1 C2C 共享模式

C2C 共享模式是指企业自身不拥有物品，而是为消费者之间的物品共享提供匹配供需服务，如图 4.1 所示。在共享经济发展初期，许多企业采用了该运营模式,如Uber、滴滴、Airbnb、小猪短租、京智共享等。

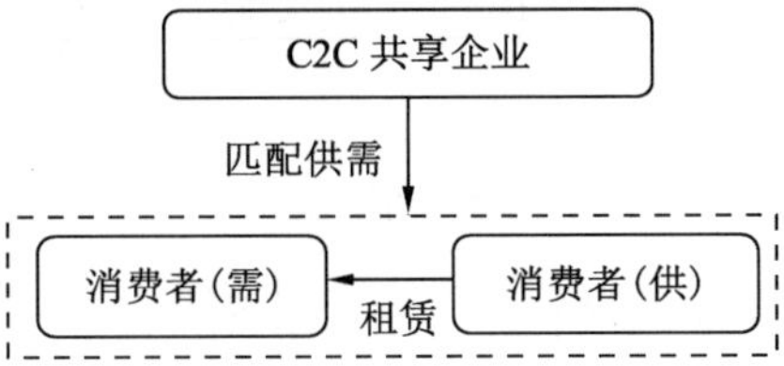


**图4.1 C2C共享模式**

C2C共享模式的优势在于:第一,在该模式下企业自身无须购买共享物品,因此可以实现轻资产运营,降低运营成本与风险。例如,在新冠疫情期间,面对需求的断崖式下降,C2C共享企业无须支付供给方的相关费用(人员费用、物品折旧费用等),只需将线上平台维护好即可,资金压力小。第二,该模式的初衷是基于存量市场,提高闲置资源的利用率,故共享的价格相对较低。第三,在该模式下供给方的来源广泛,所提供的共享物品种类也较为丰富,能够很好地满足消费者的个性化需求。例如,Airbnb作为住宿类C2C共享企业,与传统酒店相比,为消费者提供了更加多样化的选择,包括B&B酒店、休闲小屋、公寓等。

C2C共享模式的劣势在于:第一,由于在该模式下企业没有共享物品的所有权,服务提供方也不是本企业员工,因此企业的供给高度依赖于市场闲置资源的规模与供给方的共享意愿。第二,虽然各企业都制定了质量和服务的标准,但由于对供给方的控制力较弱,因此在执行中难度较大,共享物品品质和服务质量难以得到有效的保障。例如,虽然滴滴占据中国网约车市场91%的份额,拥有近乎垄断的市场地位,对司机的服务规范等也提出了明确的要求,但近几年还是发生了多起安全事故。如果在行业集中度不高的领域,这方面的问题将更为突出。第三,目前在许多C2C共享企业中,供给方专职化的比例日趋增大,如滴滴中的专职司机、Airbnb中的职业房东。这就意味着C2C共享企业的供给开始从基于存量的市场向基于增量的市场转变。例如,滴滴中的多数专职司机并没有共享闲置资源,而是专门购买车辆提供专职服务。在这种情况下,供给方对于共享回报也开始从额外收益向全职收益转变,C2C共享企业的价格优势在逐步减弱。例如,与初期相比,目前滴滴打车的价格相对于出租车价格并没有显著的优势,甚至高于出租车价格。

### 4.3.2 B2C共享模式

B2C共享模式是指企业是共享物品的所有者,消费者在需要时向企业直接租赁即可，如图 4.2 所示。目前共享单车（如摩拜和小蓝车）、共享绘本（如曲小瓢和老约翰）、共享衣橱（如衣二三和女神派）、共享充电宝（如飞天鹰和街电）等均采用了这种模式。

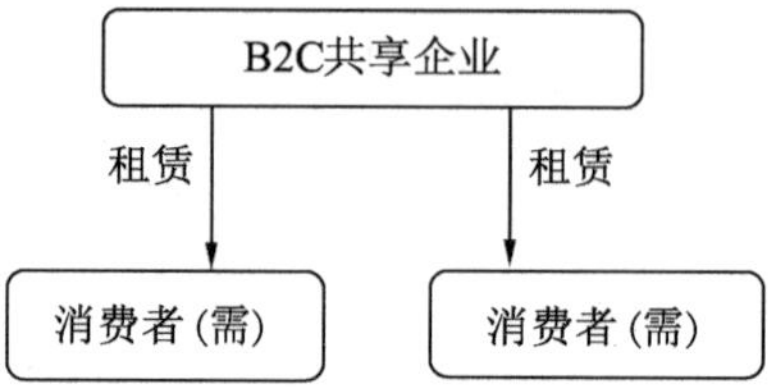


**图 4.2　B2C 共享模式**

B2C 共享模式的优势在于：第一，在该模式下共享物品与服务提供者均为企业自有，物品品质和服务质量便于管理与控制，易于为消费者提供标准化的共享服务，消费者与企业之间的信任成本与风险较小。第二，在该模式下企业更易依据目标消费者的需求进行整体布局与优化，从而形成竞争壁垒。例如，摩拜会依据消费者的历史使用情况，优化其车辆的投放区域、数量与时间；曲小瓢、老约翰与凡学教育等企业会根据消费者的借阅情况与反馈，布局其线下绘本馆与前置仓；衣二三和女神派则会根据消费者的租赁和购买数据，优化其采购方案，为消费者提供更加符合其需求的服装。

B2C 共享模式的劣势在于：第一，在该模式下企业不仅需要购买共享物品，而且需要大量的人员为整个供给过程提供管理与服务，这就使得企业的运营成本与运营复杂度都较高。例如，在 2019 年，作为共享单车行业领军企业的 ofo，受到资金压力，导致用户押金难退，债台高筑，濒临破产。第二，为了实现规模化效应，B2C 共享企业提供的共享物品种类一般少于 C2C 共享企业，满足消费者个性化需求的能力相对较弱。第三，由于便利性是消费者决策时的重要考量因素，而 B2C 共享企业的产品投放量是影响便利性的关键，因此在激烈的竞争环境下 B2C 共享企业容易陷入囚徒困境，从而引发过度投放，危及企业生存。例如，在共享单车竞争最为激烈的 2017 年，各家共享单车企业在全国累计投放单车超过 2000 万辆，最终导致悟空单车、町町单车、小鸣单车等 7 家共享单车企业因资金链断裂而倒闭。

### 4.3.3　C2B2C 共享模式

C2B2C 共享模式是指 C 端的供给方将闲置物品委托给企业进行统一管理，企业再以自身名义将物品租赁给有需要的消费者，如图 4.3 所示。目前，共享停车位行业中的 Airparking 公司、共享住宿行业中的途家公寓与 Xbed 均采用了该运营模式。

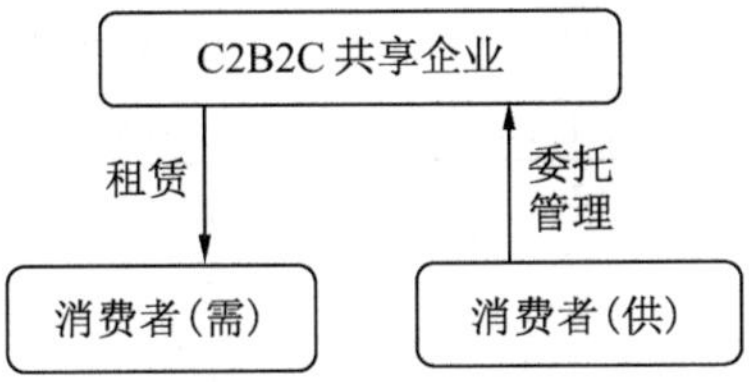


图 4.3　C2B2C 共享模式

C2B2C 共享模式的优势在于：第一，在该模式下供给方仅需提供共享物品，后续的管理与租赁都由企业负责，因此该模式提高了供给方共享的便利性，从而提升了其共享意愿。例如，在共享车位的行业中，如果采用 C2C 共享模式，那么供给方既要提供车位，又要与本小区的物业沟通，使其允许租用车位的车辆进入，同时还要与需求方就价格和共享时间进行洽谈，共享的便利程度低，供给方的共享意愿也会降低。而采用 C2B2C 共享模式，供给方仅需提供车位，后续事项均由企业负责，极大地便利了供给方，其共享意愿也会提升。第二，在该模式下企业虽然依然不具有共享物品的所有权，但拥有了供给端的管理权，因此其共享物品品质和服务质量要优于 C2C 共享模式。

C2B2C 共享模式的劣势在于：第一，在该模式下企业的工作包括吸引需方加入、吸引供方加入、匹配供需、服务需方与管理供方五个方面。在 C2C 共享模式下企业的工作仅包含前三个方面，而在 B2C 共享模式下企业无须考虑"吸引供方加入"，故 C2B2C 共享模式的运营复杂度要高于 C2C 与 B2C 共享模式。第二，在该模式下企业虽然无须自己购买共享物品，但需要同时服务需方与管理供方，故其运营成本要高于 C2C 共享企业。

### 4.3.4　C2C＋B2C 共享模式

C2C＋B2C 共享模式是指企业既自购物品向消费者直接提供共享服务，也为消费者之间的物品共享提供匹配供需服务，如图 4.4 所示。目前，一些典型的 C2C 共享企业开始尝试使用 C2C＋B2C 共享模式，如 Airbnb 开始尝试自己建造房子，滴滴也计划推出自有的新能源汽车。

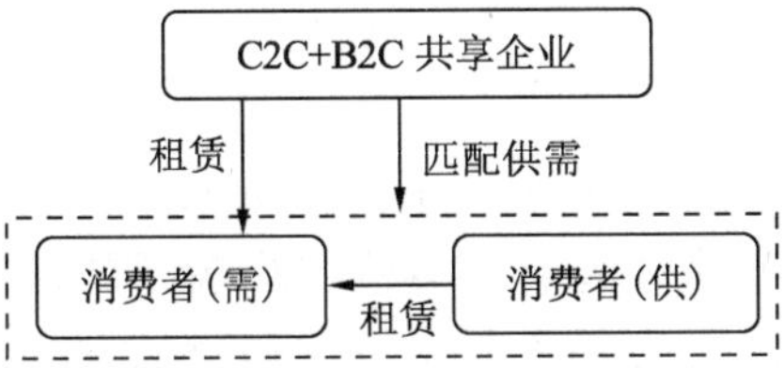


图 4.4　C2C＋B2C 共享模式

C2C＋B2C 共享模式的优势在于：第一，可以同时满足消费者对于标准化和个性化的需求，覆盖更多的消费群体；第二，相对于 C2C 和 B2C 共享模式，在该模式下企业可以同时通过直接租赁和提供供需匹配服务获利，因此具有更大的盈利潜力。

C2C＋B2C 共享模式的劣势在于：第一，C2C＋B2C 共享企业的 B2C 业务会挤占 C 端供给方的市场，从而可能导致部分 C 端的供给方退出平台或转投其他同类平台，故目前行业集中度较低的共享领域并不适合采用该模式；第二，相互竞争可能会引起直营业务（B2C）与第三方业务（C2C）之间的价格战，从而损害企业及行业利润；第三，在该模式下企业不仅要同时运营 B2C 和 C2C 业务，还要协调它们之间的关系，故运营复杂度高。

## 4.4　共享模式选择

本节主要基于四种共享模式的优缺点，分析企业应如何根据供给端、需求端与企业自身状况选择合适的共享模式。

### 4.4.1　C2C 共享模式选择

企业采用 C2C 共享模式的基本条件为市场中闲置资源规模大与供给方共享意愿强。因为在 C2C 共享模式下企业自身并不提供共享物品，而是依靠 C 端供给方共享其闲置资源来满足需求，所以闲置资源的规模决定了供给的上限。同时，C2C 共享企业的实际供给水平还会受到供给方共享意愿的影响。在实践中，即使闲置资源的规模较大，但如果供给方的共享意愿低，那么实际供给水平也会比较低。例如，大多数家庭都有的充电宝，虽然其大多数时间都处在闲置状态，但对于个人而言，充电宝的共享收益低、共享成本高（充电宝的送和取需要支付物流费用），故个人一般不愿意共享充电宝。上述两个方面是采用 C2C 共享模式的基本条件。此外，从需求端来看，当行业内多数消费者倾向于个性化产品或服务时，采用 C2C 共享模式比较合适。从企业自身状况来看，资金充裕程度高与运营能力强都对企业采用 C2C 共享模式有正向影响。

### 4.4.2　B2C 共享模式选择

企业采用 B2C 共享模式的基本条件为资金充裕与企业运营能力强。因为在 B2C 共享模式下企业需要自己运营供给端，所以与 C2C 共享模式相比，B2C 模式在运营初期需要大量资金用于采购物品和支付工作人员薪资。同时，除了匹配供需外，B2C 共享企业还要管理整个供给过程，并直接与消费者发生交易，需要较强的运营能力。上述两个方面是采用B2C共享模式的基本条件。此外，从需求端来看，B2C共享企业更加擅长提供标准化的产品或服务，其质量一般也高于C2C共享模式。因此，当行业内多数消费者倾向于高质量的标准化产品或服务时，采用B2C共享模式比较合适。从供给端来看，由于B2C共享企业自营供给，故闲置资源规模与共享意愿对于B2C共享模式的选择影响程度较低。

### 4.4.3　C2B2C共享模式选择

企业采用C2B2C共享模式的基本条件为市场中闲置资源规模大与企业运营能力强。因为在C2B2C共享模式下企业的供给依旧依赖于市场中的闲置资源，所以如果闲置资源规模小，将会导致供给不足。同时，依据第1章的分析，该模式下企业的运营复杂度较高。因此，上述两个方面是采用C2B2C共享模式的基本条件。此外，C2B2C共享模式可以有效提升供给方的共享意愿，同时其整体运营成本也要低于B2C共享企业，故共享意愿强与资金充裕虽然对企业采用C2B2C共享模式有正向影响，但非基本条件。从需求端来看，当行业内多数消费者倾向于高质量的个性化产品或服务时，采用C2B2C共享模式比较合适。

### 4.4.4　C2C＋B2C共享模式选择

企业采用C2C＋B2C共享模式的基本条件为市场中闲置资源规模大、供给方共享意愿强、资金充裕与企业运营能力强。因为在该模式下企业需要同时运营C2C共享与B2C共享，所以需要同时具备采用C2C与B2C模式的基本条件。此外，从需求端来看，当行业中倾向于标准化需求的消费者与倾向于个性化需求的消费者均达到一定规模时，采用C2C＋B2C共享模式比较合适。

综上所述，对于C2C共享模式而言，闲置资源规模大与共享意愿强是企业选择该模式的基本条件，而个性化需求、质量要求高与资金充裕则有助于该模式的实施；对于B2C共享模式而言，资金充裕与运营能力强是企业选择该模式的基本条件，而标准化需求与质量要求高则有助于该模式的实施；对于C2B2C共享模式而言，闲置资源规模大与运营能力强是企业选择该模式的基本条件，而共享意愿强、个性化需求、质量要求高与资金充裕则有助于该模式的实施；对于C2C＋B2C共享模式而言，闲置资源规模大、运营能力强、资金充裕与共享意愿强是企业选择该模式的基本条件，而标准化需求、个性化需求与质量要求高则有助于该模式的实施。

为直观表述，将共享模式的选择建议总结至表4.1。在表4.1中，“*”表示采用该共享模式的基本条件;"√"表示对采用该共享模式具有正向影响的条件。

表 4.1 共享模式选择建议

| 因素 | | 模式 | | | |
|---|---|---|---|---|---|
| | | C2C | B2C | C2B2C | C2C+B2C |
| 供给端 | 闲置资源规模大 | * | | * | * |
| | 共享意愿强 | * | | √ | * |
| 需求端 | 标准化需求 | | √ | | √ |
| | 个性化需求 | √ | | √ | √ |
| | 质量要求高 | √ | √ | √ | √ |
| 企业自身状况 | 资金充裕 | √ | * | √ | * |
| | 运营能力强 | | * | * | * |

## 4.5 本章小结

本章主要针对共享模式的选择问题进行了研究。首先,对四种常见共享模式的优缺点进行了分析与比较,发现它们之间的差异主要体现在运营方式、运营成本、运营复杂度、服务质量与类型等方面;其次,将主要差异归纳总结为供给端、需求端与企业自身状况三个大类;最后,基于上述分析,对企业共享模式的选择提出了建议。研究结果可以为共享类企业选择合适的共享模式提供决策支持,为其提高盈利能力提供帮助。

# 第 5 章　企业“销售＋共享”混合渠道模式选择

## 5.1　引言

共享经济是一种合作消费模式，使用权不是通过占有而获得，而是通过共享而获得[61]。从社会角度看，共享经济可以提高社会资源的利用率。从消费者的角度来看，如果使用频率不高，他们可以以较低的成本使用产品或服务。随着信息技术的飞速发展，共享的过程变得越来越方便。因此，近年来，共享经济呈现爆发式增长。例如，2022 年中国共享经济市场交易规模约为 38320 亿元，同比增长 3.9％。

在商业实践中，有些企业（如滴滴、优步、Airbnb）采用了 C2C 共享模式。在该模式下，消费者之间共享产品和服务，企业则主要提供供需匹配服务。例如，滴滴作为一家出行类 C2C 共享企业，本身并不购买车辆，而是提供一个人车匹配的在线平台。由于 C2C 模式下由个人提供服务的质量不稳定，同时个人之间缺乏信任，因此当前 B2C 共享模式在实践中被更广泛地采用。共享单车（如 Lime bike、ofo、摩拜单车）、共享服装（如 Letote、YCLOSET、MSPARIS、E-COOL）、共享绘本（如老约翰）、共享移动充电宝（如来典、捷典、Breeze）等多个行业涌现出一批 B2C 共享企业。B2C 共享模式是指共享企业是共享产品的所有者，消费者可以在需要的时候向企业租用。例如，摩拜单车首先购买自行车，然后将自行车投放到城市提供共享服务。当消费者需要自行车时，他们可以从摩拜租车，按次付费。同样，MSPARIS 作为一家提供共享女装的公司，会先预测这一季可能流行的衣服，然后购买，并将衣服信息发布到它的网站。消费者则可以根据自己的需要从 MSPARIS 租用衣服。

在共享经济出现之前，消费者如果对产品有需求，只能选择购买。而在有共享渠道的情况下，消费者可以根据产品的使用频率来决定是在零售渠道购买还是在共享渠道租赁。例如，当消费者对自行车或者对某些款式的衣服有需求时，如果他们预计到未来这些产品的使用频率较低，就可能倾向于选择按次付费的共享模式。相反，如果消费者预计到会频繁使用该产品，那么他们可能会选择购买。

目前，多家汽车厂商也开始开通 B2C 直接共享渠道。例如，北京汽车集团、北京首汽集团、梅赛德斯-奔驰汽车公司分别建立了 ReadyGO、GoFun、car2go 汽车 B2C 共享平台。在这种情况下，这些制造商通过直接 B2C 共享渠道和间接零售渠道向消费者提供产品。我们称之为 MR-S 模型，如图 5.1a 所示。除了汽车厂商，预计未来其他行业也会有越来越多的厂商进入共享市场。一般地，使用产品频率较低的消费者主要选择共享渠道，使用产品频率较高的消费者则会选择零售渠道。那么使用产品频率中等的消费者呢？如果没有共享渠道，他们只能选择购买产品。当共享渠道出现后，他们中的一部分消费者可能会从购买转向租用。例如，在 2018 年的一次采访中，Giant 自行车的董事长表示，共享单车业务的出现导致他们的自行车销量下降了 65%。因此，增加共享渠道可能会导致渠道间的竞争和冲突，从而对制造商和零售商造成伤害。虽然已有关于 B2C 共享的研究（如 Li 等[62]、Esenduran 等[63]），但是他们没有考虑 MR-S 模型。在这种模式下，制造商既是下游零售商的竞争对手，也是上游供应商。

因此，以下研究问题具有重要的现实意义：制造商是否应该建立直接共享渠道？应该在何时建立直接共享渠道？在 MR-S 模型下，制造商和零售商分别应该如何确定租金和零售价格？共享渠道将如何影响供应链及其企业的盈利能力？为了解决这些问题，本章建立了一个只包含一个制造商和一个零售商的供应链模型。为了建立一个比较基准，我们首先分析只有一个零售渠道的情形（M-S 模型），如图 5.1b 所示。首先，在 M-S 模型下，推导出零售商的最优零售价格。其次，推导出在 MR-S 模型下的均衡租金和零售价格，并在此基础上比较 M-S 模型和 MR-S 模型下供应链及其链上企业的利润。最后，分析制造商应该在何时建立自己的共享渠道。

本章的主要发现如下：第一，只有当消费者的单次使用效用很高时，制造商才能从建立共享渠道中受益。这里，单次使用效用指的是消费者一次性使用产品的价值。第二，当单次使用效用低于某一阈值时，共享渠道不影响零售商的利润，此时共享渠道不会引起制造商与零售商之间的渠道冲突。第三，当单次使用效用处于一定区间时，如果制造商从 M-S 模型转向 MR-S 模型，那么零售商的利润会下降，但是供应链的总利润仍然会增加。在这种情况下，为了避免渠道冲突，制造商可以向零售商提供合适的销售奖励合同，使双方都能从共享渠道中受益。第四，如果使用效用过高，供应链利润也会因新建共享渠道而下降。

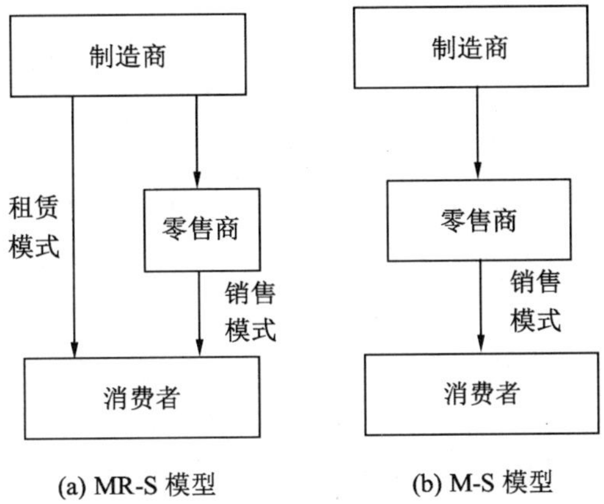


图 5.1 两种可能的供应链结构

目前在有关共享经济的研究中，由制造商决定是否建立直接共享渠道的文献很少，但随着 MR-S 商业模式在共享经济实践中的出现，这一空白得以填补。本章不再仅仅从单个企业（制造商或零售商）的角度来研究渠道结构选择（是否共享），而是从整个供应链的角度来研究这个问题。进一步地，本章设计了一份销售奖励合同，使双方都能从增加共享渠道中受益。

## 5.2 文献综述

随着共享经济的快速发展，越来越多的企业开始为消费者提供 B2C 共享服务。因此，许多学者开始关注这一领域。相关文献可分为三个部分：一是单一 B2C 共享渠道；二是针对单个企业的混合渠道（即 B2C 共享渠道和零售渠道并存）；三是针对多个横向和/或纵向企业的混合渠道。

5.2.1 B2C 共享渠道定价决策的相关研究

Chen 等构建了一个单一共享单车公司向消费者租赁自行车的模型，并研究了租赁价格和可用性策略决策[64]。Chen 等进一步考虑了出行便利性对共享单车租赁价格的影响[65]。Ren 等建立了由制造商和 B2C 共享平台组成的供应链,并在此基础上研究了定价决策(批发价格和租金价格)和服务水平决策[66]。上述研究通常集中在共享渠道,很少关注定价决策对零售渠道的影响。但是,从 Giant 自行车的例子中可以看到,这两个渠道可能会相互竞争。因此,本章进一步考虑了共享和零售渠道以及它们之间的潜在竞争。

### 5.2.2 B2C 共享渠道和零售渠道定价决策的相关研究

Dou 等研究了最优零售和租金价格,分析了零售模式和共享模式对垄断企业利润的影响[67]。Yu 等研究了共享和零售服务的最优定价,并进一步讨论了垂直差异化的作用[68]。有些学者进一步研究了渠道模式的选择问题。Gilbert 等探讨了 B2C 共享模式、零售模式和"共享+零售"模式下单个企业的定价策略,并讨论了企业如何在三种模式中进行选择[69]。在 Gilbert 等[69]研究的基础上,Yan 等进一步研究了在这三种渠道模式下同时进行的定价和服务水平决策[70]。Li 和 Xu 构建了一个考虑技术创新的多周期动态定价模型,分析了单个企业如何在共享渠道和零售渠道之间进行选择[71]。另一些学者研究了共享渠道对利润的影响。Gebauer 等通过归纳研究方法分析了建立共享渠道所需的组织能力[72]。Sun 等研究发现电池储能系统通过共享渠道和零售渠道为消费者服务对企业是有益的[73]。Sato 和 Nakashima 考虑了外生零售价格和内生零售价格两种情况,并进一步分析了单个企业是否可以通过增加共享渠道获利[74]。Li 等研究发现,当便利性较差和运营成本较低时,制造商可以从提供共享服务中获益[62]。除了共享渠道对利润的影响,一些学者还考虑了环境因素。Gaiardelli 等指出,引入共享渠道有助于解决环境问题[75]。Agrawal 和 Bellos 发现,销售和租赁并重的混合渠道模式不仅会使利润更高,而且更加环保[76]。Bellos 等考虑了一个垄断性汽车制造商,认为制造商不仅需要决策其产品线,还要决策是否增加 B2C 共享渠道。通过研究发现,如果没有激励政策,提供汽车共享并不总是对环境有益的[77]。上述研究中虽然同时考虑了共享渠道和零售渠道,但它假设两个渠道都属于同一个公司。然而,在实践中,这两个渠道通常由不同的公司运营。因此,在本书中规定共享渠道归制造商所有,而零售渠道则归零售商所有。

### 5.2.3 混合渠道定价决策的相关研究

有学者将模型从单个企业扩展到多个水平和/或垂直企业。在有多个横向企业的情况下,一些学者关注了租赁方和卖方的定价决策。Balasubramanian 等考虑了一个由租赁方和卖方组成的单级供应链模型,研究结果显示零售模式总是比租赁模式产生更高的利润[78]。Chen 考虑了电子书租赁方和电子书卖方,并推导出二者间的均衡定价决策[79]。Yuan 和 Shen

研究了时尚产品卖家和租赁方的最优价格,并进一步研究了消费者在购买和按次付费(pay-per-use)之间的选择行为[80]。一些学者则将定价决策从静态模型扩展到动态模型。Jia 等建立了考虑软件升级的供应链模型(该模型由软件租赁者和软件销售者组成),并基于此模型研究了不同价格歧视策略下的动态定价决策[81]。Lacourbe 考虑了二级市场上零售渠道和共享渠道之间的竞争关系,构建了一个多阶段模型来研究动态定价决策[82]。在有多个垂直企业的情况下,Xiong 等构建了制造商的双渠道(线上、线下)模型,其中零售商可以同时经营共享渠道和零售渠道。通过对定价决策的分析,他们确定了线上渠道对零售商渠道模式选择的影响[83]。Bhaskaran 和 Gilbert 考虑了制造商仅通过单一中介进行销售或租赁的情形,在此情形下研究了批发价格、数量、产品耐用性和渠道结构的决策[84]。Pei 等则考虑了一家公司运营着直接销售渠道,同时通过单一的中介提供 B2C 共享服务,研究结果显示 B2C 共享渠道仅在产品成本较高时对企业有利[85]。在同时具有多个横向和纵向企业的情况下,Esenduran 等建立了由汽车制造商、零售商和租赁机构组成的两级供应链,研究了回购价格如何影响制造商的利润和两个中间商的订货决策[63]。虽然有些学者考虑了共享和零售渠道属于不同企业的情况,但是他们主要关注的是一级供应链结构,而忽略了上游企业的作用。本章主要研究两级供应链的渠道价格和渠道结构。虽然有少数学者在两级供应链中考虑了多个垂直企业,但没有考虑制造商可以建立直接共享渠道的情况。如前所述,许多汽车厂商在零售渠道之外也开始建立直接共享渠道。因此,通过使用 MR-S 模型分析上述商业实践是另一个主要内容。

综上所述,在建模方面,本章内容与 Xiong 等[83]、Bhaskaran 和 Gilbert[84]、Esenduran 等[63]、Pei 等[85]的文献密切相关。这些文献与本章内容类似,都考虑了两级供应链,但具体的供应链结构仍存在较大的差异。首先,上述研究考虑的是由单一中介运营的 B2C 共享渠道。与此相反,本章考虑的是一个制造商在其现有分销渠道之外,还建立了一个直接共享渠道。其次,虽然 Xiong 等[83]、Bhaskaran 和 Gilbert[84]、Pei 等[85]研究了渠道结构决策,但本章在具体决策内容上与这些文献有所不同。Xiong 等[83]主要探讨了零售商是否应该采用共享模式。Bhaskaran 和 Gilbert[84]以及 Pei 等[85]主要考察了制造商是否应该通过中介建立共享渠道。本章则主要探讨制造商是否应该建立直接共享渠道。此外,以上三篇文献分别研究了共享交易成本、在线直接渠道和边际成本对渠道结构选择的影响。而本章的研究表明,消费者的单次使用效用是制造商渠道结构选择的一个关键因素。最后,上述文献都是从单个企业（制造商或零售商）的角度研究了渠道结构的选择（是否共享），而忽略了共享渠道的加入可能导致的渠道冲突。正如前面所述，增加共享渠道确实会对原有的零售渠道造成负面影响，导致渠道冲突。因此，零售商可能会阻止制造商建立直接共享渠道。本章进一步考虑潜在的渠道冲突，并提出一个可以使供应链及其链上企业受益的供应链契约。

## 5.3 模型描述及符号说明

本节考虑由一个制造商和一个零售商组成的供应链模型。制造商以单位成本 $c$ 生产产品，并以单位批发价格 $w$ 批发给零售商，其中 $w>c$。在商业实践中，批发价格一般是通过谈判确定的，反映了制造商和零售商之间的市场力量对比。批发价格确定后，通常会在一段时间内保持不变。因此，根据文献（如 Dumrongsiri 等[15]、Zhang 等[43]），假设批发价格为模型的外生变量。然后，零售商以单位零售价 $p_s$ 出售给消费者，其中 $p_s>w$。如果制造商建立了一个直接的共享渠道来服务消费者，制造商将以租赁价格 $p_r$ 提供按次付费的共享服务。

根据文献（如 Balasubramanian 等[78]、Yan 等[70]），假设市场上存在 $N$ 个消费者，且所有消费者的单次使用效用 $v$ 相同。在不失一般性的情况下，将市场上的消费者总数 $N$ 归一化为 1。此外，使用频率 $n$ 来描述消费者使用产品的次数。根据文献（如 Balasubramanian 等[78]、Li 等[62]），假设每个消费者的使用频率 $n$ 是异质的，并且从 0 到 $n_z$ 均匀分布。按次付费模式（共享模式）和购买模式的区别如下：第一，成本不同。当消费者选择按次付费模式时，消费者会产生额外的成本 $c_r$。例如，当消费者从 ReadyGO 租车时，他首先需要在使用前找到车辆，然后在使用后将车辆停放在指定区域。在共享绘本或服装的业务中，消费者则需要承担退货的物流成本。由于每次租金都会产生上述成本，因此消费者需要支付的总成本为 $nc_r$。当消费者选择购买产品时，购买、拥有和处理所购买的产品也有一个固定成本 $c_s$。第二，支付方式不同。在按次付费模式下，消费者的总支出为 $np_r$。在购买模式下，消费者在购买后不需要再次支付，所以他的支出是 $p_s$。基于上述描述，可以得到购买和按次付费两种消费模式下的消费者效用①，分别表示为

$$U_s=nv-p_s-c_s \tag{5.1}$$

① 消费者效用是指消费者拥有该产品所获得的价值与获得该产品的成本之间的差额。

$$U_r = n(v - p_r - c_r) \tag{5.2}$$

式中，$U_s$和$U_r$分别表示购买和按次付费下的消费者效用；$v$ 为消费者的单次使用效用。对于消费者来说，每次租赁的价格与使用强度和租赁时间有关，这会导致不同的消费者可能支付不同的价格，或者相同的消费者为每次租赁支付不同的价格。为了保持分析的简洁性，大多数现有的研究（如 Gilbert 等[69]，Lacourbe[82]，Dou 等[67]，Yu 等[68]，Sun 等[73]，Esenduran 等[63]）并没有考虑这个因素。此外，在式(5.2)中，租金$p_r$可以理解为平均价格。

制造商和零售商之间的博弈时间轴如图 5.2 所示。

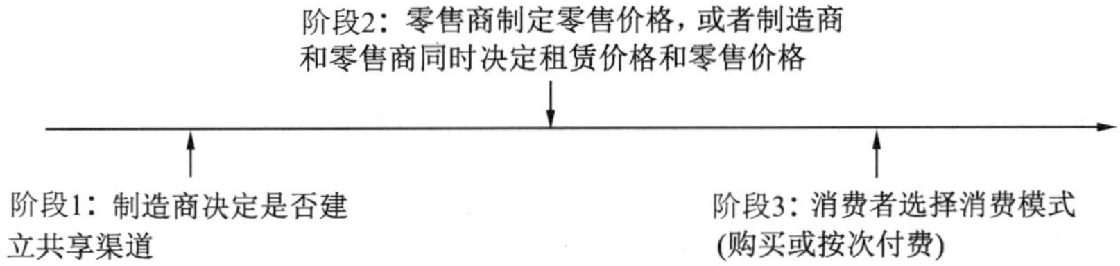


**图 5.2　博弈时间轴**

为了建立一个比较基准，首先研究 M-S 模型。在该模型中，制造商只通过零售商分销其产品。如果 $nv - p_s - c_s \geqslant 0$，那么消费者会购买产品；当使用频率阈值$n_a = \dfrac{p_s + c_s}{v}$时，消费者决策介于购买与不购买之间。基于以上分析，零售渠道的需求$D_s$情况如图 5.3 所示。

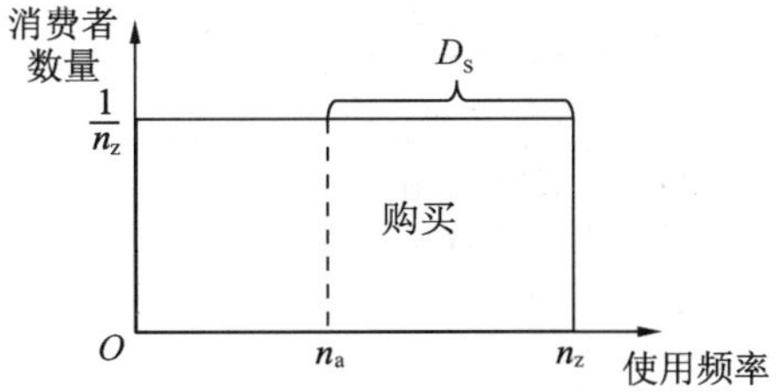


**图 5.3　M-S 模式下的零售渠道需求**

根据图 5.3 可以得到零售渠道的需求为

$$D_s = \frac{1}{n_z}\left(n_z - \frac{p_s + c_s}{v}\right) \tag{5.3}$$

根据式(5.3)可以得到 M-S 模型下零售商和制造商的利润函数分别为

$$\Pi_s = (p_s - w)\frac{1}{n_z}\left(n_z - \frac{p_s + c_s}{v}\right) \tag{5.4}$$

$$\Pi_{\mathrm{m}}=(w-c)\frac{1}{n_{z}}\left(n_{z}-\frac{p_{s}+c_{s}}{v}\right) \tag{5.5}$$

对$\Pi_s$分别求关于$p_s$的一阶和二阶导数，可得

$$\frac{\mathrm{d}\Pi_{s}}{\mathrm{d}p_{s}}=\frac{1}{n_{z}}\left(n_{z}-\frac{2p_{s}+c_{s}-w}{v}\right) \tag{5.6}$$

$$\frac{\mathrm{d}^{2}\Pi_{s}}{\mathrm{d}(p_{s})^{2}}=-\frac{2}{n_{z}v}<0 \tag{5.7}$$

**命题 5.1** 在 M-S 模型下，零售商的利润$\Pi_s$是关于$p_s$的凹函数，最优零售价$p_s^*$为

$$p_{s}^{*}=\frac{vn_{z}+w-c_{s}}{2} \tag{5.8}$$

由式(5.8)可知，当单次使用效用、最大使用频率或批发价格增加时，零售商会提高其零售价格。将式(5.8)分别代入式(5.4)和式(5.5)，就可以得到 M-S 模型下零售商和制造商的利润。

本节中的关键符号说明见表 5.1。

**表 5.1 关键符号说明**

| 决策变量符号 | 说明 | 对象 |
| --- | --- | --- |
| $p_s$<br>$\tilde{p}_s$ | M-S 模型下的单位零售价格<br>MR-S 模型下的单位零售价格 | 零售商 |
| $\tilde{p}_r$<br>$G$<br>$s$ | MR-S 模型下的单位租赁价格<br>销售目标<br>零售商的奖励 | 制造商 |
| 其他符号 | 说明 | 对象 |
| $v$<br>$N$<br>$n$<br>$n_z$<br>$c_r$<br>$c_s$<br>$U_s$<br>$U_r$<br>$t$ | 消费者的单次使用效用<br>市场上的消费者总数<br>消费者的使用频率<br>消费者的最大使用频率<br>消费者的共享成本<br>消费者选择购买一种产品的固定成本<br>购买的消费者效用<br>按次付费的消费者效用<br>同时租赁的消费者比率 | 消费者 |
| $D_s$<br>$\tilde{D}_s$<br>$\Pi_s$<br>$\tilde{\Pi}_s$ | M-S 模型下的零售渠道需求<br>MR-S 模型下的零售渠道需求<br>M-S 模型下零售商的利润函数<br>MR-S 模型下零售商的利润函数 | 零售商 |

续表

| 其他符号 | 说明 | 对象 |
| --- | --- | --- |
| $\widetilde{D}_{r}$<br>$c$<br>$c_{o}$<br>$w$<br>$\Pi_{m}$<br>$\widetilde{\Pi}_{m}$ | 共享 MR-S 模型下的渠道需求<br>制造商的单位生产成本<br>厂商共享渠道运营成本<br>单位批发价格<br>M-S 模型下制造商的利润函数<br>MR-S 模型下制造商的利润函数 | 制造商 |
| $\Pi_{T}$<br>$\widetilde{\Pi}_{T}$ | M-S 模型下供应链的利润函数<br>MR-S 模型下供应链的利润函数 | 供应链 |

## 5.4　MR-S 模型

制造商要决定是否建立共享渠道，需要知道其在 MR-S 模型下的利润。为此，在本节中，我们首先分析消费者的消费模式选择，推导出共享渠道和零售渠道的需求函数；然后研究制造商和零售商如何决定租金价格和零售价格，以使各自的利润最大化。为清晰表示，使用“～”表示 MR-S 模型下的结果。

在 MR-S 模式下，消费者有两种选择：购买和按次付费。假设每个消费者都会选择效用最大化的方式。如果 $nv-\widetilde{p}_{s}-c_{s}>n(v-\widetilde{p}_{r}-c_{r})$，那么消费者会倾向于购买。当使用频率阈值$n_{b}=\dfrac{\widetilde{p}_{s}+c_{s}}{\widetilde{p}_{r}+c_{r}}$时，消费者对购买和按次付费的效用是相同的。此外，如果 $v-\widetilde{p}_{r}-c_{r}<0$，那么消费者没有按次付费的需求。因此，我们有 $v-\widetilde{p}_{r}-c_{r}\geqslant 0$，即$\widetilde{p}_{r}\leqslant v-c_{r}$。基于以上分析，共享渠道的需求$\widetilde{D}_{r}$和零售渠道的需求$\widetilde{D}_{s}$如图 5.4 所示。

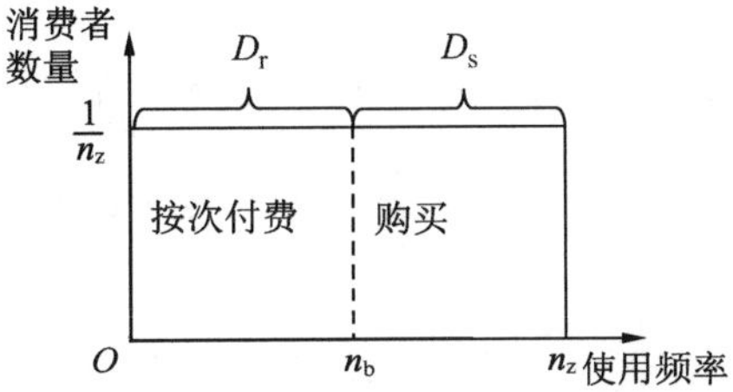


**图 5.4　MR-S 模型下共享渠道和零售渠道的需求**

从图 5.4 可以看出，如果$\widetilde{p}_{r}\leqslant v-c_{r}$，那么零售渠道的需求为

$$\tilde{D}_s=\frac{1}{n_z}\left(n_z-\frac{\tilde{p}_s+c_s}{\tilde{p}_r+c_r}\right) \tag{5.9}$$

与零售渠道不同，共享渠道的需求等于消费者的总使用频率。从图 5.4 中可以看到，按次付费的平均使用频率为$\frac{n_b}{2}$，消费者总数为$\frac{1}{n_z}n_b$。因此，如果$\tilde{p}_r \leqslant v-c_r$，那么共享通道的需求是

$$\tilde{D}_r=\frac{1}{2n_z}\cdot\frac{(\tilde{p}_s+c_s)^2}{(\tilde{p}_r+c_r)^2} \tag{5.10}$$

在按次付费模式下，并不是所有的消费者都会同时产生需求，所以制造商只需要提供$t\ \frac{1}{n_z}n_b$单位的产品来服务共享渠道的消费者，这里的$t\in(0,1)$表示消费者的同时租赁率。例如，2019 年，首汽共享渠道（GoFun）活跃消费者达 206 万人。也就是说，有 206 万名消费者有租车需求。然而，租车人不需要同时租车，GoFun 只需提供 4 万辆车就能满足总租车需求。由于 $t$ 的取值取决于行业、公司和产品（Yu 等[68]），因此 $t$ 被假定为外生变量。$t$ 越低意味着制造商只需提供越少的产品单位就能满足消费者的租赁需求。在实践中，对于不同品类的产品，消费者的同时租赁率是不同的。比如雨伞的同时租赁率普遍高于绘本。此外，在 B2C 共享模式下，实际运营成本$c_o$由制造商承担。综上所述，可以得到 MR-S 模型下零售商和制造商的利润函数，分别表示为

$$\tilde{\Pi}_s=(\tilde{p}_s-w)\frac{1}{n_z}\left(n_z-\frac{\tilde{p}_s+c_s}{\tilde{p}_r+c_r}\right) \tag{5.11}$$

$$\begin{aligned}\tilde{\Pi}_m=&\left[(\tilde{p}_r-c_o)\frac{1}{2n_z}\cdot\frac{(\tilde{p}_s+c_s)^2}{(\tilde{p}_r+c_r)^2}-ct\ \frac{1}{n_z}\cdot\frac{\tilde{p}_s+c_s}{\tilde{p}_r+c_r}\right]+\\&(w-c)\frac{1}{n_z}\left(n_z-\frac{\tilde{p}_s+c_s}{\tilde{p}_r+c_r}\right)\end{aligned} \tag{5.12}$$

在式（5.12）中，右边第一项和第二项分别表示制造商从共享渠道和零售渠道获得的利润。第一项中，$\tilde{p}_r-c_o$表示单次租赁的收益，$\frac{1}{2n_z}\cdot\frac{(\tilde{p}_s+c_s)^2}{(\tilde{p}_r+c_r)^2}$表示租赁的总次数，$ct\ \frac{1}{n_z}\cdot\frac{\tilde{p}_s+c_s}{\tilde{p}_r+c_r}$表示满足共享渠道需求的总成本。第二项中，$w-c$ 表示制造商向零售商销售单位产品所获得的利润，$\frac{1}{n_z}\left(n_z-\frac{\tilde{p}_s+c_s}{\tilde{p}_r+c_r}\right)$表示

总销售量。接下来研究均衡的租赁价格和零售价格。

**命题 5.2**　在 MR-S 模型下，$(\tilde{p}_s^*,\tilde{p}_r^*)$存在如下纳什均衡解：

① 如果 $v>A$，那么

$$\tilde{p}_s^*=\frac{[5w+2n_z(c_r+c_o)-4(1-t)c-3c_s]+B}{4} \tag{5.13}$$

$$\tilde{p}_r^*=\frac{[3w+2n_zc_o-4(1-t)c-c_s]+B}{2n_z} \tag{5.14}$$

② 如果 $v\leqslant A$，那么

$$\tilde{p}_s^*=\frac{vn_z+w-c_s}{2} \tag{5.15}$$

$$\tilde{p}_r^*=v-c_r \tag{5.16}$$

其中，$A=\dfrac{[3w+2n_z(c_o+c_r)-4(1-t)c-c_s]+B}{2n_z}$，

$B=\sqrt{[3w+2n_z(c_r+c_o)-4(1-t)c-c_s]^2+8n_z(w+c_s)(c_r+c_o)}$。

**证明**　$\tilde{\Pi}_s$关于$\tilde{p}_s$的一阶和二阶导数分别为

$$\frac{d\tilde{\Pi}_s}{d\tilde{p}_s}=\frac{1}{n_z}\left(n_z-\frac{2\tilde{p}_s+c_s-w}{\tilde{p}_r+c_r}\right) \tag{5.17}$$

$$\frac{d^2\tilde{\Pi}_s}{d(\tilde{p}_s)^2}=-\frac{1}{n_z}\cdot\frac{2}{\tilde{p}_r+c_r}<0 \tag{5.18}$$

$\tilde{\Pi}_m$关于$\tilde{p}_r$的一阶和二阶导数分别为

$$\frac{d\tilde{\Pi}_m}{d\tilde{p}_r}=\frac{1}{n_z}\left[\frac{(\tilde{p}_s+c_s)^2}{2(\tilde{p}_r+c_r)^2}-(\tilde{p}_r-c_o)\frac{(\tilde{p}_s+c_s)^2}{(\tilde{p}_r+c_r)^3}+\frac{w(\tilde{p}_s+c_s)}{(\tilde{p}_r+c_r)^2}-\frac{(1-t)(\tilde{p}_s+c_s)c}{(\tilde{p}_r+c_r)^2}\right] \tag{5.19}$$

$$\frac{d^2\tilde{\Pi}_m}{d(\tilde{p}_r)^2}=\frac{1}{n_z}\cdot\frac{\tilde{p}_s+c_s}{(\tilde{p}_r+c_r)^3}\left[-2(\tilde{p}_s+c_s)+(\tilde{p}_r-c_o)\frac{3(\tilde{p}_s+c_s)}{\tilde{p}_r+c_r}-2w+2(1-t)c\right] \tag{5.20}$$

由式(5.20)可知，如果均衡价格存在且唯一，需要满足以下不等式：

$$\tilde{p}_r^*<\frac{[3w+3n_zc_o+n_zc_r-4(1-t)c-c_s]+B}{2n_z} \tag{5.21}$$

然后，通过求解一阶条件得到均衡价格$(\tilde{p}_s^*,\tilde{p}_r^*)$的纳什均衡解为

$$\tilde{p}_s^*=\frac{[5w+2n_z(c_r+c_o)-4(1-t)c-3c_s]+B}{4} \tag{5.22}$$

$$\tilde{p}_{\mathrm{r}}^{*}=\frac{[3w+2n_{\mathrm{z}}c_{\mathrm{o}}-4(1-t)c-c_{\mathrm{s}}]+B}{2n_{\mathrm{z}}} \tag{5.23}$$

将式(5.22)和式(5.23)代入式(5.21)进行验证：

$$\frac{[3w+2n_{\mathrm{z}}c_{\mathrm{o}}-4(1-t)c-c_{\mathrm{s}}]+B}{2n_{\mathrm{z}}}<\frac{[3w+3n_{\mathrm{z}}c_{\mathrm{o}}+n_{\mathrm{z}}c_{\mathrm{r}}-4(1-t)c-c_{\mathrm{s}}]+B}{2n_{\mathrm{z}}} \tag{5.24}$$

式(5.24)表明，不等式(5.21)总是正确的。这个均衡解($\tilde{p}_{\mathrm{s}}^{*}$，$\tilde{p}_{\mathrm{r}}^{*}$)满足的条件为$\tilde{p}_{\mathrm{r}}^{*}<v-c_{\mathrm{r}}$。如果$\tilde{p}_{\mathrm{r}}^{*}\geqslant v-c_{\mathrm{r}}$，那么没有消费者会选择共享模式。因此，在这种情况下，制造商需要设置$\tilde{p}_{\mathrm{r}}^{*}=v-c_{\mathrm{r}}$，将其代入式(5.17)可以得到最优零售价格$\tilde{p}_{\mathrm{s}}^{*}=\dfrac{vn_{\mathrm{z}}+w-c_{\mathrm{s}}}{2}$。

综合上述分析，命题 5.2 得证。

从命题 5.2 可以得到两组均衡价格。当消费者的单次使用效用较低时，为确保消费者从租赁渠道获得非负的效用(即 $v-\tilde{p}_{\mathrm{r}}-c_{\mathrm{r}}\geqslant 0$)，其最高租赁价格$\tilde{p}_{\mathrm{r}}$只能等于 $v-c_{\mathrm{r}}$。由于渠道竞争的存在，零售商也不得不降低零售价格。当消费者的使用效用较高时，共享和零售渠道有机会在不导致消费者效用小于零的情况下获得更高的均衡价格。接下来，进一步分析相关参数如何影响均衡租赁价格和零售价格。

**引理 5.1** 在 MR-S 模型下，消费者同时租赁率 $t$ 和消费者分担成本 $c_{\mathrm{r}}$对租赁价格$\tilde{p}_{\mathrm{r}}^{*}$和零售价格$\tilde{p}_{\mathrm{s}}^{*}$的影响如下：

① 如果 $v>A$，那么租赁价格$\tilde{p}_{\mathrm{r}}^{*}$和零售价格$\tilde{p}_{\mathrm{s}}^{*}$随着 $t$ 和$c_{\mathrm{r}}$的增加而增加。

② 如果 $v\leqslant A$，那么租赁价格$\tilde{p}_{\mathrm{r}}^{*}$随着$c_{\mathrm{r}}$的下降而下降，但不随 $t$ 变化；零售价格$\tilde{p}_{\mathrm{s}}^{*}$不会随 $t$ 和 $c_{\mathrm{r}}$的改变而改变。

共享渠道的竞争力会随着消费者同时租赁率和共享成本的上升而下降。因此，结合引理 5.1 可以得出，当消费者的使用效用较高时，均衡租赁价格和零售价格会随着共享渠道竞争力的增强而下降。

## 5.5 渠道结构的选择

本节重点研究制造商是否应该建立直接共享渠道以及应该何时建立共享渠道。直观上看，只有当 MR-S 模型下的利润高于 M-S 模型下的利润时，制造商才会增加直接共享渠道。因此，我们需要比较制造商在这两种模式下的利润。首先比较两种情况下制造商总的供货数量（总需求）。在 M-S 模型下，制造商只需要为零售渠道提供产品。而在 MR-S 模型下，制造商既要为零售渠道提供产品，也要为共享渠道提供产品。通过计算可得如下命题：

**命题 5.3**　如果 $v>A$，$t\leqslant\tilde{t}^*$，当制造商从 M-S 模型转向 MR-S 模型时，总供给量会减少；否则，总供给量将增加。阈值 $\tilde{t}^*$ 满足如下等式：

$$(1-\tilde{t}^*)\frac{2n_z(c_r+c_o)+B-3w+4(1-\tilde{t}^*)c}{4c_r}-\frac{vn_z+w}{v}=0 \quad (5.25)$$

**证明**　**情形 1**：$v\leqslant A$

$$\tilde{D}_T=\frac{1}{n_z}\left[n_z-(1-t)\frac{vn_z+w+c_s}{2v}\right] \quad (5.26)$$

$$D_T=\frac{1}{n_z}\left(n_z-\frac{vn_z+w+c_s}{2v}\right) \quad (5.27)$$

由 $t\in(0,1)$，$\frac{vn_z+w+c_s}{2v}>0$，可以得出 $\tilde{D}_T>D_T$。

**情形 2**：$v>A$

$$\tilde{D}_T=\frac{1}{n_z}\left\{n_z-(1-t)\frac{\{B-[3w+2n_zY-4(1-t)c-c_s]\}+4n_zY}{8Y}\right\} \quad (5.28)$$

式中，$Y=c_r+c_o$。

当 $t=1$ 时，$\tilde{D}_T=1$。在这种情况下，$\tilde{D}_T>D_T$ 且

$$D_T-\tilde{D}_T=\frac{1}{n_z}\left\{(1-t)\frac{4n_zY+\{B-[3w+2n_zY-4(1-t)c-c_s]\}}{8Y}-\frac{vn_z+w+c_s}{2v}\right\} \quad (5.29)$$

接下来分析如下式子：

$$\frac{4n_zY+\{B-[3w+2n_zY-4(1-t)c-c_s]\}}{8Y} \quad (5.30)$$

对式(5.30)变换可得

$$\frac{v\{B-[3w+2n_zY-4(1-t)c-c_s]\}-4wY-4Yc_s}{8vY} \quad (5.31)$$

因为 $\frac{[3w+2n_zc_o-4(1-t)c-c_s]+B}{2n_z}<v-c_r$，所以

$$\frac{[3w+2n_zc_r-4(1-t)c-c_s+2n_zc_o]+B}{2n_z}<v \quad (5.32)$$

将 $v=\frac{[3w+2n_zc_r-4(1-t)c-c_s+2n_zc_o]+B}{2n_z}$ 代入式(5.31)可得

$$\frac{4n_zY+\{B-[3w+2n_zY-4(1-t)c-c_s]\}}{8Y}-\frac{vn_z+w+c_s}{2v}>0 \quad (5.33)$$

由式(5.29)可知，当 $t\to 0$ 时，$D_T-\widetilde{D}_T>0$，即$\widetilde{D}_T<D_T$；当 $t=1$ 时，$\widetilde{D}_T=1$，$\widetilde{D}_T>D_T$。接下来研究 $t$ 对$\widetilde{D}_T$的影响。

$$\frac{\mathrm{d}\widetilde{D}_T}{\mathrm{d}t}=\frac{1}{2}\left\{\frac{\{B-[3w+2n_zY-4(1-t)c-c_s]\}+4n_zY}{4n_zY}+\right.$$
$$\left.\frac{n_z}{2}(1-t)\frac{\{B-[3w+2n_zY-4(1-t)c-c_s]\}\cdot 4c}{4n_zYA}\right\}>0 \quad (5.34)$$

从式(5.34)可知，$\widetilde{D}_T$随 $t$ 的增大而增大。因此，可以得出结论，存在满足$\widetilde{D}_T=D_T$的唯一$\tilde{t}^*$。由式(5.29)可知，阈值$\tilde{t}^*$满足如下等式：

$$(1-\tilde{t}^*)\frac{2n_z(c_r+c_o)+B-3w+4(1-\tilde{t}^*)c}{4c_r}-\frac{vn_z+w}{v}=0$$

综合上述分析，命题 5.3 得证。

由式(5.16)可知，当 $v\leqslant A$ 时，$\tilde{p}_r^*=v-c_r$。这会导致按次付费的消费者使用效用为零。在这种情况下，共享渠道不会对零售渠道产生影响。此时，零售商的需求不会改变，只有那些原本没有从零售商那里购买商品的消费者才会选择共享渠道。因此，制造商的共享渠道增加了额外的需求。为了满足这一需求，制造商需要生产更多的产品。然而，由式(5.14)可知，当 $v>A$ 时，按次付费的消费者效用为正。因此，一些消费者会从购买转向租赁，从而零售商的需求将会减少。因为不是所有消费者都在同一时间租赁，所以制造商只需要提供较少的产品来满足这些消费者的需求。同时，除了从零售渠道转移来的消费者之外，原本不购买的低频消费者也可能会选择共享渠道。因此，从这个角度来说，企业需要增加供给。综合考虑这两个方面，我们可以得到，当 $v>A$，$t\leqslant\tilde{t}^*$ 时，制造商的总供给量会减少；否则，总供给量将增加。命题 5.3 表明，当制造商建立共享渠道时，其不一定需要生产更多产品。事实上，在某些情况下，制造商甚至需要减少产出。阈值是一个隐函数，接下来我们将使用一个数值算例来说明$\tilde{t}^*$的取值，具体如图 5.5 所示。在数值研究中，如果没有特别说明，本章中的参数值设为 $v=15$，$n_z=105$，$c_r=1.2$，$w=100$，$c=25$，$c_s=2$，$c_o=0.2$，$t=0.5$。

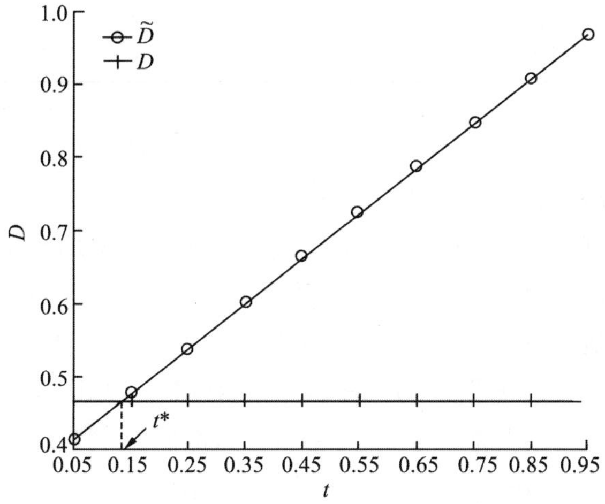


**图5.5　消费者的同时租赁率对总供应量的影响**

接下来,进一步比较MR-S模型和M-S模型下制造商的利润。

**情形1:** $v>A$

$$\widetilde{\Pi}_{\mathrm{m}}^{*}-\Pi_{\mathrm{m}}^{*}=\left(\widetilde{p}_{\mathrm{r}}^{*}\cdot\frac{n_{\mathrm{b}}}{2}\cdot\frac{n_{\mathrm{b}}}{n_{\mathrm{z}}}-ct\frac{n_{\mathrm{b}}}{n_{\mathrm{z}}}\right)-\left[w\left(n_{\mathrm{b}}-\frac{p_{\mathrm{s}}^{*}}{v}\right)\frac{1}{n_{\mathrm{z}}}-c\frac{n_{\mathrm{b}}-\frac{p_{\mathrm{s}}^{*}}{v}}{n_{\mathrm{z}}}\right]\tag{5.35}$$

**情形2:** $v\leqslant A$

$$\widetilde{\Pi}_{\mathrm{m}}^{*}-\Pi_{\mathrm{m}}^{*}=\frac{1}{n_{\mathrm{z}}}\cdot\frac{vn_{\mathrm{z}}+w+c_{\mathrm{s}}}{2v}\left[(v-c_{\mathrm{r}}-c_{\mathrm{o}})\frac{vn_{\mathrm{z}}+w+c_{\mathrm{s}}}{4v}-ct\right]\tag{5.36}$$

由式(5.35)和式(5.36),可得如下命题。

**命题5.4**　如果 $v>\dfrac{[4ct+(c_{\mathrm{r}}+c_{\mathrm{o}})n_{\mathrm{z}}-(w+c_{\mathrm{s}})]+D}{2n_{\mathrm{z}}}$,当制造商从M-S模型转向MR-S模型时,其利润将增加;否则,其利润将减少。其中,$D=\sqrt{[4ct+(c_{\mathrm{r}}+c_{\mathrm{o}})n_{\mathrm{z}}-(w+c_{\mathrm{s}})]^{2}+4n_{\mathrm{z}}(w+c_{\mathrm{s}})(c_{\mathrm{r}}+c_{\mathrm{o}})}$。

**证明**　**情形1:** $v\leqslant A$

从式(5.36)可以看出,当 $v>\dfrac{[4ct+(c_{\mathrm{r}}+c_{\mathrm{o}})n_{\mathrm{z}}-(w+c_{\mathrm{s}})]+D}{2n_{\mathrm{z}}}$ 时,$\widetilde{\Pi}_{\mathrm{m}}-\Pi_{\mathrm{m}}>0$。比较得到 $A>\dfrac{[4ct+(c_{\mathrm{r}}+c_{\mathrm{o}})n_{\mathrm{z}}-(w+c_{\mathrm{s}})]+D}{2n_{\mathrm{z}}}$。

**情形2:** $v>A$

将式(5.35)右边变换后,可以得到

$$\begin{aligned}\tilde{\Pi}_{\mathrm{m}}^{*}-\Pi_{\mathrm{m}}^{*}&=\frac{1}{n_{\mathrm{z}}}\left[(\tilde{p}_{\mathrm{r}}^{*}-c_{\mathrm{o}})\frac{n_{\mathrm{b}}^{2}}{2}-wn_{\mathrm{b}}+(1-t)cn_{\mathrm{b}}+(w-c)\frac{p_{\mathrm{s}}^{*}+c_{\mathrm{s}}}{v}\right]\\&>\frac{n_{\mathrm{b}}}{n_{\mathrm{z}}}\left[(\tilde{p}_{\mathrm{r}}^{*}-c_{\mathrm{o}})\cdot\frac{n_{\mathrm{b}}}{2}-w+(1-t)c\right]>0\end{aligned}\tag{5.37}$$

综合上述分析,命题 5.4 得证。

命题 5.4 表明,从制造商的利润角度来看,当消费者的单次使用效用超过一个阈值时,制造商会建立自己的直接共享渠道。这是因为当消费者的使用效用较高时,制造商有机会在共享渠道中设定更高的租赁价格,从而提高其利润。在实践中,不同种类产品的单次使用效用并不相同,制造商需要根据自己生产的产品类型来决定渠道模式。此外,我们还可以看到,阈值 $\frac{[4ct+(c_{\mathrm{r}}+c_{\mathrm{o}})n_{\mathrm{z}}-(w+c_{\mathrm{s}})]+D}{2n_{\mathrm{z}}}$ 会随着消费者的同时租赁率 $t$ 和消费者的共享成本 $c_{\mathrm{r}}$ 的下降而下降。也就是说,当消费者的单次使用效用较低时,如果消费者的同时租赁率或消费者的共享成本也较低,那么制造商也可以通过增加直接共享渠道获益。主要原因是当消费者的同时租赁率较低时,制造商可以使用更少的产品来满足消费者的共享需求,从而降低共享的总成本。消费者的共享成本越低,意味着共享渠道对消费者的吸引力越大,从而制造商有机会设定更高的租赁价格。

接下来,我们将使用一个数值算例来例证到目前为止的结果,具体如图 5.6 所示。从图中可以发现,在 MR-S 模型下,随着消费者单次使用效用的

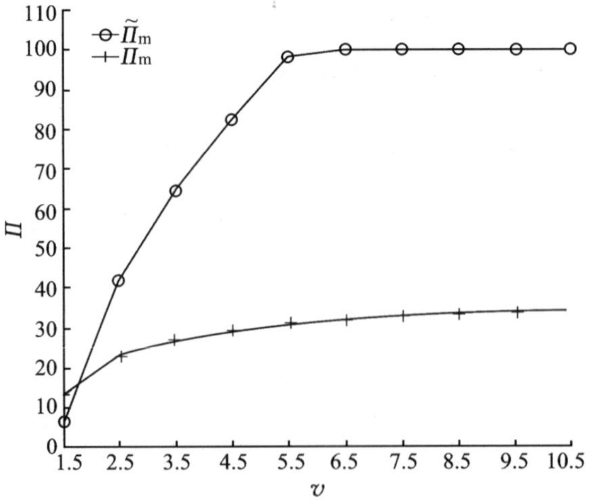


**图 5.6　单次使用效用对制造商利润的影响**

增加,制造商的利润先增加,然后保持不变。当消费者的单次使用效用较低时,消费者的单次使用效用是制约价格上涨的主要因素。因此,制造商的利润将随着消费者单次使用效用的增加而增加。当消费者的单次使用效用较高时,零售渠道与共享渠道之间的竞争关系成为制约价格上涨的主要因素,因此制造商的利润不会随着消费者单次使用效用的变化而改变。

当制造商从M-S模型切换到MR-S模型时,新增加的共享渠道可能会对现有的零售渠道产生不利影响。因此,制造商需要考虑潜在的渠道冲突。否则,零售商可能会阻止制造商建立直接共享渠道。

为了避免潜在的渠道冲突,制造商面临一个约束条件,即零售商的利润不会因为共享渠道的加入而减少。因此,研究制造商的渠道结构选择,就需要考虑渠道结构变化对零售商利润的影响。通过计算,可得如下命题。

**命题5.5**　当制造商从M-S模型转向MR-S模型时,如果 $v>A$,那么零售商的利润将会下降;如果 $v\leqslant A$,那么零售商的利润不会改变。

**证明**　**情形1:** $v\leqslant A$

在这种情形下,零售商的零售价格和需求不变,故利润不变。

**情形2:** $v>A$

首先比较M-S模型和MR-S模型下的零售价格:

$$\tilde{p}_{s}^{*}-p_{s}^{*}=\frac{[3w+2n_{z}(c_{o}+c_{r}-v)-4(1-t)c-c_{s}]+B}{4} \tag{5.38}$$

因为 $\frac{[3w+2n_{z}c_{o}-4(1-t)c-c_{s}]+B}{2n_{z}}<v-c_{r}$,所以 $[3w+2n_{z}(c_{o}+c_{r}-v)-4(1-t)c-c_{s}]+B<0$,从而 $\tilde{p}_{s}^{*}-p_{s}^{*}<0$。与此同时,当 $\frac{[3w+2n_{z}c_{o}-4(1-t)c-c_{s}]+B}{2n_{z}}<v-c_{r}$ 时,零售商的需求也在下降。因此,$\tilde{\Pi}_{s}^{*}<\Pi_{s}^{*}$。

综合上述分析,命题5.5得证。

为了更好地例证命题5.5,我们进行了数值研究,并将结果绘制在图5.7中。

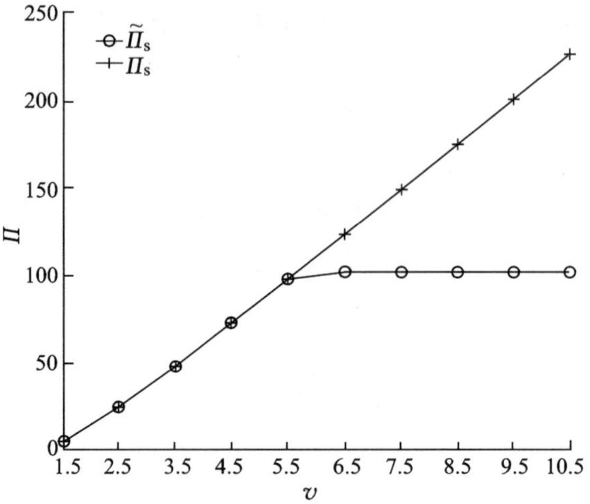


**图 5.7　单次使用效用对零售商利润的影响**

根据命题 5.1 和命题 5.2，当制造商从 M-S 模型转向 MR-S 模型时，如果 $v \leqslant A$，那么零售商的零售价格和需求不会发生变化。在这种情况下，零售商的利润不会改变。根据命题 5.4 和命题 5.5，如果制造商从 M-S 模型转向 MR-S 模型，当 $\frac{[4ct+(c_r+c_o)n_z-(w+c_s)]+D}{2n_z} \leqslant v \leqslant A$ 时，制造商的利润会增加，而零售商的利润不会改变。也就是说，在这种情况下，企业通过建立共享渠道，既提高了自身的利润，又不会造成渠道冲突。制造商可以采用 MR-S 模型，而不必担心任何渠道冲突。

从命题 5.3 可知，当 $v>A$ 时，零售商的需求将减少。同时，零售商与共享渠道之间存在竞争关系，促使零售商进一步降低了零售价格。这是零售商利润减少的主要原因。在这种情况下，建立共享渠道虽然对制造商有利，但是会降低零售商的利润。因此，为了避免潜在的渠道冲突，制造商可以设计利益共享策略，以确保双方企业实现双赢。然而，“双赢”只有在供应链总利润增加时才会发生。因此，我们需要比较 M-S 模型和 MR-S 模型下的供应链总利润。

批发价格对零售商的利润有很大影响。在 M-S 模型中，可以验证零售商的利润随着批发价格的降低而降低。接下来，我们在 MR-S 模型下研究批发价格对零售商利润的影响。

**引理 5.2**　在 MR-S 模型下，如果 $v>A$，那么零售商的利润会随着批发价格 $w$ 的增加而增加；否则，利润会减少。

**证明　情形1**：$v\leqslant A$

将式(5.15)和式(5.16)代入式(5.11)得

$$\tilde{\Pi}_s=\frac{(vn_z-w-c_s)^2}{4n_zv} \tag{5.39}$$

从式(5.39)可以验证，$\tilde{\Pi}_s$随批发价格 $w$ 的下降而下降。

**情形2**：$v>A$

由式(5.11)和命题5.2可知

$$\tilde{\Pi}_s=\frac{1}{n_z}\left(\frac{n_z}{2}A-\frac{w}{2}\right)\left(\frac{n_z}{2}-\frac{(w+c_s)}{2A}\right) \tag{5.40}$$

$\tilde{\Pi}_s$关于 $w$ 的一阶导数为

$$\frac{\partial\tilde{\Pi}_s}{\partial w}=\frac{1}{4n_z}\left\{\left(n_z-\frac{w+c_s}{A}\right)\left[\left(n_z\frac{\partial A}{\partial w}-1\right)+\frac{w+c_s}{A}\cdot\frac{\partial A}{\partial w}\right]\right\} \tag{5.41}$$

容易验证$\frac{\partial A}{\partial w}>\frac{3}{n_z}$。将$\frac{\partial A}{\partial w}=\frac{3}{n_z}$代入式(5.41)可得

$$\frac{\partial\tilde{\Pi}_s}{\partial w}>\frac{1}{4n_z}\left[\left(n_z-\frac{w+c_s}{A}\right)\left(2+\frac{w+c_s}{A}\cdot\frac{\partial A}{\partial w}\right)\right]>0 \tag{5.42}$$

从式(5.42)可以验证，$\tilde{\Pi}_s$随 $w$ 的增加而增加。

从直观上看，为了减少渠道冲突，制造商可以通过降低批发价格来补偿零售商。然而，引理5.2表明，在这种情况下，提高批发价格实际上可以提高零售商的利润。主要原因是批发价格的提高对零售商来说是一把“双刃剑”。一方面，这将对零售商的需求和利润产生负面影响；另一方面，命题5.2揭示了均衡租赁价格和零售价格会随着批发价格的提高而提高。因此，在这种情况下，后者对零售商利润的影响比前者更显著。这意味着，当消费者的效用较高时，制造商在建立共享渠道时，可以适当提高批发价格，以减少渠道冲突。

接下来比较MR-S模型和M-S模型下的供应链利润。这里的供应链利润是指制造商和零售商的总利润。M-S模型和MR-S模型下的供应链利润分别为$\Pi_T^*$和$\tilde{\Pi}_T^*$。

$$\Pi_T^*(p_s^*)=\Pi_m^*(p_s^*)+\Pi_s^*(p_s^*) \tag{5.43}$$

$$\tilde{\Pi}_T^*(\tilde{p}_s^*,\tilde{p}_r^*)=\tilde{\Pi}_m^*(\tilde{p}_s^*,\tilde{p}_r^*)+\tilde{\Pi}_s^*(\tilde{p}_s^*,\tilde{p}_r^*) \tag{5.44}$$

**命题5.6**　如果

$$\frac{[4ct+(c_r+c_o)n_z-(w+c_s)]+D}{2n_z}<v\leqslant$$

$$\frac{n_z(c+c_s)+2\widetilde{\Pi}_T^*+\sqrt{4\widetilde{\Pi}_T^{*2}+4n_z(c+c_s)\widetilde{\Pi}_T^*+n_z^2(w-c)^2}}{n_z^2},$$

当制造商从 M-S 模型转向 MR-S 模型时，供应链利润将增加，即$\widetilde{\Pi}_T^* \geqslant \Pi_T^*$；否则，供应链利润将减少，即$\widetilde{\Pi}_T^* < \Pi_T^*$。

**证明　情形 1：** $v \leqslant A$

因为零售商的利润不会改变，所以比较$\widetilde{\Pi}_T$和$\Pi_T$等价于比较$\widetilde{\Pi}_m$和$\Pi_m$。从命题 5.4 可以看出，如果$\frac{[4ct+(c_r+c_o)n_z-(w+c_s)]+D}{2n_z}<v\leqslant A$，那么$\widetilde{\Pi}_T^* > \Pi_T^*$。

**情形 2：** $v > A$

$$\begin{aligned}\Pi_T^* &= (p_s-c)\frac{1}{n_z}\left(n_z-\frac{p_s+c_s}{v}\right)\\ &= \frac{1}{n_z}\left(\frac{vn_z}{2}+\frac{w-c_s-2c}{2}\right)\left(\frac{n_z}{2}-\frac{w+c_s}{2v}\right)\end{aligned} \tag{5.45}$$

$$\begin{aligned}\widetilde{\Pi}_T^* = &\frac{\widetilde{p}_s+c_s}{\widetilde{p}_r+c_r}\left[(\widetilde{p}_r-c_o)\frac{1}{2n_z}\cdot\frac{\widetilde{p}_s+c_s}{\widetilde{p}_r+c_r}-ct\,\frac{1}{n_z}\right]+\\ &(\widetilde{p}_s-c)\frac{1}{n_z}\left(n_z-\frac{\widetilde{p}_s+c_s}{\widetilde{p}_r+c_r}\right)\end{aligned} \tag{5.46}$$

求导可得

$$\frac{\mathrm{d}\,\Pi_T^*}{\mathrm{d}v}=\frac{1}{n_z}\left[\frac{n_z^2}{4}+\frac{(w-c_s-2c)(w+c_s)}{4v^2}\right]>0 \tag{5.47}$$

从式(5.47)可以得到，$\Pi_T^*$ 随 $v$ 的增加而增加。从式(5.45)可知，如果 $v$ 趋近于$\infty$，那么$\Pi_T^*$也趋近于$\infty$。因此，一定存在一个阈值$v^*$，使得当 $v>v^*$ 时，$\Pi_T^*>\widetilde{\Pi}_T^*$。根据情形 1 的证明，我们知道当 $v=A$ 时，$\Pi_T^*<\widetilde{\Pi}_T^*$。因此，可以得到 $A<v^*$。接下来分析$v^*$的取值：

$$v^2n_z^2-[n_z(w+c_s)-n_z(w-c_s-2c)+4\widetilde{\Pi}_T^*]v-(w-c_s-2c)(w+c_s)=0 \tag{5.48}$$

由式(5.48)可以得到

$$v^*=\frac{n_z(c+c_s)+2\widetilde{\Pi}_T+\sqrt{4\widetilde{\Pi}_T^{*2}+4n_z(c+c_s)\widetilde{\Pi}_T^*+n_z^2(w-c)^2}}{n_z^2}$$

综上所述，命题 5.6 得证。

根据命题 5.6 可以看出，如果消费者的单次使用效用过高或过低，增加共享渠道均会降低供应链的总利润。由命题 5.4 可知，当 $v<\frac{[4ct+(c_r+c_o)n_z-(w+c_s)]+D}{2n_z}$ 时，制造商从 M-S 模型转向 MR-S 模型，利润下降。在此条件下，M-S 模型下的零售商利润与 MR-S 模型下的零售商利润相等。因此，供应链利润将会下降。

由式(5.8)可知，当消费者的单次使用效用较高时，零售商可以在 M-S 模型下设定更高的零售价格，从而提高供应链利润。由式(5.13)和式(5.14)可知，在 MR-S 模型下，由于竞争的存在，均衡租赁价格和零售价格并不会随着单次使用效用的增加而增加。因此，当消费者的单次使用效用过高时，M-S 模型下的供应链利润将超过 MR-S 模型下的供应链利润。这意味着当制造商从 M-S 模型转向 MR-S 模型时，零售商的损失将大于制造商的收益。因此，渠道冲突无法避免。为了直观表示，我们进行了数值研究，并将结果绘制在图 5.8 中。

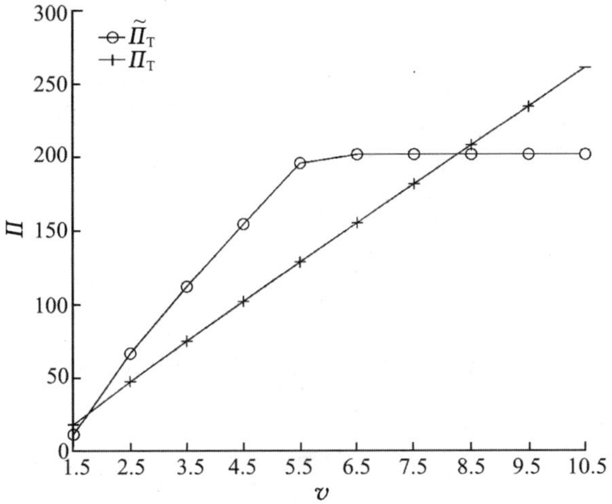


**图 5.8　单次使用效用对供应链利润的影响**

制造商在选择渠道结构时，既要考虑自身利益，又要考虑潜在的渠道冲突。换句话说，制造商需要考虑渠道结构的变化对零售商和供应链的影响。为了清晰表示，我们对利润率的变化进行了数值分析，即用 MR-S 模型下的利润除以 M-S 模型下的利润。显然，当利润率大于 1 时，MR-S 模型下的利润更高。用$R_m$、$R_s$和$R_T$分别表示制造商的利润率、零售商的利润率和供应链的利润率，如图 5.9 所示。

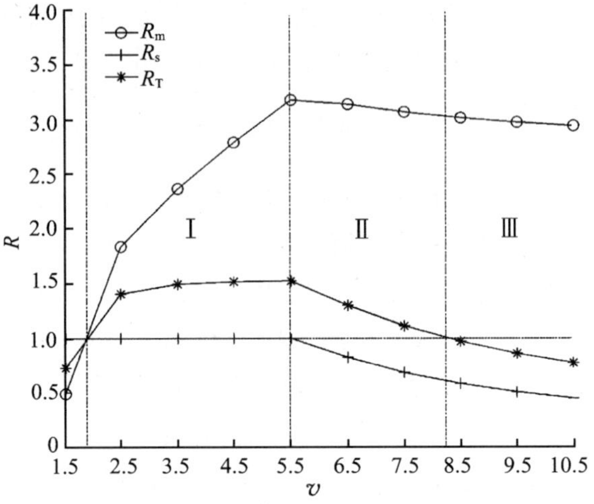


**图 5.9　单次使用效用对利润率的影响**

根据命题 5.6 的证明，可以得出

$$\frac{n_z(c+c_s)+2\widetilde{\Pi}_T^*+\sqrt{4\widetilde{\Pi}_T^{*2}+4n_z(c+c_s)\widetilde{\Pi}_T^*+n_z^2(w-c)^2}}{n_z^2}>A。$$

由图 5.9 可以看出，当$\frac{[4ct+(c_r+c_o)n_z-(w+c_s)]+D}{2n_z}\leqslant v\leqslant A$（区间Ⅰ）时，制造商从 M-S 模型转向 MR-S 模型，制造商的利润会增加，零售商的利润不会改变。因此，制造商采用 MR-S 模型不会造成渠道冲突。当

$$v>\frac{n_z(c+c_s)+2\widetilde{\Pi}_T^*+\sqrt{4\widetilde{\Pi}_T^{*2}+4n_z(c+c_s)\widetilde{\Pi}_T^*+n_z^2(w-c)^2}}{n_z^2}（区间Ⅲ）$$

时，MR-S 模型下的供应链利润较低。在这种情况下，会产生渠道冲突，制造商应该采用 M-S 模型。当

$$A<v\leqslant\frac{n_z(c+c_s)+2\widetilde{\Pi}_T^*+\sqrt{4\widetilde{\Pi}_T^{*2}+4n_z(c+c_s)\widetilde{\Pi}_T^*+n_z^2(w-c)^2}}{n_z^2}（区间Ⅱ）$$

时，当制造商从 M-S 模型转向 MR-S 模型时，供应链利润增加，零售商利润减少。因此，制造商可以设计合适的契约，使两家公司都能从共享渠道中受益。

在实践中，销售奖励合同被广泛采用。在该合同下，制造商为零售商设定了一个销售目标 $G$。如果零售商的销售额超过了目标，制造商就会给零售商奖励 $s$。在区间Ⅱ，如果制造商从 M-S 模型转向 MR-S 模型，零售商的需求将会下降。在 MR-S 模型下，为避免渠道冲突，零售商设定的销售目标应与 MR-S 模型下零售商的销售量相等。根据命题 5.2 和式(5.9)，将销售目标设

定为

$$G^{*}=\frac{1}{n_{z}}\left(n_{z}-\frac{\tilde{p}_{s}^{*}+c_{s}}{\tilde{p}_{r}^{*}+c_{r}}\right) \tag{5.49}$$

为了制造商和零售商都能够接受该契约，应该设置适当的奖励 $s$ 以确保制造商和零售商都能从中受益。现在分析 $s$ 的合适范围。在 M-S 模型下，制造商的利润为$\Pi_{m}^{*}(p_{s}^{*})$，零售商的利润为$\Pi_{s}^{*}(p_{s}^{*})$。在 MR-S 模型下，制造商和零售商的利润分别为$\tilde{\Pi}_{m}^{*}(\tilde{p}_{s}^{*},\tilde{p}_{r}^{*})$和$\tilde{\Pi}_{s}^{*}(\tilde{p}_{s}^{*},\tilde{p}_{r}^{*})$。当制造商从 M-S 模型转向 MR-S 模型时，两家公司都应该实现帕累托改进。为此，奖励 $s$ 需要满足以下条件：

$$\tilde{\Pi}_{s}^{*}(\tilde{p}_{s}^{*},\tilde{p}_{r}^{*})+s\geqslant\Pi_{s}^{*}(p_{s}^{*}) \tag{5.50}$$

$$\tilde{\Pi}_{m}^{*}(\tilde{p}_{s}^{*},\tilde{p}_{r}^{*})-s\geqslant\Pi_{m}^{*}(p_{s}^{*}) \tag{5.51}$$

由式(5.50)和式(5.51)可以得到奖励 $s$ 的范围为$[\Pi_{s}^{*}-\tilde{\Pi}_{s}^{*},\tilde{\Pi}_{m}^{*}-\Pi_{m}^{*}]$。根据命题 5.6，当

$$A<v\leqslant\frac{n_{z}(c+c_{s})+2\tilde{\Pi}_{T}^{*}+\sqrt{4\tilde{\Pi}_{T}^{*2}+4n_{z}(c+c_{s})\tilde{\Pi}_{T}^{*}+n_{z}^{2}(w-c)^{2}}}{n_{z}^{2}}$$

时，$(\tilde{\Pi}_{m}^{*}-\Pi_{m}^{*})-(\Pi_{s}^{*}-\tilde{\Pi}_{s}^{*})=\tilde{\Pi}_{T}^{*}-\Pi_{T}^{*}\geqslant 0$。因此，适当的奖励 $s$ 确实会使制造商和零售商均受益。综上所述，可得如下命题。

**命题 5.7**　考虑到潜在的渠道冲突，制造商选择的渠道结构如下：

① 如果$\frac{[4ct+(c_{r}+c_{o})n_{z}-(w+c_{s})]+D}{2n_{z}}\leqslant v\leqslant A$，那么制造商可以采用 MR-S 模型；

② 如果 $A<v<\frac{n_{z}(c+c_{s})+2\tilde{\Pi}_{T}^{*}+\sqrt{4\tilde{\Pi}_{T}^{*2}+4n_{z}(c+c_{s})\tilde{\Pi}_{T}^{*}+n_{z}^{2}(w-c)^{2}}}{n_{z}^{2}}$，当制造商采用 MR-S 模型且零售商销售数量超过 $s\frac{N}{n_{z}}\left(n_{z}-\frac{\tilde{p}_{s}^{*}+c_{s}}{\tilde{p}_{r}^{*}+c_{r}}\right)$时，制造商应该给零售商适当的销售奖励 $s$，其中 $s\in[\Pi_{s}^{*}-\tilde{\Pi}_{s}^{*},\tilde{\Pi}_{m}^{*}-\Pi_{m}^{*}]$。

③ 如果 $v>\frac{n_{z}(c+c_{s})+2\tilde{\Pi}_{T}^{*}+\sqrt{4\tilde{\Pi}_{T}^{*2}+4n_{z}(c+c_{s})\tilde{\Pi}_{T}^{*}+n_{z}^{2}(w-c)^{2}}}{n_{z}^{2}}$ 或 $v<\frac{[4ct+(c_{r}+c_{o})n_{z}-(w+c_{s})]+D}{2n_{z}}$，那么制造商应采用 M-S 模型。

从理论角度来看，一方面，零售渠道主要满足高频用户，而共享渠道主要

满足低频用户。因此,这两个渠道是互补的。这是 MR-S 模型相对于 M-S 模型的一个优势。另一方面,零售渠道和共享渠道之间可能存在竞争。具体来说,这两个渠道通过降低价格来争夺使用频率中等的用户,这是 MR-S 模型的一个劣势。在命题 5.7 的第一种和第二种情况下,前者占优势,制造商应该采用 MR-S 模型。在命题 5.7 的第三种情况下,后者占优势,制造商应该选择 M-S 模型。

命题 5.7 还可引申出如下见解:首先,消费者的单次使用效用是制造商在调整渠道结构前需要考虑的一个关键因素。其次,在现实中,如果因为增加共享渠道而降低了零售渠道的利润,可能会发生渠道冲突。因此,零售商可能会减少其销售努力或转向销售竞争产品,最终两家公司都会遭受损失。在此条件下,如果消费者的单次使用效用是中等的,那么制造商可以提供销售奖励合同来解决渠道冲突问题。最后,如果消费者的单次使用效用超过阈值,建立共享渠道虽然会提升制造商的利润,但是对整个供应链的利润有负向作用。也就是说,即使采用利益分享策略,两家公司也无法实现双赢。因此,为了避免渠道冲突,制造商选择 M-S 模型比较好。

## 5.6 本章小结

本章主要研究了共享经济下制造商的渠道结构选择:在其现有的间接零售渠道之外,是否以及何时应该建立直接共享渠道? 为了回答这些问题,我们考虑了一个由制造商和零售商组成的供应链。首先推导出 MR-S 模型(有直接共享渠道)和 M-S 模型(无直接共享渠道)下最优的零售价格和/或租赁价格。然后确定制造商的最优渠道结构选择。我们发现,当消费者的单次使用效用较高、共享成本较低或同时租赁率较低时,共享渠道对制造商有利。然而,当消费者的单次使用效用超过阈值时,如果制造商从 M-S 模型转向 MR-S 模型,那么零售商的利润将会下降。为了避免这种潜在的渠道冲突,两家公司可以采用适当的销售奖励机制,使双方都能从共享渠道中受益。但是,如果消费者的单次使用效用过高,那么共享渠道会影响供应链利润。因此,对于制造商来说,M-S 模型是最优的渠道结构。

根据分析和得到的结果,我们还有以下见解:第一,当消费者的单次使用效用较高时,均衡租赁价格和零售价格会随着消费者同时租赁率和消费者共享成本的提高而提高。第二,当消费者的单次使用效用较低时,共享渠道的增加不会影响零售商的需求;否则,需求会减少。第三,在建立共享渠道时,如果消费者的效用较高，制造商可以适当提高批发价格，以减少渠道冲突。

在实践中，北京汽车集团、北京首汽集团、梅赛德斯-奔驰汽车公司等多家汽车企业都为消费者提供了直接共享服务。预计未来将有更多的制造商效仿。本章的研究结果不仅可以帮助这些制造商确定建立直接共享渠道的时机，还可以帮助它们制定合适的租赁价格、销售价格及供应链合作伙伴的协调方案。

此外，还有一些值得进一步研究的方面。第一，本章只考虑了单周期的情况。然而，在实践中，租赁价格和零售价格往往是在多时段中动态设置的。第二，本章假设消费者在租赁模式和购买模式之间进行选择。但在现实中，消费者可能会先通过租赁体验产品，然后决定是否购买。这个现象在服装共享行业很常见。因此，共享渠道与零售渠道之间既存在竞争，也存在合作。在这种情况下，两种渠道如何竞争和合作是未来值得研究的方向。第三，本章假设所有消费者的单次使用效用是相同的。而实际上，不同的消费者在这方面的效用可能存在差异。对这种更现实但更复杂的场景进行建模是另一个值得研究的方向。第四，在商业实践中，制造商经常通过多个零售商分销产品。因此，未来还可以考虑将模型从单个零售商扩展到多个零售商。

# 第 2 篇

# 供应链协同与整合

# 第 6 章　价格协同与整合

## 6.1　引言

电子商务的快速发展使得越来越多的实体零售商开始开设线上销售渠道。例如，在中国，苏宁电器于 2005 年开设了苏宁网上商城，国美电器于 2010 年通过控股库巴网将销售渠道从线下拓展至线上。但在现实生活中，双渠道零售商对于同一商品在不同渠道中如何定价仍然存在分歧。2013 年 6 月 8 日，苏宁宣布所有商品在线上和线下渠道采用“同品同价”策略。而国美、沃尔玛等双渠道零售商则认为“同品异价”策略更加合适。这个问题在学术界同样存在着争议，有些学者认为采用统一的价格更为合适（如 Tang 等[86]），而有些学者则认为针对不同的渠道制定不同的价格能够为企业带来更多的收益（如 Kacen 等[20]）。问题就此产生。

双渠道零售商在不同的渠道中应该如何制定销售价格？有哪些因素对价格策略会有较大的影响？为了解决这些问题，本章首先构建了由一个制造商与一个零售商组成的二级供应链，利用博弈理论分别在三种不同的渠道权力结构下研究零售商最优价格决策。其次，在此基础上，对三种情况下的均衡价格与利润进行对比分析。最后，研究生产成本与市场环境因素对零售商价格决策的影响。

## 6.2　文献综述

如何根据两个渠道各自的特点和相互之间的关系制定合理的价格，从而使零售商获得更高的利润？到目前为止，学者在这个问题上的研究依然存在着分歧。有些学者认为不同渠道采用不同价格会给企业带来更多的利润。

其中,一部分学者认为双渠道零售商应该对其线下渠道制定更低的零售价格。Lynch 和 Ariely [87] 与 Shankar 等[88] 通过大量的实证研究发现,线上消费者的平均需求价格弹性比线下消费者的更低。基于此,他们提出,相对于线上渠道的价格,线下渠道应该采用更低的价格,从而有助于企业利润的提升。另一部分学者则认为双渠道零售商应该对其线上渠道制定更低的零售价格。Zettelmever 对双渠道零售商的价格策略进行了理论分析,认为线上渠道应该制定更低的价格[89]。Kacen 等研究了消费者从线上渠道和线下渠道购买同样产品的价值认知,通过大量的实证研究表明,消费者对从线下购买的产品价值更加认同,对于同样的产品消费者愿意为其付出线上价格的108%～122%进行购买[20]。Chu 等通过实证研究发现,由于缺少直观的感知和服务,消费者从线上渠道购买同样的商品产生的效用要低于线下渠道。基于此,他们同样认为线上渠道的销售价格应该制定得更低[90]。

与以上学者的观点不同的是,有些学者认为双渠道零售企业对其线上和线下渠道应该采用相同的价格。Campbell 通过大量实证研究发现,同品异价策略会给消费者带来不公平的感觉,而这种不公平的感觉会削弱消费者的购买意愿,从而导致企业利润下降[91]。Asheraft 通过研究发现,如果双渠道零售商对其不同渠道采用不同的价格会导致消费者感到愤怒和困惑,不利于企业品牌形象的树立[92]。Tang 和 Xing 认为,双渠道零售商对其不同渠道采用相同的价格可以减少不同渠道之间的冲突[86]。Ancarani 和 Shankar 通过实证研究发现,许多双渠道零售商采用同品同价的价格策略,或即使价格不相同,彼此之间的差异也非常小,他们认为同品同价的策略有利于渠道之间的整合[93]。刘洋则提出同种商品线上的价格比线下的价格低会促使很多消费者在线上购买,从而影响线下销售,增加渠道之间的冲突,建议采用统一的定价和折扣模式[94]。此外,Wolk 和 Ebling 提出双渠道零售商应该根据市场特征和产品特征来制定合适的渠道价格策略[95]。汪旭晖和李燕艳提出,零售商应当依据不同渠道目标以及消费者购物心理采取相应的定价策略,避免消费者在渠道间转移[96]。

目前关于线上、线下渠道定价的研究绝大多数集中在制造商双渠道供应链模式,即制造商通过一个实体零售商和自己开设的线上自销渠道分销产品(如 Tsay 和 Agrawal[14],Chen 等[44],许传永等[12])。此外,还有少量文献研究制造商同时通过一个实体零售商和一个线上中间商分销产品的供应链模式(如 Chun 和 Kim[97],Druehl 和 Porteus[98])。

综上,双渠道价格策略的研究多集中在制造商双渠道模式,即制造商既通过传统零售渠道进行销售，同时也通过自建的线上直销渠道进行销售，对于双渠道零售商的价格策略的研究还比较少，并且多为定性分析和实证研究，同时这些研究均未考虑渠道权力结构对价格策略的影响。因此，不同渠道权力结构下，双渠道零售商的价格策略问题仍有待进一步研究。

## 6.3　模型描述及符号说明

在本节中，考虑由一个制造商和一个零售商组成的供应链，零售商同时拥有线上和线下两个渠道，如图 6.1 所示。制造商以成本 $c$ 生产一种产品，并以批发价格 $w$ 供应给零售商，其中 $w>c$。线上和线下渠道的销售价格分别为$p_e$与$p_r$。与 Huang 和 Swaminathan 的研究[99]类似，假设需求是与价格相关的线性函数。线下和线上渠道的需求分别为

$$D_r=(1-\theta)a-b_1p_r+g_1p_e \tag{6.1}$$

$$D_e=\theta a-b_2p_e+g_2p_r \tag{6.2}$$

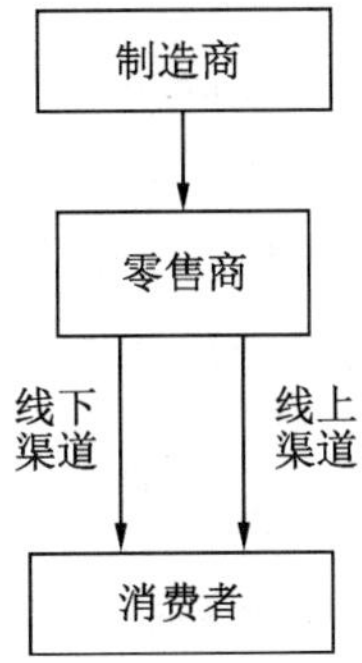


**图 6.1　供应链结构**

式中，$a$ 表示该产品的初始市场需求。$\theta(0\leqslant\theta\leqslant1)$与 $1-\theta$ 分别表示当$p_r$和$p_e$等于零时线上渠道与线下渠道各自所占初始市场需求的份额。此外，$\theta$ 还能表示消费者对线上渠道的接受程度。$\theta$ 的值越大表示消费者越喜欢通过线上渠道进行购买。$b_1$和$b_2$分别表示$D_r$和$D_e$的价格弹性系数。$g_1$和$g_2$分别表示$D_r$和$D_e$的交叉弹性系数。$g_1$和$g_2$越大，表示两个渠道的替代程度越高。一般来说，自身渠道价格对本渠道需求的影响要大于其他渠道价格的影响，故假设 $b_i>g_i$，$i=1,2$。此外，为了保证整体市场需求与价格为负相关，假设 $b_1>g_2$，$b_2>g_1$。

与 Park 和 Keh[7] 的研究类似，在该模型中，制造商决策批发价格 $w$，而零售商则决策线下渠道的边际$m_r$和线上渠道的边际$m_e$。假设消费者的购买成本为零，则可得 $p_r=m_r+w$，$p_e=m_e+w$。为了简化分析过程，与 Raju 和 Roy[100] 的研究相同，假设 $g_1=g_2=g$。因此，零售商与制造商利润函数分别为

$$\begin{aligned}\Pi_R(m_r,m_e)=&m_r[(1-\theta)a-b_1(m_r+w)+g(m_e+w)]+\\&m_e[\theta a-b_2(m_e+w)+g(m_r+w)]\end{aligned} \tag{6.3}$$

$$\Pi_M(w)=(w-c)[a-(b_1-g)(m_r+w)-(b_2-g)(m_e+w)] \tag{6.4}$$

## 6.4 均衡价格分析

在本节中，我们将在三种渠道权力结构下研究零售商价格决策。第一种情况为制造商与零售商有相同的市场地位。在该情况下，制造商与零售商进行的是纳什博弈，即制造商与零售商同时决定其批发价格和边际利润。第二种情况为制造商在市场中处于领导地位，而零售商处于从属地位。在该情况下，制造商与零售商进行的是以制造商为主导的斯塔克尔伯格博弈，即制造商首先决策批发价格，零售商依据制造商决策确定自身的边际利润。第三种情况为零售商在市场中处于领导地位，而制造商处于从属地位。在该情况下，制造商与零售商进行的是以零售商为主导的斯塔克尔伯格博弈，即零售商首先决策边际利润，制造商依据零售商决策确定自身的批发价格。

### 6.4.1 纳什博弈

在本小节中，制造商与零售商以自身利润最大化为目标，同时决策其批发价格和边际利润。为了便于区分，我们用$(\quad)^{N}$表示该情形。零售商与制造商的利润函数分别为

$$\Pi_{R}^{N}(m_{r}^{N},m_{e}^{N})=m_{r}^{N}[(1-\theta)a-b_{1}(m_{r}^{N}+w^{N})+g(m_{e}^{N}+w^{N})]+ m_{e}^{N}[\theta a-b_{2}(m_{e}^{N}+w^{N})+g(m_{r}^{N}+w^{N})] \tag{6.5}$$

$$\Pi_{M}^{N}(w^{N})=(w^{N}-c)[a-(b_{1}-g)(m_{r}^{N}+w^{N})-(b_{2}-g)(m_{e}^{N}+w^{N})] \tag{6.6}$$

接下来对零售商与制造商纳什博弈均衡解的存在性和唯一性进行研究。通过研究可得如下命题：

**命题 6.1** 零售商与制造商之间存在唯一的纳什博弈均衡解$(\hat{w}^{N},\hat{m}_{r}^{N},\hat{m}_{e}^{N})$，见表 6.1。

**表 6.1 纳什博弈均衡解**

| 变量 | 均衡解 |
|---|---|
| 批发价格 | $\hat{w}^{N}=\dfrac{L+2c}{3}$ |
| 线下渠道边际利润 | $\hat{m}_{r}^{N}=\dfrac{6T-L-2c}{6}$ |
| 线上渠道边际利润 | $\hat{m}_{e}^{N}=\dfrac{6U-L-2c}{6}$ |
| 线下渠道价格 | $\hat{P}_{r}^{N}=\dfrac{6T+L+2c}{6}$ |
| 线上渠道价格 | $\hat{P}_{e}^{N}=\dfrac{6U+L+2c}{6}$ |

表 6.1 中，$T=\dfrac{a[b_2-(b_2-g)\theta]}{2(b_1b_2-g^2)}$，$U=\dfrac{a[g-(b_1-g)\theta]}{2(b_1b_2-g^2)}$，$L=\dfrac{a}{b_1+b_2-2g}$。

**证明**　对式(6.5)和式(6.6)分别求关于$w^{N}$，$m_{r}^{N}$和$m_{e}^{N}$的一阶导数，可得

$$\begin{pmatrix}\dfrac{\partial \Pi_{M}^{N}}{\partial w^{N}}\\ \dfrac{\partial \Pi_{R}^{N}}{\partial m_{r}^{N}}\\ \dfrac{\partial \Pi_{R}^{N}}{\partial m_{e}^{N}}\end{pmatrix}=\begin{pmatrix}-2(b_1+b_2-2g) & -(b_1-g) & -(b_2-g)\\ -(b_1-g) & -2b_1 & 2g\\ -(b_2-g) & 2g & -2b_2\end{pmatrix}\begin{pmatrix}w^{N}\\ m_{r}^{N}\\ m_{e}^{N}\end{pmatrix}+\begin{pmatrix}a+c(b_1+b_2-2g)\\ (1-\theta)a\\ \theta a\end{pmatrix} \tag{6.7}$$

对式(6.7)求二阶导数，其行列式为

$$\begin{vmatrix}-2(b_1+b_2-2g) & -(b_1-g) & -(b_2-g)\\ -(b_1-g) & -2b_1 & 2g\\ -(b_2-g) & 2g & -2b_2\end{vmatrix}=-6(b_1+b_2-2g)(b_1b_2-g^2) \tag{6.8}$$

由 Park 和 Keh[7]的研究可知，当式(6.8)小于零时，存在唯一纳什博弈均衡解。

综合上述分析，命题 6.1 得证。

6.4.2　以制造商为主导的斯塔克尔伯格博弈

在本小节中，制造商为领导者，故将首先决策其批发价格；零售商为追随者，故将在制造商决策的基础上确定边际利润。采用逆向归纳法，我们首先需要求出零售商的反应函数。为了便于区分，我们用(　)$^{SM}$表示该情形。此时零售商的利润函数为

$$\begin{aligned}\Pi_{R}^{SM}(m_{r}^{SM},m_{e}^{SM})=&m_{r}^{SM}[(1-\theta)a-b_1(m_{r}^{SM}+w^{SM})+g(m_{e}^{SM}+w^{SM})]+\\ &m_{e}^{SM}[\theta a-b_2(m_{e}^{SM}+w^{SM})+g(m_{r}^{SM}+w^{SM})]\end{aligned} \tag{6.9}$$

对式(6.9)分别求关于$m_{r}^{SM}$和$m_{e}^{SM}$的二阶导数，可得

$$\frac{\partial^2 \Pi_{R}^{SM}(m_{r}^{SM},m_{e}^{SM})}{\partial (m_{r}^{SM})^2}=-2b_1<0 \tag{6.10}$$

$$\frac{\partial^2 \Pi_{R}^{SM}(m_{r}^{SM},m_{e}^{SM})}{\partial m_{r}^{SM}\partial m_{e}^{SM}}=2g \tag{6.11}$$

$$\frac{\partial^2 \Pi_{R}^{SM}(m_{r}^{SM},m_{e}^{SM})}{\partial (m_{e}^{SM})^2}=-2b_2<0 \tag{6.12}$$

$$\frac{\partial^2 \Pi_R^{SM}(m_r^{SM},m_e^{SM})}{\partial m_e^{SM}\partial m_r^{SM}}=2g \tag{6.13}$$

由式(6.10)至式(6.13)可得黑塞矩阵为

$$\boldsymbol{H}(m_r^{SM},m_e^{SM})=\begin{pmatrix} \frac{\partial^2 \Pi_R^{SM}}{\partial (m_r^{SM})^2} & \frac{\partial^2 \Pi_R^{SM}}{\partial m_r^{SM}\partial m_e^{SM}} \\ \frac{\partial^2 \Pi_R^{SM}}{\partial m_e^{SM}\partial m_r^{SM}} & \frac{\partial^2 \Pi_R^{SM}}{\partial (m_e^{SM})^2} \end{pmatrix}=\begin{pmatrix} -2b_1 & 2g \\ 2g & -2b_2 \end{pmatrix} \tag{6.14}$$

由式(6.14)容易证得

$$\begin{aligned}&|H_1(m_r^{SM},m_e^{SM})|=-2b_1<0,|H_2(m_r^{SM},m_e^{SM})|=4b_1b_2-4g^2>0,\\&|H_3(m_r^{SM},m_e^{SM})|=-2b_2<0\end{aligned} \tag{6.15}$$

由式(6.15)可得黑塞矩阵负定。因此,可证得$\Pi_R^{SM}$是关于($m_r^{SM}$,$m_e^{SM}$)的联合凹函数,存在唯一的($m_r^{SM*}$,$m_e^{SM*}$)使得零售商的利润最大。设一阶导数为零,可得零售商的反应函数($m_r^{SM*}$,$m_e^{SM*}$),其中

$$m_r^{SM*}=\frac{a[(1-\theta)b_2+\theta g]-w^{SM}(b_1b_2-g^2)}{2(b_1b_2-g^2)} \tag{6.16}$$

$$m_r^{SM*}=\frac{a[(1-\theta)g+\theta b_1]-w^{SM}(b_1b_2-g^2)}{2(b_1b_2-g^2)} \tag{6.17}$$

将式(6.16)与式(6.17)代入式(6.6)并化简,可得制造商利润函数为

$$\Pi_M^{SM}(w^{SM})=0.5(w^{SM}-c)[a-w^{SM}(b_1+b_2-2g)] \tag{6.18}$$

对式(6.18)分别求关于$w^{SM}$的一阶和二阶导数,可得

$$\frac{\partial \Pi_M^{SM}(w^{SM})}{\partial w^{SM}}=0.5[-(b_1+b_2-2g)(w^{SM}-c)+a-(b_1-g)T-(b_2-g)U] \tag{6.19}$$

$$\frac{\partial^2 \Pi_M^{SM}(w^{SM})}{\partial (w^{SM})^2}=-(b_1+b_2-2g)<0 \tag{6.20}$$

因此,存在唯一的$\hat{w}^{SM}$使得制造商的利润最大,其值为

$$\hat{w}^{SM}=\frac{L+c}{2} \tag{6.21}$$

将式(6.21)代入式(6.16)与式(6.17)可得均衡的边际利润。因此,可得如下命题。

**命题 6.2** 在以制造商为主导的供应链中,零售商与制造商之间存在唯一的斯塔克尔伯格博弈均衡解($\hat{w}^{SM}$,$\hat{m}_r^{SM}$,$\hat{m}_e^{SM}$),见表 6.2。

表 6.2　以制造商为主导的斯塔克尔伯格博弈均衡解

| 变量 | 均衡解 |
|---|---|
| 批发价格 | $\hat{w}^{SM}=\dfrac{L+c}{2}$ |
| 线下渠道边际利润 | $\hat{m}_r^{SM}=\dfrac{4T-L-c}{4}$ |
| 线上渠道边际利润 | $\hat{m}_e^{SM}=\dfrac{4U-L-c}{4}$ |
| 线下渠道价格 | $\hat{p}_r^{SM}=\dfrac{4T+L+c}{4}$ |
| 线上渠道价格 | $\hat{p}_e^{SM}=\dfrac{4U+L+c}{4}$ |

### 6.4.3　以零售商为主导的斯塔克尔伯格博弈

在本小节中，零售商为领导者，故将首先决策其边际利润；制造商为追随者，故将在零售商决策的基础上确定批发价格。采用逆向归纳法，我们首先需要求出制造商的反应函数。为了便于区分，我们用(　)$^{SR}$表示该情形。此时制造商的利润函数为

$$\Pi_M^{SR}(w^{SR})=(w^{SR}-c)[a-(b_1-g)(m_r^{SR}+w^{SR})-(b_2-g)(m_e^{SR}+w^{SR})] \tag{6.22}$$

对式(6.22)分别求关于$w^{SR}$的一阶和二阶导数，可得

$$\frac{\partial\Pi_M^{SR}(w^{SR})}{\partial w^{SR}}=-2(b_1+b_2-2g)w^{SR}-(b_1-g)m_r^{SR}-(b_2-g)m_e^{SR}+a+c(b_1+b_2-2g) \tag{6.23}$$

$$\frac{\partial^2\Pi_M^{SR}(w^{SR})}{\partial(w^{SR})^2}=-2(b_1+b_2-2g)<0 \tag{6.24}$$

设一阶导数为零，可得制造商的反应函数$w^{SR*}$为

$$w^{SR*}=\frac{a-(b_1-g)m_r^{SR}-(b_2-g)m_e^{SR}}{2(b_1+b_2-2g)}+\frac{c}{2} \tag{6.25}$$

根据制造商的反应函数，我们接下来研究零售商的最优价格决策。将式(6.25)代入式(6.5)可得

$$\begin{aligned}\Pi_R^{SR}(m_r,m_e)=&m_r\left\{(1-\theta)a-b_1\left[\frac{L}{2}+(1-H)m_r-Jm_e+\frac{c}{2}\right]\right\}+\\&m_e\left\{\theta a-b_2\left[\frac{L}{2}-Hm_r+(1-J)m_e+\frac{c}{2}\right]\right\}+\\&m_rg\left[\frac{L}{2}-Hm_r+(1-J)m_e+\frac{c}{2}\right]+\\&m_eg\left[\frac{L}{2}+(1-H)m_r-Jm_e+\frac{c}{2}\right]\end{aligned} \tag{6.26}$$

式中，$H=\dfrac{(b_1-g)}{2(b_1+b_2-2g)}$，$J=\dfrac{(b_2-g)}{2(b_1+b_2-2g)}$。

对式(6.26)分别求关于$m_r^{SR}$和$m_e^{SR}$的二阶导数，可得

$$\frac{\partial^2 \Pi_R^{SR}(m_r^{SR},m_e^{SR})}{\partial(m_r^{SR})^2}=-2[b_1(1-H)+gH]<0 \tag{6.27}$$

$$\frac{\partial^2 \Pi_R^{SR}(m_r^{SR},m_e^{SR})}{\partial m_r^{SR}\partial m_e^{SR}}=b_1J+b_2H+g(2-H-J) \tag{6.28}$$

$$\frac{\partial^2 \Pi_R^{SR}(m_r^{SR},m_e^{SR})}{\partial(m_e^{SR})^2}=-2[b_2(1-J)+gJ]<0 \tag{6.29}$$

$$\frac{\partial^2 \Pi_R^{SR}(m_r^{SR},m_e^{SR})}{\partial m_e^{SR}\partial m_r^{SR}}=b_1J+b_2H+g(2-H-J) \tag{6.30}$$

由式(6.27)至式(6.30)可得黑塞矩阵为

$$\boldsymbol{H}(m_r^{SR},m_e^{SR})=\begin{pmatrix}-2[b_1(1-H)+gH] & b_1J+b_2H+g(2-H-J)\\ b_1J+b_2H+g(2-H-J) & -2[b_2(1-J)+gJ]\end{pmatrix} \tag{6.31}$$

由式(6.31)容易证得

$$\begin{aligned}&|H_1(m_r^{SR},m_e^{SR})|=-2[b_1(1-H)+gH]<0,\\&|H_3(m_r^{SR},m_e^{SR})|=-2[b_2(1-J)+gJ]<0,\\&|H_2(m_r^{SR},m_e^{SR})|=\frac{\partial^2\Pi_R^{SR}}{\partial(m_r^{SR})^2}\frac{\partial^2\Pi_R^{SR}}{\partial(m_e^{SR})^2}-\frac{\partial^2\Pi_R^{SR}}{\partial m_e^{SR}\partial m_r^{SR}}\frac{\partial^2\Pi_R^{SR}}{\partial m_r^{SR}\partial m_e^{SR}}>0\end{aligned} \tag{6.32}$$

由式(6.32)可得黑塞矩阵负定。因此，可证得$\Pi_R^{SR}$是关于$(m_r^{SR},m_e^{SR})$的联合凹函数，存在唯一的$(\hat{m}_r^{SR},\hat{m}_e^{SR})$使得零售商的利润最大，其中

$$\hat{m}_r^{SR}=\frac{2T-c}{2} \tag{6.33}$$

$$\hat{m}_e^{SR}=\frac{2U-c}{2} \tag{6.34}$$

将$(\hat{m}_r^{SR},\hat{m}_e^{SR})$的值代入式(6.25)可得均衡的批发价格。因此，可得如下命题。

**命题 6.3** 在以零售商为主导的供应链中，零售商与制造商之间存在唯一的斯塔克尔伯格博弈均衡解$(\hat{w}^{SR},\hat{m}_r^{SR},\hat{m}_e^{SR})$，见表 6.3。

表 6.3　以零售商为主导的斯塔克尔伯格博弈均衡解

| 变量 | 均衡解 |
| --- | --- |
| 批发价格 | $\hat{w}^{SR}=\frac{L+3c}{4}$ |
| 线下渠道边际利润 | $\hat{m}_r^{SR}=\frac{2T-c}{2}$ |
| 线上渠道边际利润 | $\hat{m}_e^{SR}=\frac{2U-c}{2}$ |
| 线下渠道价格 | $\hat{p}_r^{SR}=\frac{4T+L+c}{4}$ |
| 线上渠道价格 | $\hat{p}_e^{SR}=\frac{4U+L+c}{4}$ |

## 6.5　均衡结果对比分析

### 6.5.1　均衡价格对比分析

在本小节中，我们主要将三种渠道权力结构下的均衡价格进行比较分析。首先比较线上和线下渠道的销售价格，由命题 6.1 至命题 6.3 可得如下命题。

**命题 6.4**　$\hat{p}_r^{SR}=\hat{p}_r^{SR}>\hat{p}_r^{N}$，$\hat{p}_e^{SM}=\hat{p}_e^{SR}>\hat{p}_e^{N}$。

一般地，当制造商主导供应链时，制造商更便于利用自身的市场权力使得零售商制定更低的销售价格，从而卖出更多的产品。但从命题 6.4 可知，无论是制造商主导供应链，还是零售商主导供应链，销售价格都是相同的。这说明制造商主导供应链也不会削弱双边际效应。此外，当制造商与零售商拥有均等的市场地位时，二者之间的竞争最激烈。激烈的竞争会导致价格下降，使消费者从中获益。命题 6.4 同样证实了这一点。接下来，我们比较三种渠道权力结构下的批发价格，可得如下命题。

**命题 6.5**　$\hat{w}^{SM}>\hat{w}^{N}>\hat{w}^{SR}$。

由命题 6.5 可知，制造商的市场权力越大，其所制定的批发价格就越高。

### 6.5.2　均衡利润对比分析

在本小节中，我们主要将三种渠道权力结构下的均衡利润进行比较分析。首先比较整体供应链利润。由式(6.3)和式(6.4)可得供应链利润函数为

$$\Pi_{MR}(p_r,p_e)=(p_r-c)[(1-\theta)a-b_1p_r+gp_e]+(p_e-c)[\theta a-b_2p_e+gp_r] \quad (6.35)$$

分别将($\hat{p}_r^N,\hat{p}_e^N$),($\hat{p}_r^{SM},\hat{p}_e^{SM}$)和($\hat{p}_r^{SR},\hat{p}_e^{SR}$)代入式(6.35),通过比较可得如下命题:

**命题 6.6** $\hat{\Pi}_{MR}^N>\hat{\Pi}_{MR}^{SM}=\hat{\Pi}_{MR}^{SR}$。

**证明** 因为$\hat{p}_r^{SM}=\hat{p}_r^{SR},\hat{p}_e^{SM}=\hat{p}_e^{SR}$,所以$\hat{\Pi}_{MR}^{SM}=\hat{\Pi}_{MR}^{SR}$。

接下来比较$\hat{\Pi}_{MR}^{SR}$与$\hat{\Pi}_{MR}^N$:

$$\begin{aligned}\hat{\Pi}_{MR}^{SR}-\hat{\Pi}_{MR}^N=&\frac{L-c}{12}\left[a-(b_1-g)\left(T+\frac{L}{6}+\frac{c}{3}\right)-(b_2-g)\left(U+\frac{L}{6}+\frac{c}{3}\right)\right]-\\&(b_1-g)\left(T+\frac{L}{4}-\frac{3c}{4}\right)\frac{L-c}{12}-(b_2-g)\left(U+\frac{L}{4}-\frac{3c}{4}\right)\frac{L}{12}\\=&\frac{L-c}{12}\left\{a-(b_1-g)\left[2T+\frac{5(L-c)}{12}\right]\right\}\\=&-\frac{5}{144}(b_1+b_2-2g)(L-c)^2<0\end{aligned}\tag{6.36}$$

由式(6.36)可得,$\hat{\Pi}_{MR}^{SR}<\hat{\Pi}_{MR}^N$。

综合上述分析,命题 6.6 得证明。

由命题 6.6 可知,当供应链中不存在核心企业时,整个供应链将会获得更多的利润。这主要是因为制造商与零售商之间激烈的竞争削弱了双边际效应。接下来比较三种渠道权力结构下制造商与零售商的利润。分别将($\hat{p}_r^N$,$\hat{p}_e^N$),($\hat{p}_r^{SM},\hat{p}_e^{SM}$)和($\hat{p}_r^{SR},\hat{p}_e^{SR}$)代入式(6.3),将$\hat{w}^N$,$\hat{w}^{SM}$和$\hat{w}^{SR}$代入式(6.4),通过比较可得如下命题。

**命题 6.7** $\hat{\Pi}_M^{SM}>\hat{\Pi}_M^N>\hat{\Pi}_M^{SR}$,$\hat{\Pi}_R^{SR}>\hat{\Pi}_R^N>\hat{\Pi}_R^{SM}$。

**证明** 首先比较三种渠道权力结构下制造商的利润。

$$\begin{aligned}\hat{\Pi}_M^{SM}&=\frac{L-c}{2}\left[\frac{a}{2}-(b_1+b_2-2g)\frac{L+c}{4}\right]\\&=\frac{L-c}{8}[a-(b_1+b_2-2g)c]\end{aligned}\tag{6.37}$$

$$\begin{aligned}\hat{\Pi}_M^{SR}&=\frac{L-c}{4}\left[\frac{a}{2}-(b_1+b_2-2g)\frac{L+c}{4}\right]\\&=\frac{L-c}{16}[a-(b_1+b_2-2g)c]\end{aligned}\tag{6.38}$$

$$\begin{aligned}\hat{\Pi}_M^N&=\frac{L-c}{3}\left[\frac{a}{2}-(b_1+b_2-2g)\frac{L+c}{6}\right]\\&=\frac{L-c}{9}[a-(b_1+b_2-2g)c]\end{aligned}\tag{6.39}$$

因为 $w>c$，所以可得 $L>c$。由此易证得 $\hat{\Pi}_{M}^{SM}>\hat{\Pi}_{M}^{N}>\hat{\Pi}_{M}^{SR}$。接下来比较零售商的利润。因为 $\hat{\Pi}_{MR}^{SM}=\hat{\Pi}_{MR}^{SR}$，$\hat{\Pi}_{M}^{SM}>\hat{\Pi}_{M}^{SR}$，所以可得 $\hat{\Pi}_{R}^{SR}>\hat{\Pi}_{R}^{SM}$。又因为 $\hat{\Pi}_{MR}^{N}=\hat{\Pi}_{MR}^{SM}$ 和 $\hat{\Pi}_{M}^{SM}>\hat{\Pi}_{M}^{N}$，所以可得 $\hat{\Pi}_{R}^{N}>\hat{\Pi}_{R}^{SM}$。由此，我们发现很难直接判断 $\hat{\Pi}_{R}^{SR}$ 与 $\hat{\Pi}_{R}^{N}$ 的大小。故将采用其他方法来比较 $\hat{\Pi}_{R}^{SR}$ 与 $\hat{\Pi}_{R}^{N}$，具体方法如下：

$$\hat{\Pi}_{MR}^{SR}-\hat{\Pi}_{MR}^{N}=-\frac{5(L-c)}{144}[a-(b_1+b_2-2g)c] \tag{6.40}$$

$$\hat{\Pi}_{M}^{SR}-\hat{\Pi}_{M}^{N}=-\frac{7(L-c)}{144}[a-(b_1+b_2-2g)c] \tag{6.41}$$

将式(6.40)减去式(6.41)可得

$$\begin{aligned}\hat{\Pi}_{R}^{SR}-\hat{\Pi}_{R}^{N}&=(\hat{\Pi}_{MR}^{SR}-\hat{\Pi}_{M}^{SR})-(\hat{\Pi}_{MR}^{N}-\hat{\Pi}_{M}^{N})\\&=\left(-\frac{5}{144}+\frac{7}{144}\right)(L-c)[a-(b_1+b_2-2g)c]\\&=\frac{2(L-c)}{144}[a-(b_1+b_2-2g)c]>0\end{aligned} \tag{6.42}$$

由式(6.42)可得，$\hat{\Pi}_{R}^{SR}>\hat{\Pi}_{R}^{N}$。

综合上述分析，命题6.7得证。

从零售商主导到制造商主导，零售商的市场权力在逐渐减小，而制造商的市场权力在逐渐增大。一般地，权力越大获得的利润越多。命题6.7同样证实了这一点。

## 6.6 敏感性分析

### 6.6.1 系统参数对价格的影响

本小节主要分析系统参数($\theta,c,b_i,a,g$)对销售价格和批发价格的影响。首先对销售价格的敏感性进行分析，见表6.4。

**表6.4 系统参数($\theta,c,b_i,a,g$)对销售价格的影响**

| 参数 | $\hat{p}_r^N,\hat{p}_e^N$ | $\hat{p}_r^{SM},\hat{p}_e^{SM}$ | $\hat{p}_r^{SR},\hat{p}_e^{SR}$ |
|---|---|---|---|
| $\theta$ | $\frac{\partial \hat{p}_r^N}{\partial\theta}=\frac{-(b_2-g)a}{2(b_1b_2-g^2)}<0$<br>$\frac{\partial \hat{p}_e^N}{\partial\theta}=\frac{(b_1-g)a}{2(b_1b_2-g^2)}>0$ | $\frac{\partial \hat{p}_r^{SM}}{\partial\theta}=\frac{-(b_2-g)a}{2(b_1b_2-g^2)}<0$<br>$\frac{\partial \hat{p}_e^{SM}}{\partial\theta}=\frac{(b_1-g)a}{2(b_1b_2-g^2)}>0$ | $\frac{\partial \hat{p}_r^{SR}}{\partial\theta}=\frac{-(b_2-g)a}{2(b_1b_2-g^2)}<0$<br>$\frac{\partial \hat{p}_e^{SR}}{\partial\theta}=\frac{(b_1-g)a}{2(b_1b_2-g^2)}>0$ |

续表

| 参数 | $\hat{p}_r^N,\hat{p}_e^N$ | $\hat{p}_r^{SM},\hat{p}_e^{SM}$ | $\hat{p}_r^{SR},\hat{p}_e^{SR}$ |
|---|---|---|---|
| $c$ | $\frac{\partial\hat{p}_r^N}{\partial c}=\frac{1}{3}$<br>$\frac{\partial\hat{p}_e^N}{\partial c}=\frac{1}{3}$ | $\frac{\partial\hat{p}_r^{SM}}{\partial c}=\frac{1}{4}$<br>$\frac{\partial\hat{p}_e^{SM}}{\partial c}=\frac{1}{4}$ | $\frac{\partial\hat{p}_r^{SR}}{\partial c}=\frac{1}{4}$<br>$\frac{\partial\hat{p}_e^{SR}}{\partial c}=\frac{1}{4}$ |
| $b_1$ | $\frac{\partial\hat{p}_r^N}{\partial b_1}=\frac{-Tb_2}{b_1b_2-g^2}-\frac{L^2}{6a}<0$<br>$\frac{\partial\hat{p}_e^N}{\partial b_1}=\frac{\theta a-2Ub_2}{2(b_1b_2-g^2)}-\frac{L^2}{6a}<0$ | $\frac{\partial\hat{p}_r^{SM}}{\partial b_1}=\frac{-Tb_2}{b_1b_2-g^2}-\frac{L^2}{4a}<0$<br>$\frac{\partial\hat{p}_e^{SM}}{\partial b_1}=\frac{\theta a-2Ub_2}{2(b_1b_2-g^2)}-\frac{L^2}{4a}<0$ | $\frac{\partial\hat{p}_r^{SR}}{\partial b_1}=\frac{-Tb_2}{b_1b_2-g^2}-\frac{L^2}{4a}<0$<br>$\frac{\partial\hat{p}_e^{SR}}{\partial b_1}=\frac{\theta a-2Ub_2}{2(b_1b_2-g^2)}-\frac{L^2}{4a}<0$ |
| $b_2$ | $\frac{\partial\hat{p}_r^N}{\partial b_2}=\frac{(1-\theta)a-2Tb_1}{2(b_1b_2-g^2)}-\frac{L^2}{6a}<0$<br>$\frac{\partial\hat{p}_e^N}{\partial b_2}=\frac{-Ub_1}{b_1b_2-g^2}-\frac{L^2}{6a}<0$ | $\frac{\partial\hat{p}_r^{SM}}{\partial b_2}=\frac{(1-\theta)a-2Tb_1}{2(b_1b_2-g^2)}-\frac{L^2}{4a}<0$<br>$\frac{\partial\hat{p}_e^{SM}}{\partial b_2}=\frac{-Ub_1}{b_1b_2-g^2}-\frac{L^2}{4a}<0$ | $\frac{\partial\hat{p}_r^{SR}}{\partial b_2}=\frac{(1-\theta)a-2Tb_1}{2(b_1b_2-g^2)}-\frac{L^2}{4a}<0$<br>$\frac{\partial\hat{p}_e^{SR}}{\partial b_2}=\frac{-Ub_1}{b_1b_2-g^2}-\frac{L^2}{4a}<0$ |
| $a$ | $\frac{\partial\hat{p}_r^N}{\partial a}=\frac{6T+L}{6a}>0$<br>$\frac{\partial\hat{p}_e^N}{\partial a}=\frac{6U+L}{6a}>0$ | $\frac{\partial\hat{p}_r^{SM}}{\partial a}=\frac{4T+L}{4a}>0$<br>$\frac{\partial\hat{p}_e^{SM}}{\partial a}=\frac{4U+L}{4a}>0$ | $\frac{\partial\hat{p}_r^{SR}}{\partial a}=\frac{4T+L}{4a}>0$<br>$\frac{\partial\hat{p}_e^{SR}}{\partial a}=\frac{4U+L}{4a}>0$ |
| $g$ | $\frac{\partial\hat{p}_r^N}{\partial g}=\frac{\theta a+4gT}{2(b_1b_2-g^2)}+\frac{L^2}{3a}>0$<br>$\frac{\partial\hat{p}_e^N}{\partial g}=\frac{(1-\theta)a+4gU}{2(b_1b_2-g^2)}+\frac{L^2}{3a}>0$ | $\frac{\partial\hat{p}_r^{SM}}{\partial g}=\frac{\theta a+4gT}{2(b_1b_2-g^2)}+\frac{L^2}{2a}>0$<br>$\frac{\partial\hat{p}_e^{SM}}{\partial g}=\frac{(1-\theta)a+4gU}{2(b_1b_2-g^2)}+\frac{L^2}{2a}>0$ | $\frac{\partial\hat{p}_r^{SR}}{\partial g}=\frac{\theta a+4gT}{2(b_1b_2-g^2)}+\frac{L^2}{2a}>0$<br>$\frac{\partial\hat{p}_e^{SR}}{\partial g}=\frac{(1-\theta)a+4gU}{2(b_1b_2-g^2)}+\frac{L^2}{3a}>0$ |

由表 6.4 可知，参数($c,b_i,a,g$)对线上与线下销售价格的影响是同方向的，而参数 $\theta$ 对线上与线下销售价格的影响是反方向的，即随着 $\theta$ 的增大，线上销售价格上升而线下销售价格却下降。如今，线上零售业呈爆炸性增长，同时其占零售总额的比例也在迅速增加。由此可知，消费者对线上渠道的接受程度 $\theta$ 也在快速增长，所以我们可以预测线上渠道价格会进一步上升，而线下渠道价格则会逐步降低。

基于以上分析可知，$\theta$ 对双渠道零售商的价格策略影响大于其他参数。接下来研究 $\theta$ 对价格战略的影响，可得如下命题。

**命题 6.8** 在三种不同渠道权力结构下，存在唯一的阈值 $\bar{\theta}=\frac{b_2-g}{b_1+b_2-2g}$，使得线上价格与线下价格满足如下关系：

① 当 $\theta<\bar{\theta}$ 时，$\hat{p}_r^{SM}>\hat{p}_e^{SM}$，$\hat{p}_r^{SR}>\hat{p}_e^{SR}$，$\hat{p}_r^N>\hat{p}_e^N$；

② 当 $\theta=\bar{\theta}$ 时，$\hat{p}_r^{SM}=\hat{p}_e^{SM}$，$\hat{p}_r^{SR}=\hat{p}_e^{SR}$，$\hat{p}_r^N=\hat{p}_e^N$；

③ 当 $\theta>\bar{\theta}$ 时，$\hat{p}_r^{SM}<\hat{p}_e^{SM}$，$\hat{p}_r^{SR}<\hat{p}_e^{SR}$，$\hat{p}_r^N<\hat{p}_e^N$。

**证明**　令$\hat{p}_{\mathrm{r}}^{\mathrm{SM}}=\hat{p}_{\mathrm{e}}^{\mathrm{SM}}$，$\hat{p}_{\mathrm{r}}^{\mathrm{SR}}=\hat{p}_{\mathrm{e}}^{\mathrm{SR}}$和$\hat{p}_{\mathrm{r}}^{\mathrm{N}}=\hat{p}_{\mathrm{e}}^{\mathrm{N}}$，可得在三种渠道权力结构下存在唯一相同的阈值$\bar{\theta}=\dfrac{b_2-g}{b_1+b_2-2g}$。命题 6.8 得证。

由命题 6.8，我们可以得到一些有用的管理启示。首先，渠道权力结构不会影响渠道价格策略。这对于拥有较多供应商的零售商（如沃尔玛）来说尤为有用。因为这些供应商规模都不一样，所以与零售商相比拥有不同的渠道权力。而从命题 6.8 可知，零售商在制定价格策略时无须考虑这些复杂的权力结构。其次，当$\theta<\bar{\theta}$时，零售商应该采用“同品异价”策略，并使线下渠道价格大于线上渠道；当$\theta=\bar{\theta}$时，零售商应该采用“同品同价”策略；当$\theta>\bar{\theta}$时，零售商应该采用“同品异价”策略，并使线下渠道价格小于线上渠道。最后，产品种类、网络环境、地理位置等因素都会影响消费者对线上渠道的接受程度$\theta$，故零售商，特别是多产品零售商应该根据实际情况来采用合适的价格策略。因此，苏宁电器对所有产品都采用“同品同价”策略是不合适的。此外，我们发现渠道价格策略不仅受到参数$\theta$的影响，同时还受到参数$b_i$和$g$的影响。接下来分析其他参数对双渠道价格的影响，可得如下推论。

**推论 6.1**　在同一种渠道权力结构下，参数$c$对线上与线下价格的影响是相同的；参数$b_1$对线下价格的影响要大于线上价格，参数$b_2$则与之相反。

推论 6.1 的前半部分表明，当制造商的生产成本上升时，零售商应该等量提高两个渠道的价格。推论 6.1 的后半部分表明，当$b_1$（$b_2$）增加时，零售商应该降低两个渠道的价格，但线下渠道降低的幅度要大于（小于）线上渠道。

我们进一步分析渠道权力结构对其他参数敏感性分析的影响。由表 6.4 可知，如果供应链中存在一个核心企业，无论是制造商还是零售商，系统参数对价格的影响是相同的。接下来，我们对比有核心企业存在的供应链与无核心企业存在的供应链，得到如下推论。

**推论 6.2**　如果供应链中存在核心企业，那么参数$b_i$，$a$，$g$对两个渠道的价格的影响要大于无核心企业存在的供应链。对于参数$c$，结论与以上描述相反。

推论 6.2 表明，在有核心企业存在的供应链中，销售价格对参数$b_i$，$a$，$g$的变动更加敏感，而对参数$c$的变动敏感性较差。接下来，我们分析系统参数（$\theta$，$c$，$b_i$，$a$，$g$）对批发价格的影响，见表 6.5。

表 6.5　系统参数($\theta, c, b_i, a, g$)对批发价格的影响

| 参数 | $\hat{w}^{N}$ | $\hat{w}^{SM}$ | $\hat{w}^{SR}$ |
|---|---|---|---|
| $\theta$ | $\frac{\partial \hat{w}^{N}}{\partial \theta}=0$ | $\frac{\partial \hat{w}^{SM}}{\partial \theta}=0$ | $\frac{\partial \hat{w}^{SR}}{\partial \theta}=0$ |
| $c$ | $\frac{\partial \hat{w}^{N}}{\partial c}=\frac{2}{3}$ | $\frac{\partial \hat{w}^{SM}}{\partial c}=\frac{1}{2}$ | $\frac{\partial \hat{w}^{SR}}{\partial c}=\frac{3}{4}$ |
| $b_1$ | $\frac{\partial \hat{w}^{N}}{\partial b_1}=-\frac{L^2}{3a}<0$ | $\frac{\partial \hat{w}^{SM}}{\partial b_1}=-\frac{L^2}{2a}<0$ | $\frac{\partial \hat{w}^{SR}}{\partial b_1}=-\frac{L^2}{4a}<0$ |
| $b_2$ | $\frac{\partial \hat{w}^{N}}{\partial b_2}=-\frac{L^2}{3a}<0$ | $\frac{\partial \hat{w}^{SM}}{\partial b_2}=-\frac{L^2}{2a}<0$ | $\frac{\partial \hat{w}^{SR}}{\partial b_2}=-\frac{L^2}{4a}<0$ |
| $a$ | $\frac{\partial \hat{w}^{N}}{\partial a}=\frac{L}{3a}>0$ | $\frac{\partial \hat{w}^{SM}}{\partial a}=\frac{L}{2a}>0$ | $\frac{\partial \hat{w}^{SR}}{\partial a}=\frac{L}{4a}>0$ |
| $g$ | $\frac{\partial \hat{w}^{N}}{\partial g}=\frac{2gL^2}{3a}>0$ | $\frac{\partial \hat{w}^{SM}}{\partial g}=\frac{gL^2}{a}>0$ | $\frac{\partial \hat{w}^{SR}}{\partial g}=\frac{gL^2}{2a}>0$ |

由表 6.5 可知,在任何一种渠道权力结构下的批发价格都不受参数 $\theta$ 的影响。这表明制造商在制定批发价格时无须关注 $\theta$ 的变动。再分析在三种渠道权力结构下其他参数对批发价格的影响,可得如下推论。

**推论 6.3**　制造商拥有的权力越大,参数 $b_i, a, g$ 对批发价格的影响就越大。对于参数 $c$,结论与以上描述相反。

推论 6.3 表明,渠道权力较大的制造商应该更加关注市场环境的变化,而渠道权力较小的制造商则更应该关注自身生产成本的变化。

6.6.2　系统参数对利润的影响

本小节主要分析参数 $c, a$ 对利润的影响。其他参数对利润的影响很难直观地分析,因此将会在下一节通过数值仿真的方法进行研究。参数 $c, a$ 对利润的影响见表 6.6。

表 6.6　参数 $c, a$ 对利润的影响

| 参数 | $\hat{\Pi}_R^{N}, \hat{\Pi}_M^{N}, \hat{\Pi}_{MR}^{N}$ | $\hat{\Pi}_R^{SM}, \hat{\Pi}_M^{SM}, \hat{\Pi}_{MR}^{SM}$ | $\hat{\Pi}_R^{SR}, \hat{\Pi}_M^{SR}, \hat{\Pi}_{MR}^{SR}$ |
|---|---|---|---|
| $c$ | $\frac{\partial \hat{\Pi}_R^{N}}{\partial c}=-\frac{2a(L-c)}{9L}<0$<br>$\frac{\partial \hat{\Pi}_M^{N}}{\partial c}=-\frac{2a(L-c)}{9L}<0$<br>$\frac{\partial \hat{\Pi}_{MR}^{N}}{\partial c}=-\frac{4a(L-c)}{9L}<0$ | $\frac{\partial \hat{\Pi}_R^{SM}}{\partial c}=-\frac{a(L-c)}{8L}<0$<br>$\frac{\partial \hat{\Pi}_M^{SM}}{\partial c}=-\frac{a(L-c)}{4L}<0$<br>$\frac{\partial \hat{\Pi}_{MR}^{SM}}{\partial c}=-\frac{3a(L-c)}{8L}<0$ | $\frac{\partial \hat{\Pi}_R^{SR}}{\partial c}=-\frac{a(L-c)}{4L}<0$<br>$\frac{\partial \hat{\Pi}_M^{SR}}{\partial c}=-\frac{3a(L-c)}{16L}<0$<br>$\frac{\partial \hat{\Pi}_{MR}^{SR}}{\partial c}=-\frac{7a(L-c)}{16L}<0$ |

续表

| 参数 | $\hat{\Pi}_R^N,\hat{\Pi}_M^N,\hat{\Pi}_{MR}^N$ | $\hat{\Pi}_R^{SM},\hat{\Pi}_M^{SM},\hat{\Pi}_{MR}^{SM}$ | $\hat{\Pi}_R^{SR},\hat{\Pi}_M^{SR},\hat{\Pi}_{MR}^{SR}$ |
|---|---|---|---|
| $a$ | $\frac{\partial \hat{\Pi}_R^N}{\partial a}=\frac{18[T(1-\theta)+U\theta]-4c-5L}{18}>0$<br>$\frac{\partial \hat{\Pi}_M^N}{\partial a}=\frac{2(L-c)}{9}>0$<br>$\frac{\partial \hat{\Pi}_{MR}^N}{\partial a}=\frac{18[T(1-\theta)+U\theta]-8c-L}{18}>0$ | $\frac{\partial \hat{\Pi}_R^{SM}}{\partial a}=\frac{8[T(1-\theta)+U\theta]-c-3L}{8}>0$<br>$\frac{\partial \hat{\Pi}_M^N}{\partial a}=\frac{L-c}{4}>0$<br>$\frac{\partial \hat{\Pi}_{MR}^{SM}}{\partial a}=\frac{8[T(1-\theta)+U\theta]-3c-L}{8}>0$ | $\frac{\partial \hat{\Pi}_R^{SR}}{\partial a}=\frac{18[T(1-\theta)+U\theta]-2c-2L}{18}>0$<br>$\frac{\partial \hat{\Pi}_M^N}{\partial a}=\frac{L-c}{8}>0$<br>$\frac{\partial \hat{\Pi}_{MR}^{SR}}{\partial a}=\frac{8[T(1-\theta)+U\theta]-3c-L}{8}>0$ |

由表 6.6 可知，在任何一种渠道权力结构下所有成员及供应链利润都随着参数 $c$ 的降低而增加，随着参数 $a$ 的降低而减少。

接下来比较不同权力结构下参数 $c$，$a$ 对利润的影响，可得如下推论。

**推论 6.4**　零售商拥有的权力越大，参数 $c$，$a$ 对零售商利润的影响就越大；制造商拥有的权力越大，参数 $c$，$a$ 对制造商利润的影响就越大。

由推论 6.4 可知，零售商应该尽量帮助制造商降低生产成本，而制造商也应该帮助零售商扩大市场占有率，特别是对于渠道权力较大的零售商和制造商。因为零售商和制造商的权力越大，将会从中获利越多。

在不存在核心企业的供应链中，推论 6.5 中的参数 $c$ 对供应链利润的影响要大于有核心企业存在的供应链；在以制造商为主导的供应链中，$c$ 对供应链利润的影响要小于以零售商为主导的供应链。

推论 6.5 表明，核心企业的存在能够有效地降低生产成本变动对供应链利润的影响，而以制造商为主导的供应链的结构能够最有效地降低该影响。

## 6.7　数值算例

本节主要研究参数 $\theta$，$b_i$，$g$ 对利润的影响。参数的基础值如下：$a=400$，$b_1=10$，$b_2=12$，$g=3$，$\theta=0.4$，$c=4$。

### 6.7.1　参数 $\theta$ 对利润的影响

本小节主要分析参数 $\theta$ 对利润的影响。由图 6.2a 可知，当 $\theta$ 低于一个阈值（$\theta=0.6$）时，零售商的利润随着 $\theta$ 的增加而降低。当 $\theta$ 超过这个阈值时，零售商的利润随着 $\theta$ 的增加而增加。当 $\theta$ 低于这个阈值时，零售商应该更加关注线下渠道，通过提供更优质的服务、更好的购物环境等方法提高消费者对线下渠道的接受程度$(1-\theta)$。相反，当$\theta$超过这个阈值时，零售商应该着力提升消费者对线上渠道的接受程度$\theta$，如提供更加快捷、安全的寄送服务。由图6.2b可知，制造商的利润与$\theta$无关。这表明制造商无须关注消费者对于线下、线上渠道的态度。由图6.2c可知，供应链的利润随$\theta$的变化与零售商利润随$\theta$的变化一致。

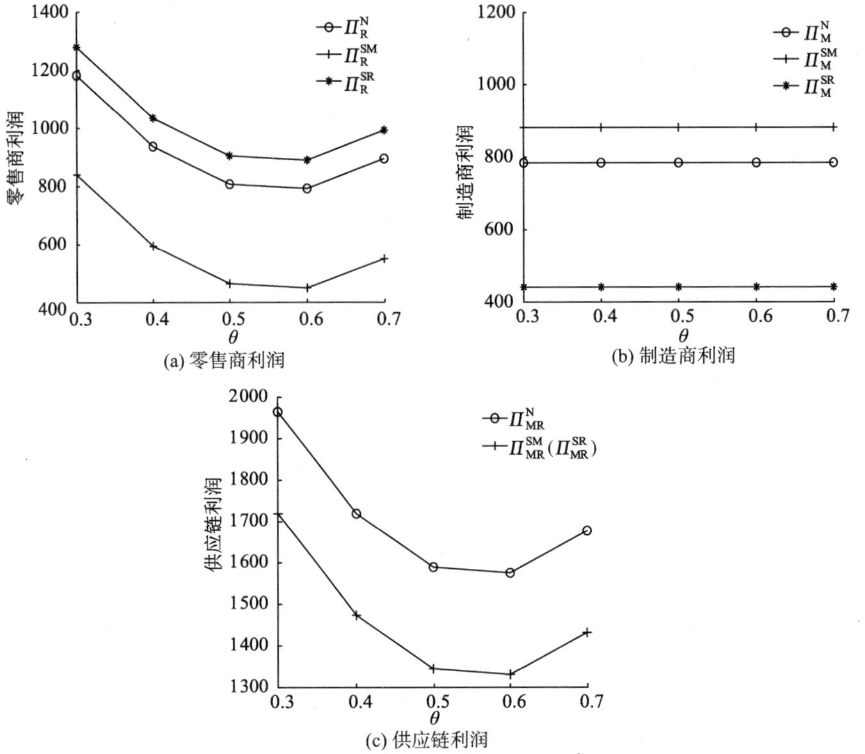

(a) 零售商利润　(b) 制造商利润　(c) 供应链利润

**图6.2　参数$\theta$对利润的影响**

### 6.7.2　参数$b_i$对利润的影响

因为参数$b_1$和$b_2$对利润的影响相似，所以本小节中我们主要分析参数$b_2$对利润的影响。由图6.3a可知，在每种渠道权力结构下都存在一个阈值。对于任意一种渠道权力结构，当$b_2$小于对应的阈值时，零售商的利润会随着$b_2$的增加而降低。当$b_2$大于对应的阈值时，零售商的利润会随着$b_2$的增加而增加。但每种渠道权力结构下的阈值是不一致的。在这个算例中，当制造商与零售商拥有相同的渠道权力时，阈值$\bar{b}_2^N=15$。在以零售商为主导的供应链当中，阈值$\bar{b}_2^{SR}=20$。在以制造商为主导的供应链当中，阈值$\bar{b}_2^{SM}=10$。由此可得，

$\bar{b}_2^{SM} < \bar{b}_2^{N} < \bar{b}_2^{SR}$。$b_2$越大意味着线上渠道的市场竞争越激烈。直观上来说，零售商的利润会随着线上渠道竞争的加剧而降低。但由图 6.3a 可知，当线上渠道的市场竞争非常激烈时，零售商的利润是随着线上渠道竞争的加剧而增加的。此结果与直观的认识不一致。由表 6.5 可知，批发价格随$b_2$的增加而减少。同时，线下渠道市场的竞争强度($b_1$)没有发生改变，故线下渠道会从$b_2$的增加中获益。当线上渠道的市场竞争非常激烈时，线下渠道利润的增加可能会大于线上渠道利润的损失。这是零售商利润随着线上渠道竞争的加剧而增加的主要原因。由表 6.5 可得，$\left|\frac{\partial \hat{w}^{SR}}{\partial b_2}\right| < \left|\frac{\partial \hat{w}^{N}}{\partial b_2}\right| < \left|\frac{\partial \hat{w}^{SM}}{\partial b_2}\right|$，这与$\bar{b}_2^{SM} < \bar{b}_2^{N} < \bar{b}_2^{SR}$的结论也是一致的。综上可知，零售商可能会从线上或线下市场的竞争加剧中获益。由图 6.3b 可知，制造商的利润随着$b_2$的增加而降低，而且权力越大的制造商利润降低的幅度就越大。这表明制造商，特别是渠道权力大的制造商需要帮助零售商提高竞争力。由图 6.3c 可知，供应链的利润随着$b_2$的增加而降低，这与直观认识是一致的。

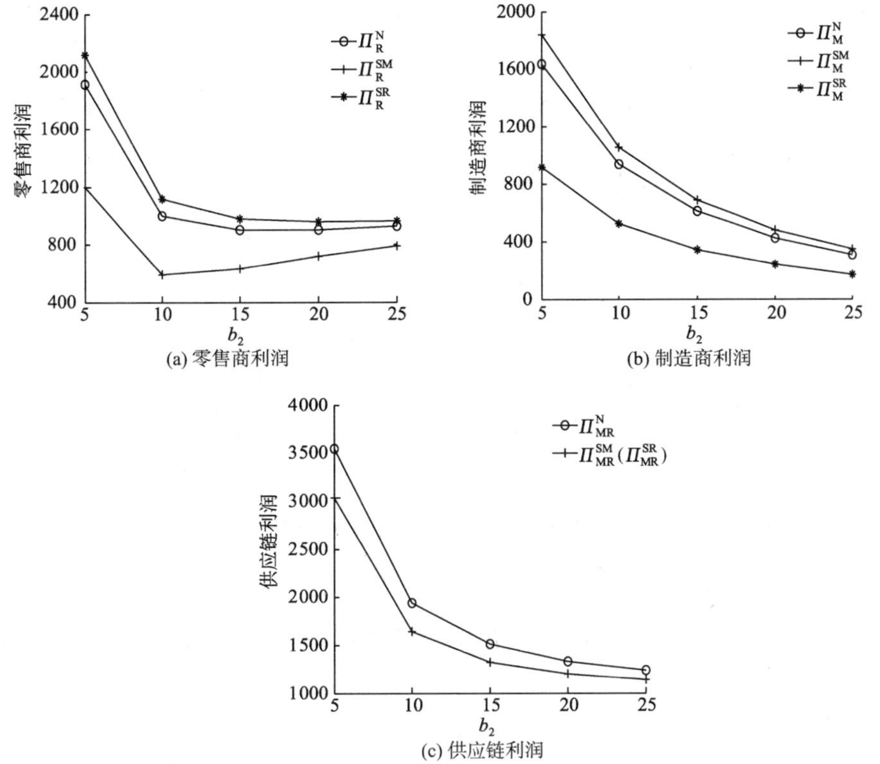


**图 6.3　参数 $b_2$ 对利润的影响**

### 6.7.3 参数 $g$ 对利润的影响

本小节主要分析参数 $g$ 对于利润的影响。由图 6.4 可知,零售商、制造商和供应链的利润都随着 $g$ 的增加而增加。这是因为线上和线下渠道都是属于零售商的,较大的 $g$ 意味着较少的消费者流失。$g$ 表示线上和线下两个市场的竞争状况。较大的 $g$ 意味着线上和线下两个市场的竞争程度较低。一般来说,在竞争程度较低的环境中,企业能够获得更多的利润,图 6.4与此直观认识一致。

此外,由图 6.2 至图 6.4 可得,$\hat{\Pi}_{R}^{SR}>\hat{\Pi}_{R}^{N}>\hat{\Pi}_{R}^{SM}$,$\hat{\Pi}_{M}^{SM}>\hat{\Pi}_{M}^{N}>\hat{\Pi}_{M}^{SR}$ 和 $\hat{\Pi}_{MR}^{N}>\hat{\Pi}_{MR}^{SM}=\hat{\Pi}_{MR}^{SR}$,这与命题 6.6 和命题 6.7 的结论一致。

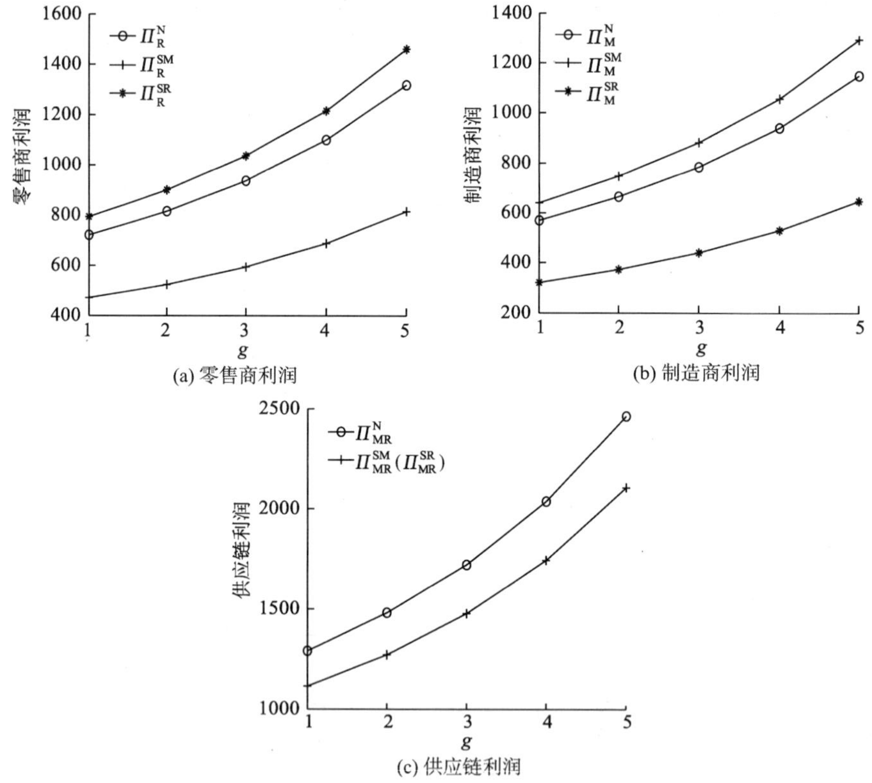


**图 6.4 参数 $g$ 对利润的影响**

## 6.8　本章小结

本章主要在三种不同渠道权力结构下研究了双渠道零售商的定价问题。通过比较不同渠道权力结构下的均衡销售价格和批发价格，我们得到了一些结论。其一，如果供应链中存在核心企业，无论核心企业是制造商还是零售商，市场销售价格都是相同的。其二，当制造商与零售商拥有相同的渠道权力时，市场销售价格最低，并且整体供应链利润最多。其三，制造商渠道权力越大，其制定的批发价格就越高，获得的利润就越多。

进一步分析系统参数对价格和利润的影响，可以得到一些管理启示。其一，零售商应该随时关注消费者对线上渠道接受程度的变化，比照阈值及时调整自己的渠道价格策略。其二，当消费者对线上渠道接受程度较低时，零售商可以通过进一步提升消费者对线下渠道的接受程度来获得更多利润；相反，当消费者对线上渠道接受程度较高时，零售商应着力提升消费者对线上渠道的接受程度。其三，渠道权力较大的零售商应该尽量帮助制造商降低生产成本，同样，渠道权力较大的制造商也应该帮助零售商拓展市场、提升竞争力。

# 第 7 章　“同品同价”环境下销售策略的协同与整合

## 7.1　引言

随着电子商务的发展，亚马逊、天猫、eToys、eBay 等许多纯电子零售商的需求和销售额都呈指数级增长。例如，在 2022 年天猫“双十一”购物节中，总交易额高达 5 571 亿元，同比增长约 8.45%。面对来自网络零售商的压力，越来越多的实体零售商开始在现有线下渠道的基础上发展线上渠道。然而，与纯电商相比，双渠道零售商在电子商务市场仍处于弱势地位。例如，在中国，2021 年双渠道零售商在 B2C 电子商务市场份额中的占比不足 3%；而在美国，仅亚马逊就占了 2021 年 B2C 电子商务市场份额的 40%。

面对来自纯电商的竞争压力，很多双渠道零售商尝试了一些渠道协同策略，以最大限度地发挥双渠道的优势。在渠道协同战略中，消费者可以从双渠道零售商线上和线下渠道的合作中获益。沃尔玛、西尔斯、苏宁电器、优衣库、电路城、7－11、Alliance Boots、REI 等双渠道零售商广泛采用“线上预订，店内提货”（preorder-online pickup-in-store，POPU）的策略。在 POPU 模式下，购买流程如下：首先，顾客通过双渠道零售商的线上渠道订购产品；其次，双渠道零售商的线下渠道接收订单，并将已完成的订单存入顾客的提货站；最后，顾客从取货站取走商品。

然而，在不同情况下，相同的渠道协同策略可能会导致不同的结果。2014 年，优衣库尝试采用 POPU 策略，但运营成本增加而销量并未增加。但在 2016 年，优衣库再次采用了 POPU 策略，立即受到了消费者的欢迎，销量大幅增加。苏宁电器也采用了这一策略，但使用的消费者较少；不过，50%的电路城(类似的家电零售企业)的线上订单都是通过店内提货的方式到达消费者手中的。

因此,以下问题具有重要的现实意义。双渠道零售商应何时采用 POPU 策略?哪些因素会影响 POPU 策略的效用?为此,我们在垄断和竞争这两种情形下研究了这些问题。在垄断情形下,我们考虑了一个专门销售某种产品的双渠道零售商,并发现 POPU 策略会降低双渠道零售商的利润和销售额。在竞争情形下,由于双渠道零售商的主要竞争者是纯电子零售商,因此考虑相互竞争的双渠道零售商和纯电子零售商。研究发现,当 POPU 模式的运营成本较低时,如果双渠道零售商从非 POPU 策略转向 POPU 策略,那么双渠道零售商的市场份额和利润将同步增加。此外,当线下交易成本和线上渠道的客户接受度较低,但产品价值和线上交易成本较高时,POPU 策略会提高利润。这些研究结果可以为双渠道零售商提供一些有用的建议,通过采用 POPU 策略帮助他们获得更多利润或市场份额。

## 7.2　文献综述

随着越来越多的零售商采用双渠道模式,学者们开始讨论渠道协同问题。作为渠道协同策略之一,POPU 策略在一些研究中被提及。Steinfield 概述了电子商务与传统渠道整合所产生的潜在协同效应,其中简要介绍了 POPU 战略[101]。Chopra 描述了一个设计分销网络的框架,然后进一步讨论了各种分销网络。他指出,POPU 战略可以降低供应链的运输成本[102]。Berman 和 Thelen 主要提出了整合良好的双渠道的特征,即整合的促销活动,以及在多个渠道之间共享客户、价格和库存数据的整合信息系统,并对一些协同战略(包括 POPU 战略)做了简要分析。他们认为,这样一个整合的双渠道可以使顾客群增加、收入提高[103]。Bendoly 等研究了一些协同战略(包括 POPU 战略)对购买决策的影响,同时指出,在实施这些战略时,需要在线下和线上渠道之间共享物理资源和信息[104]。Zhang 等提出整合双渠道的组织和信息系统是零售商采取协同战略的前提条件,并进一步讨论了“线上预订,店内配送”和“线上预订,店内退货”的 POPU 策略[105]。Herhausen 等研究了协同战略对搜索意向、购买意向和支付意愿的影响。结果显示,协同战略会带来竞争优势,而不是渠道蚕食[106]。

尽管 POPU 策略被认为是双渠道零售商最重要的渠道整合策略[107],但关于 POPU 策略的研究仍然稀少。一些学者通过实证分析,从顾客的角度研究 POPU 策略。Chatterjee 研究发现，高度节俭的顾客更倾向于通过 POPU 购买产品[108]。Kim 等研究了地点便利性、产品类型、网络购物的感知风险和创新的感知特征如何影响消费者使用 POPU 的意向。结果表明，网络购物的感知风险和创新的感知特征是 POPU 使用意向的重要前因[109]。还有一些学者则关注 POPU 策略对双渠道零售商的影响。Gallino 和 Moreno 通过实证分析研究了 POPU 策略对双渠道零售商线上和线下销售的影响，发现该策略的实施可以提高线下销量和人流量，但对线上销售产生了负面影响。然而，他们并没有进一步分析 POPU 策略对总需求和利润的影响。同时，他们也没有就双渠道零售商何时采用 POPU 策略提出建议[110]。除了这些实证研究外，Gao 和 Su 建立了一个可操作的理论框架，同时建立了一个双渠道零售商的数学模型，研究了 POPU 策略的有效性[111]。上述文献研究了双渠道零售商模式下的渠道协同策略。还有一些渠道协同策略的文献侧重于双渠道制造商模式，即制造商通过实体零售商和自己的在线直销渠道分销产品。Chen[112] 和 Yan 等[113] 研究了双渠道的合作广告策略，发现在某些特定情况下，双渠道可以有效地提高供应链的绩效，实现制造商和零售商的帕累托改进。He 等[45]、Yang 等[114]、Zhao 等[115] 提出了横向转载策略，即线上渠道与线下渠道建立关系，转移多余库存以满足需求。结果表明，该策略能很好地应对市场需求的波动，降低短缺概率。Lei 等研究了双渠道的信息共享策略，发现在一定条件下，这种策略可以同时提高制造商和零售商的预期利润[116]。

继 Gao 和 Su[111] 之后，笔者也利用数学模型研究了 POPU 策略，与其不同之处表现在以下三个方面。第一，他们只考虑了双渠道零售商而忽略了竞争。在现实中，竞争是一种非常普遍的经济现象，POPU 被广泛用作双渠道零售商与大型电子零售商竞争的主要策略。因此，本章进一步研究了 POPU 策略在竞争案例中的有效性。第二，他们没有考虑顾客与商店之间的距离对购买决策的影响。在现实中，顾客如果离商店太远，就不会选择 POPU 策略。因此，本章通过使用豪泰林模型来进一步考虑这一重要因素。第三，他们将所有类型的网上购物成本或线下购物成本合而为一。但我们发现，POPU 策略对不同的成本类型有不同的影响。例如，尽管出行成本和线下交易成本（如花时间寻找所需物品、排队付款等）都是线下购物成本，但顾客通过使用 POPU 策略可以减少线下交易成本。因此，本章首先将线上购物成本分为配送成本和在线交易成本，将线下购物成本分为出行成本和线下交易成本，然后进一步研究不同类型的成本对 POPU 策略的影响。

## 7.3　模型描述及符号说明

本节介绍垄断零售商的基本模型和符号。垄断零售商同时拥有一个线上渠道和一个线下渠道。在现实生活中，越来越多的双渠道零售商采取“同品同价”策略，如苏宁电器和国美电器，因此我们假设双渠道零售商通过线下渠道和线上渠道以单价 $p$ 销售产品，线下渠道的运营成本为 $c_r$，线上渠道的运营成本为 $c_e$，POPU 策略下的运营成本为 $c_{er}$。根据 Chiang 等[9] 和 Bernstein 等[5] 的研究，我们假设 $c_r > c_e$。一些经验性的证据支持这一假设，并发现在线渠道有效地降低了产品交付的成本[117]。POPU 策略需要线下与线上的协作，这增加了运营的复杂性。同时，双渠道零售商还需要根据客户的订单来挑选产品，并将其放入取货站。因此，我们假设 $c_{er} > c_r$，$c_{er} > c_e$。当客户从线下渠道购买产品时，他们可以对产品进行实物检查并立即拥有，因此产品的价值为 $v$。然而，由于缺乏仔细的实物检查，当产品从在线渠道获得时，其价值为 $\theta v$。与 Chiang 等[9] 的研究一样，$\theta$ 代表顾客对在线渠道的接受程度。Kacen 等[20] 的研究表明，对于大多数产品来说，顾客对线上渠道的接受程度低于线下渠道。因此，我们假设 $0 < \theta < 1$。

我们根据购物习惯的不同将顾客分为三类。第一类顾客会从有更多剩余的渠道购买。第二类顾客习惯于通过线下渠道购买，比如部分老年人。第三类顾客通常通过在线渠道搜索、比较和购买产品。为了便于表述，我们把这三类顾客称为双渠道购物者、线下购物者和线上购物者，用 $\alpha$，$\beta$ 和 $1-\alpha-\beta$ 分别表示三类顾客的比例。根据 Osborne 和 Pitchik[118] 的观点，再假设当顾客从线下渠道购买或提货时，顾客的出行成本 $b_r s$ 是异质的，其中 $b_r$ 是单位出行成本，$s$ 在顾客群体中从 0 到 1 均匀分布，密度为 1。线下商店位于 $s=0$ 处。也就是说，对于离线下商店较远的顾客来说，出行成本更大。此外，顾客从线下渠道购买产品时，还需要支付交易成本 $l_r$。这些成本反映了顾客花时间寻找所需物品、排队付款等的成本。具体来说，将顾客效用定义为 $U_r = v - p - b_r s - l_r$。由于距离的原因，线下渠道很难覆盖整个市场，所以我们假设 $v - b_r < 0$。换句话说，即使双渠道零售商将线下渠道的价格和交易成本降至零，仍有部分顾客不会从线下渠道购买。当顾客从线上渠道购买产品时，将顾客效用定义为 $U_e = \theta v - p - b_e - l_e$，其中 $b_e$ 和 $l_e$ 分别为配送成本和在线交易成本。与线下的交易成本相比，在网上购买所有东西都是“一键搞定”，所以假设 $l_e < l_r$。根据上述描述可以得到，如果在线上购物者选择在店内取货，

那么将顾客的效用定义为$U_{er}=\theta v-p-b_r s-l_e$。

决策的顺序如下：第一阶段，双渠道零售商决定是否采用 POPU 策略。在观察决策之后，进入第二阶段，双渠道零售商设定价格以实现其利润最大化（垄断情形），或者双渠道零售商和电子零售商同时设定价格以实现各自的利润最大化（竞争情形）。

## 7.4 垄断情形

在本节中，我们的目标是确定 POPU 策略是否有利于垄断双渠道零售商。为此，我们得到了 POPU 策略和非 POPU 策略下的最优决策和最大利润。此外，为清楚起见，用$(\ )^{mo}$表示采用 POPU 策略，用$(\ )^{mn}$表示不采用 POPU 策略。

### 7.4.1 采用 POPU 策略

在 POPU 策略下，双渠道零售商为线上购物者提供店内取货的选择。因此，顾客有三种购买模式：POPU 线上渠道（简称 POPU 模式）；线下渠道；线上渠道配送（简称线上渠道）。

双渠道购物者会从三种购买模式中选择提供更多消费者剩余的那一种。我们首先比较 POPU 模式和线上渠道。如果$\theta v-p^{mo}-b_r s-l_e\geqslant\theta v-p^{mo}-b_e-l_e$，即$s\leqslant\frac{b_e}{b_r}$，那么顾客倾向于选择 POPU 模式。设$s^f$是距离的阈值，当$s^f=\frac{b_e}{b_r}$时，对顾客来说两种模式无差异。接下来比较 POPU 模式和线下渠道。如果$v-p^{mo}-b_r s-l_r\geqslant\theta v-p^{mo}-b_r s-l_e$，即$v-l_r\geqslant\theta v-l_e$，那么顾客倾向于选择线下渠道。最后比较线上渠道和线下渠道。如果$v-p^{mo}-b_r s-l_r\geqslant\theta v-p^{mo}-b_e-l_e$，那么顾客倾向于选择线下渠道。设$s^g$是距离的阈值，当$s^g=\frac{(1-\theta)v+b_e+l_e-l_r}{b_r}$时，对顾客来说两种模式无差异。基于上述分析，双渠道购物者的需求如图 7.1 所示。

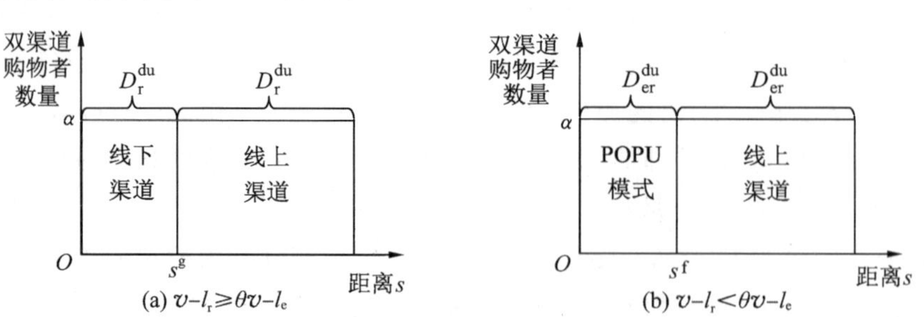


**图 7.1　POPU 模式和垄断情形下双渠道购物者的需求**

根据图 7.1,可得两种情形下的双渠道购物者的需求。

**情形 1**：$v-l_r \geqslant \theta v-l_e$

$$D_r^{du}=\alpha\frac{(1-\theta)v+b_e+l_e-l_r}{b_r} \tag{7.1}$$

$$D_e^{du}=\alpha\frac{b_r-(1-\theta)v-b_e-l_e+l_r}{b_r} \tag{7.2}$$

**情形 2**：$v-l_r<\theta v-l_e$

$$D_{er}^{du}=\alpha\frac{b_e}{b_r} \tag{7.3}$$

$$D_e^{du}=\alpha\frac{b_r-b_e}{b_r} \tag{7.4}$$

如果$v-p^{mo}-b_r s-l_r \geqslant 0$,那么线下购物者将只从线下渠道购买商品。设$s^h$是距离的阈值,当$s^h=\dfrac{v-p^{mo}-l_r}{b_r}$时,顾客从线下渠道购买或不购买无差异。根据以上分析,线下购物者的需求如图 7.2 所示。

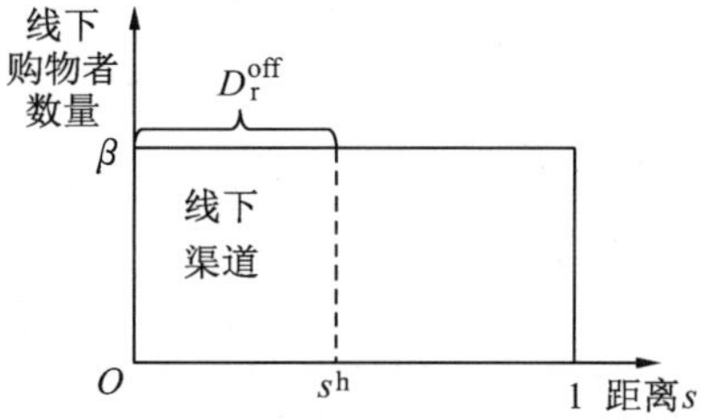


**图 7.2　POPU 模式和垄断情形下线下购物者的需求**

根据图 7.2,线下购物者的需求为

$$D_r^{off}=\beta\frac{v-p^{mo}-l_r}{b_r} \tag{7.5}$$

由此可知,线上购物者会依据消费者剩余选择从网上渠道或 POPU 模式购买。根据以上分析,网上购物者的需求如图 7.3 所示。

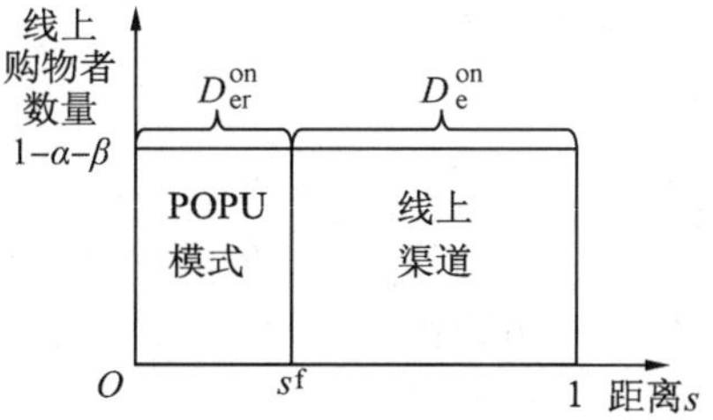


**图 7.3　POPU 模式和垄断情形下线上购物者的需求**

根据图 7.3,线上购物者的需求为

$$D_{er}^{on}=(1-\alpha-\beta)\frac{b_e}{b_r} \tag{7.6}$$

$$D_{e}^{on}=(1-\alpha-\beta)\frac{b_r-b_e}{b_r} \tag{7.7}$$

基于上述分析,双渠道零售商的总需求为

$$D^{mo}=1-\beta+\beta\frac{v-p^{mo}-l_r}{b_r} \tag{7.8}$$

双渠道零售商的利润($\Pi_R^{mo}$)需要分情况讨论。

**情形 1**: $v-l_r\geqslant\theta v-l_e$

$$\begin{aligned}\Pi_R^{mo}=&p^{mo}\left(1-\beta+\beta\frac{v-p^{mo}-l_r}{b_r}\right)-\\&c_r\left[\beta\frac{v-p^{mo}-l_r}{b_r}+\alpha\frac{(1-\theta)v+b_e+l_e-l_r}{b_r}\right]-\\&c_e\left[(1-\beta)\frac{b_r-b_e}{b_r}+\alpha\frac{-(1-\theta)v-l_e+l_r}{b_r}\right]-\\&c_{er}(1-\alpha-\beta)\frac{b_e}{b_r}\end{aligned} \tag{7.9}$$

**情形 2**: $v-l_r<\theta v-l_e$

$$\begin{aligned}\Pi_R^{mo}=&p^{mo}\left(1-\beta+\beta\frac{v-p^{mo}-l_r}{b_r}\right)-c_r\beta\frac{v-p^{mo}-l_r}{b_r}-\\&c_e(1-\beta)\frac{b_r-b_e}{b_r}-c_{er}(1-\beta)\frac{b_e}{b_r}\end{aligned} \tag{7.10}$$

从式(7.9)和式(7.10)可得如下命题:

**命题 7.1** 在垄断情形下,当双渠道零售商采用 POPU 策略时,双渠道零售商的利润在价格上是凹的,存在唯一最优解 $p^{mo*}$,且

$$p^{mo*}=\frac{(1-\beta)b_r+\beta(v-l_r)+c_r\beta}{2\beta} \tag{7.11}$$

**证明** **情形 1**: $v-l_r\geqslant\theta v-l_e$

根据式(7.9),可得

$$\frac{d\Pi_R^{mo}}{dp^{mo}}=\left(1-\beta+\beta\frac{v-2p^{mo}-l_r}{b_r}\right)+\frac{c_r\beta}{b_r} \tag{7.12}$$

$$\frac{d^2\Pi_R^{mo}}{d(p^{mo})^2}=\frac{-2\beta}{b_r}<0 \tag{7.13}$$

根据式(7.13),可得$\Pi_R^{mo}$是关于$p^{mo}$的凹函数,唯一最优解$p^{mo*}$应满足一

阶导数为零，解得$p^{mo*}=\dfrac{(1-\beta)b_r+\beta(v-l_r)+c_r\beta}{2\beta}$。

**情形 2**：$v-l_r<\theta v-l_e$

根据式(7.10)，可得

$$\frac{\mathrm{d}\Pi_R^{mo}}{\mathrm{d}p^{mo}}=\left(1-\beta+\beta\frac{v-2p^{mo}-l_r}{b_r}\right)+\frac{c_r\beta}{b_r} \tag{7.14}$$

$$\frac{\mathrm{d}^2\Pi_R^{mo}}{\mathrm{d}(p^{mo})^2}=\frac{-2\beta}{b_r}<0 \tag{7.15}$$

根据式(7.15)，可得$\Pi_R^{mo}$是关于$p^{mo}$的凹函数。令一阶导数为零，可得$p^{mo*}=\dfrac{(1-\beta)b_r+\beta(v-l_r)+c_r\beta}{2\beta}$。

综合上述，分析命题 7.1 得证。

### 7.4.2　不采用 POPU 策略

在这种情况下，顾客有两种购买选择：线上渠道和线下渠道。首先推导出需求函数。双渠道购物者将从提供更多消费者剩余的线下渠道或线上渠道购买。双渠道购物者的需求与式(7.1)和式(7.2)相同，如图 7.1a 所示。线下购物者的需求与式(7.5)相同，如图 7.3 所示。由于双渠道零售商不采用 POPU 模式，整个在线购物者都会从线上渠道购买，因此线上购物者的需求如图 7.4 所示。

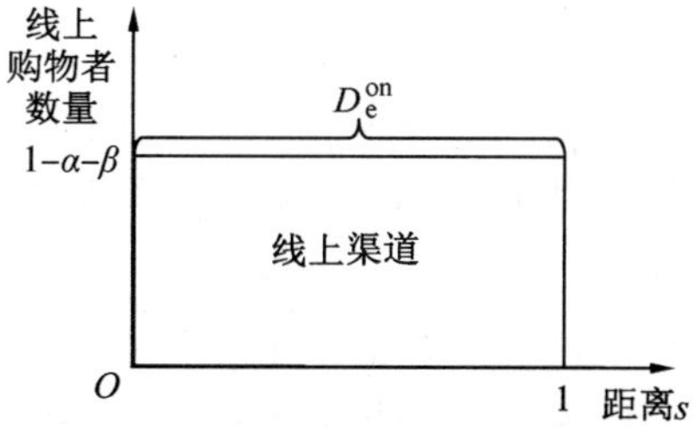


**图 7.4　非 POPU 模式和垄断情形下线上购物者的需求**

根据图 7.4，线上购物者的需求为

$$D_e^{on}=1-\alpha-\beta \tag{7.16}$$

基于上述分析，双渠道零售商的总需求为

$$D^{mn}=1-\beta+\beta\frac{v-p^{mn}-l_r}{b_r} \tag{7.17}$$

双渠道零售商的利润为

$$\Pi_{\mathrm{R}}^{\mathrm{mn}}=p^{\mathrm{mn}}\left(1-\beta+\beta\frac{v-p^{\mathrm{mn}}-l_{\mathrm{r}}}{b_{\mathrm{r}}}\right)-c_{\mathrm{r}}\left[\beta\frac{v-p^{\mathrm{mn}}-l_{\mathrm{r}}}{b_{\mathrm{r}}}+\alpha\frac{(1-\theta)v+b_{\mathrm{e}}+l_{\mathrm{e}}-l_{\mathrm{r}}}{b_{\mathrm{r}}}\right]-c_{\mathrm{e}}\left[1-\alpha-\beta+\alpha\frac{b_{\mathrm{r}}-(1-\theta)v-b_{\mathrm{e}}-l_{\mathrm{e}}+l_{\mathrm{r}}}{b_{\mathrm{r}}}\right] \tag{7.18}$$

从式(7.18)可得如下命题:

**命题 7.2** 垄断情形下,当双渠道零售商不采用 POPU 策略时,双渠道零售商的利润在价格上是凹的,存在唯一最优解 $p^{\mathrm{mn}^*}$,且

$$p^{\mathrm{mn}^*}=\frac{(1-\beta)b_{\mathrm{r}}+\beta(v-l_{\mathrm{r}})+c_{\mathrm{r}}\beta}{2\beta} \tag{7.19}$$

**证明** 根据式(7.18),可得

$$\frac{\mathrm{d}\Pi_{\mathrm{R}}^{\mathrm{mn}}}{\mathrm{d}p^{\mathrm{mn}}}=\left(1-\beta+\beta\frac{v-2p^{\mathrm{mn}}-l_{\mathrm{r}}}{b_{\mathrm{r}}}\right)+\frac{c_{\mathrm{r}}\beta}{b_{\mathrm{r}}} \tag{7.20}$$

$$\frac{\mathrm{d}^2\Pi_{\mathrm{R}}^{\mathrm{mn}}}{\mathrm{d}(p^{\mathrm{mn}})^2}=\frac{-2\beta}{b_{\mathrm{r}}}<0 \tag{7.21}$$

根据式(7.21),可得$\Pi_{\mathrm{R}}^{\mathrm{mn}}$是关于$p^{\mathrm{mn}}$的凹函数,唯一最优解$p^{\mathrm{mn}^*}$应满足一阶条件,可得$p^{\mathrm{mn}^*}=\dfrac{(1-\beta)b_{\mathrm{r}}+\beta(v-l_{\mathrm{r}})+c_{\mathrm{r}}\beta}{2\beta}$。

综合上述分析,命题 7.2 得证。

### 7.4.3 策略选择:是否采用 POPU 策略

在本小节中,我们关注以下问题:POPU 策略是否总会带来双渠道零售商利润或市场份额的增加?

从式(7.8)和式(7.17)可以看出,双渠道零售商在采用 POPU 策略下的需求函数与不采用 POPU 策略下的需求函数相同。同时,从式(7.11)和(7.19)可以发现,两种情形下的最优价格决策也是相同的。因此,可得如下命题:

**命题 7.3** 在垄断情形下,如果双渠道零售商从非 POPU 策略转向 POPU 策略,其市场份额将保持不变。

接下来检验 POPU 策略是否能给双渠道零售商带来好处。基于假设,我们知道 POPU 模式下的运营成本要大于线上渠道和线下渠道。同时,在 POPU 策略下,双渠道零售商的市场份额和价格都不会增加。因此,可得如下命题。

**命题 7.4** 在垄断情形下,如果双渠道零售商从不采用 POPU 策略转向采用 POPU 策略,双渠道零售商的利润就会减少。

Gao 和 Su[111] 提出,POPU 策略可能有利于增加双渠道零售商的利润。主要原因如下:首先,他们没有考虑采用 POPU 策略所增加的成本。然而,正如 7.3 节所分析的,POPU 策略不仅增加了运营的复杂性,而且增加了实体店的工作量。因此,我们自然得出结论,POPU 策略会增加成本。一些企业的数据也支持这一结论。例如,在 2014 年,通过使用 POPU 策略,优衣库发现其运营成本增加。其次,他们考虑了交叉销售的可能性,即顾客在店内取货时购买额外的产品。然而,在实践中,为了方便取货,取货站往往放在交易区之外,甚至有些双渠道零售商还提供“送货上车”服务,即店员直接把货物送到顾客的车上(如沃尔玛)。因此,交叉销售的收入是有限的。

命题 7.3 和命题 7.4 表明,从利润和市场份额的角度看,垄断情形下的双渠道零售商不应该采取 POPU 策略。然而,如果 $v-l_r<\theta v-l_e$(或$v-l_r\geqslant\theta v-l_e$),POPU 策略将提高部分靠近实体店的双渠道购物者和线上渠道购物者(双渠道购物者)的消费者剩余。这将有利于提高客户满意度以及潜在客户的准入门槛。

## 7.5 竞争情形

在竞争情形下,双渠道零售商与纯电子零售商竞争。为清晰起见,我们用上标 do 表示采用 POPU 策略的竞争,用 dn 表示不采用 POPU 策略的竞争。网络零售商通过其线上渠道以每单位 $p_t^d$ 的价格销售与双渠道零售商相同的产品。网络零售商的运营成本为每单位 $c_t$。由于纯网络零售商在电子商务领域更为精通,因此假设 $c_t<c_e$。为了确定在此条件下采用 POPU 策略是否对双渠道零售商有利,我们首先研究采用 POPU 策略和不采用 POPU 策略下的纳什博弈均衡解。

### 7.5.1 采用 POPU 策略

首先推导出双渠道零售商和电子零售商的需求函数。在 POPU 策略下,顾客有四种购买选择:线下渠道、零售商的线上配送渠道(线上渠道)、POPU 模式和电子零售商。先比较 POPU 模式与电子零售商。若 $\theta v-p^{do}-b_r s-l_e>\theta v-p_t^{do}-b_e-l_e$,则顾客倾向于选择 POPU 模式。设 $s^i$ 是距离的阈值,当 $s^i=\dfrac{p_t^{do}-p^{do}+b_e}{b_r}$时,对顾客来说,两种选择是无差异的。接着比较线下渠道和电子零售商。若 $v-p^{do}-b_r s-l_r \geqslant \theta v-p_t^{do}-b_e-l_e$，则顾客倾向于选择线下渠道。设$s^j$是距离的阈值，当 $s^j=\dfrac{(1-\theta)v-p^{do}+p_t^{do}+b_e+l_e-l_r}{b_r}$时，对顾客来说，两种选择是无差异的。最后比较线上渠道和电子零售商。若 $\theta v-p^{do}-b_e-l_e \geqslant \theta v-p_t^{do}-b_e-l_e$，即 $p^{do} \leqslant p_t^{do}$，则顾客倾向于选择电子零售商。因为 $c_t<c_e$，电子零售商可以始终将价格 $p_t^{do}$设置为低于双渠道零售商的线上渠道价格 $p^{do}$以确保其销售。这意味着如果双渠道零售商不采用 POPU 模式或其他渠道协同策略，则很少有客户会从他们的线上渠道购买产品。现实也与结论一致。

接下来讨论在边界条件即 $p^{do}=p_t^{do}$下，顾客如何选择。在现实中，大多数顾客习惯于通过电子零售商（如天猫、淘宝和京东）进行线上购物。如果双渠道零售商不具备价格优势，那么顾客一般不会改变原来的购买渠道。因此，我们假设如果一个产品在双渠道零售商和电子零售商中以相同的价格出售，顾客会选择电子零售商。

基于上述分析，双渠道购物者的需求如图 7.5 所示。

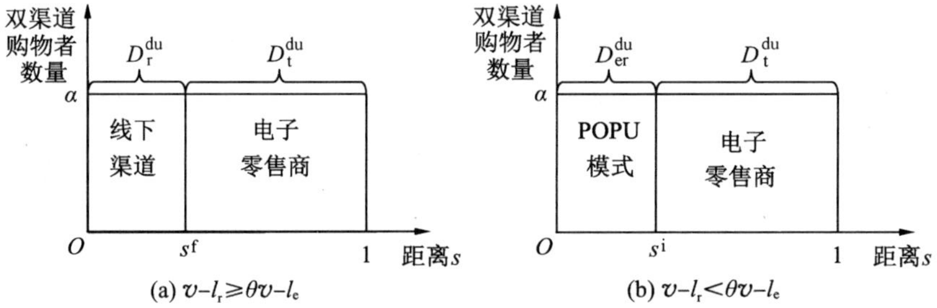


**图 7.5　POPU 模式和竞争情形下双渠道购物者的需求**

根据图 7.5，可得两种情形下的双渠道购物者的需求。

**情形 1：** $v-l_r \geqslant \theta v-l_e$

$$D_r^{du}=\alpha\frac{(1-\theta)v-p^{do}+p_t^{do}+b_e+l_e-l_r}{b_r} \tag{7.22}$$

$$D_t^{du}=\alpha\frac{b_r-(1-\theta)v+p^{do}-p_t^{do}-b_e-l_e+l_r}{b_r} \tag{7.23}$$

**情形 2：** $v-l_r<\theta v-l_e$

$$D_{er}^{du}=\alpha\frac{p_t^{do}-p^{do}+b_e}{b_r} \tag{7.24}$$

$$D_{t}^{du}=\alpha\ \frac{b_{r}-p_{t}^{do}+p^{do}-b_{e}}{b_{r}} \tag{7.25}$$

竞争情形下线下购物者的需求与垄断情形下相同,即式(7.5)。线上购物者将选择提供更多消费者剩余的电子零售商或 POPU 模式进行购买。根据以上分析,线上购物者的需求如图 7.6 所示。

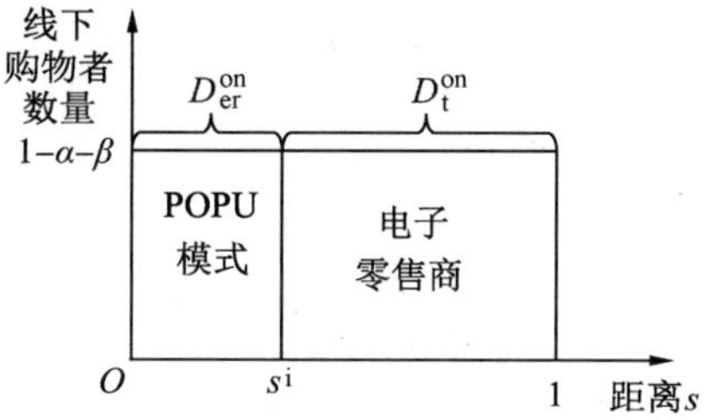


**图 7.6　POPU 模式和竞争情形下线上购物者的需求**

根据图 7.6,线上购物者的需求为

$$D_{er}^{on}=(1-\alpha-\beta)\frac{p_{t}^{do}-p^{do}+b_{e}}{b_{r}} \tag{7.26}$$

$$D_{t}^{on}=(1-\alpha-\beta)\frac{b_{r}-p_{t}^{do}+p^{do}-b_{e}}{b_{r}} \tag{7.27}$$

基于以上分析,竞争情形下双渠道零售商的总需求$D_{R}^{do}$和电子零售商的总需求$D_{t}^{do}$需分情况讨论。

**情形 1**: $v-l_{r}\geqslant\theta v-l_{e}$

$$D_{R}^{do}=\alpha\ \frac{(1-\theta)v+l_{e}-l_{r}}{b_{r}}+\beta\ \frac{v-p_{t}^{do}-l_{r}-b_{e}}{b_{r}}+\frac{p_{t}^{do}-p^{do}+b_{e}}{b_{r}} \tag{7.28}$$

$$D_{t}^{do}=\alpha\ \frac{-(1-\theta)v-l_{e}+l_{r}}{b_{r}}+(1-\beta)\frac{b_{r}-p_{t}^{do}+p^{do}-b_{e}}{b_{r}} \tag{7.29}$$

**情形 2**: $v-l_{r}<\theta v-l_{e}$

$$D_{R}^{do}=\beta\ \frac{v-p_{t}^{do}-l_{r}-b_{e}}{b_{r}}+\frac{p_{t}^{do}-p^{do}+b_{e}}{b_{r}} \tag{7.30}$$

$$D_{t}^{do}=(1-\beta)\frac{b_{r}-p_{t}^{do}+p^{do}-b_{e}}{b_{r}} \tag{7.31}$$

由此可得,双渠道零售商的利润($\Pi_{R}^{do}$)和电子零售商的利润($\Pi_{t}^{do}$)有如下两种情形。

**情形 1**: $v-l_{r}\geqslant\theta v-l_{e}$

$$\Pi_{R}^{do}=p^{do}\left[\alpha\frac{(1-\theta)v+l_e-l_r}{b_r}+\beta\frac{v-p_t^{do}-l_r-b_e}{b_r}+\frac{p_t^{do}-p^{do}+b_e}{b_r}\right]-c_r\left[\alpha\frac{(1-\theta)v-p^{do}+p_t^{do}+b_e+l_e-l_r}{b_r}+\beta\frac{v-p^{do}-l_r}{b_r}\right]-c_{er}(1-\alpha-\beta)\frac{p_t^{do}-p^{do}+b_e}{b_r} \tag{7.32}$$

$$\Pi_{t}^{do}=(p_t^{do}-c_t)\left[\alpha\frac{-(1-\theta)v-l_e+l_r}{b_r}+(1-\beta)\frac{b_r-p_t^{do}+p^{do}-b_e}{b_r}\right] \tag{7.33}$$

**情形 2：** $v-l_r<\theta v-l_e$

$$\Pi_{R}^{do}=p^{do}\left(\beta\frac{v-p_t^{do}-l_r-b_e}{b_r}+\frac{p_t^{do}-p^{do}+b_e}{b_r}\right)-c_r\beta\frac{v-p^{do}-l_r}{b_r}-c_{er}(1-\beta)\frac{p_t^{do}-p^{do}+b_e}{b_r} \tag{7.34}$$

$$\Pi_{t}^{do}=(p_t^{do}-c_t)(1-\beta)\frac{b_r-p_t^{do}+p^{do}-b_e}{b_r} \tag{7.35}$$

根据式(7.32)和式(7.33)，可得当 $v-l_r\geqslant\theta v-l_e$ 时，存在一个唯一的纳什均衡$(p^{do^*},p_t^{do^*})$，且

$$p^{do^*}=\frac{\alpha[(1-\theta)v+l_e-l_r]+(1-\beta)(b_r-b_e+c_t)}{3+\beta}+\frac{2[\beta(v-l_r-b_e)+b_e+c_r(\alpha+\beta)+c_{er}(1-\alpha-\beta)]}{3+\beta} \tag{7.36}$$

$$p_t^{do^*}=\frac{-2\alpha[(1-\theta)v+l_e-l_r]}{(1-\beta)(3+\beta)}+\frac{\alpha[(1-\theta)v+l_e-l_r]+2(b_r-b_e+c_t)}{3+\beta}+\frac{\beta(v-l_r-b_e)+b_e+c_r(\alpha+\beta)+c_{er}(1-\alpha-\beta)}{3+\beta} \tag{7.37}$$

当且仅当 $b_r\leqslant b_r^f$ 时，$p_t^{do^*}\leqslant p^{do^*}$，其中

$$b_r^f=\frac{2\alpha[(1-\theta)v+b_e+l_e-l_r]+2(1-\alpha-\beta)b_e-(1+\beta)(1-\beta)c_t+(1-\beta)[\beta(v-l_r)+c_r(\alpha+\beta)+c_{er}(1-\alpha-\beta)]}{(1+\beta)(1-\beta)}。$$

当 $b_r>b_r^f$ 时，根据上述分析，$p_t^{do^*}>p^{do^*}$，电子零售商的需求降至 0。虽然电子零售商在降价时利润会下降，但仍要把价格降到 $p^{do}$。将 $p_t^{do}=p^{do}$ 代入式(7.34)，可得 $\Pi_R^{do}$ 是关于 $p^{do}$ 的凹函数。故 $b_r>b_r^f$ 时，均衡解为

$$p_t^{do^*}=p^{do^*}=\frac{\alpha[(1-\theta)v+l_e-l_r]+\beta(v-l_r)+(1-\beta)b_e+c_r\beta}{2\beta} \tag{7.38}$$

基于式(7.34)和式(7.35),当$v-l_r<\theta v-l_e$时,可得均衡解

$$p^{do^*}=\frac{(1-\beta)(b_r-b_e+c_t)+2[\beta(v-l_r-b_e)+b_e+c_r\beta+c_{er}(1-\beta)]}{(3+\beta)} \quad (7.39)$$

$$p_t^{do^*}=\frac{2(b_r-b_e+c_t)+[\beta(v-l_r-b_e)+b_e+c_r\beta+c_{er}(1-\beta)]}{(3+\beta)} \quad (7.40)$$

当且仅当$b_r\leqslant b_r^g$时,纳什均衡解($p^{do^*}$,$p_t^{do^*}$)满足$p_t^{do^*}\leqslant p^{do^*}$,$b_r^g=\dfrac{(1-\beta)b_e-(1-\beta)c_t+[\beta(v-l_r-b_e)+b_e+c_r\beta+c_{er}(1-\beta)]}{(1-\beta)}$。与上述分析类似,当$b_r>b_r^g$时,电子零售商将会把价格降至$p^{do}$,将$p_t^{do}=p^{do}$代入式(7.34),得均衡解为

$$p_t^{do^*}=p^{do^*}=\frac{\beta(v-l_r-b_e)+b_e+c_r\beta}{2\beta} \quad (7.41)$$

基于上述分析,可得如下命题:

**命题 7.5**　在竞争情形下,如果双渠道零售商采用 POPU 策略,纳什均衡解如下:

① 如果$v-l_r\geqslant\theta v-l_e$且$b_r\leqslant b_r^f$,那么$p^{do^*}$和$p_t^{do^*}$分别由式(7.36)和式(7.37)表示。

② 如果$v-l_r\geqslant\theta v-l_e$且$b_r>b_r^f$,那么$p^{do^*}$和$p_t^{do^*}$由式(7.38)表示。

③ 如果$v-l_r<\theta v-l_e$且$b_r\leqslant b_r^g$,那么$p^{do^*}$和$p_t^{do^*}$分别由式(7.39)和式(7.40)表示。

④ 如果$v-l_r<\theta v-l_e$且$b_r>b_r^g$,那么$p^{do^*}$和$p_t^{do^*}$由式(7.41)表示。

**证明**　**情形 1:**$v-l_r\geqslant\theta v-l_e$

根据式(7.32)和式(7.33),可得

$$\frac{d\Pi_R^{do}}{dp^{do}}=\alpha\frac{(1-\theta)v+l_e-l_r}{b_r}+\beta\frac{v-p_t^{do}-l_r-b_e}{b_r}+\frac{p_t^{do}-2p^{do}+b_e}{b_r}+\frac{c_r(\alpha+\beta)}{b_r}+\frac{c_{er}(1-\alpha-\beta)}{b_r} \quad (7.42)$$

$$\frac{d^2\Pi_R^{do}}{d(p^{do})^2}=\frac{-2}{b_r}<0 \quad (7.43)$$

$$\frac{d\Pi_t^{do}}{dp_t^{do}}=\alpha\frac{-(1-\theta)v-l_e+l_r}{b_r}+(1-\beta)\frac{b_r-2p_t^{do}+p^{do}-b_e}{b_r}+c_t\frac{1-\beta}{b_r} \quad (7.44)$$

$$\frac{d^2\Pi_t^{do}}{d(p_t^{do})^2}=\frac{-2(1-\beta)}{b_r}<0 \quad (7.45)$$

基于以上分析可知,当$p_t^{do}$是一个常数时,$\Pi_R^{do}$是关于$p^{do}$的凹函数,唯一最

优解 $p^{do*}$ 应满足一阶条件；当 $p^{do}$ 是一个常数时，$\Pi_t^{do}$ 是关于 $p_t^{do}$ 的凹函数，唯一最优解 $p_t^{do*}$ 应满足一阶条件。

由隐函数定理可得

$$\frac{\mathrm{d}p^{do}}{\mathrm{d}p_t^{do}}=\frac{1-\beta}{2}<1 \tag{7.46}$$

$$\frac{\mathrm{d}p_t^{do}}{\mathrm{d}p^{do}}=\frac{1}{2}<1 \tag{7.47}$$

建立纳什均衡，可证明反应函数 $p^{do}(p_t^{do})$ 和 $p_t^{do}(p^{do})$ 是单调的，且斜率的绝对值小于1。利用一阶条件，可以得到平衡解式(7.36)和式(7.37)。根据 $p^{do*}-p_t^{do*}>0$，可得

$$\begin{aligned}&\frac{2\alpha[(1-\theta)v+l_e-l_r]-(1+\beta)(1-\beta)(b_r-b_e+c_t)}{(1-\beta)(3+\beta)}+\\&\frac{(1-\beta)[\beta(v-l_r-b_e)+b_e+c_r(\alpha+\beta)+c_{er}(1-\alpha-\beta)]}{(1-\beta)(3+\beta)}>0\end{aligned} \tag{7.48}$$

根据式(7.48)，可得 $b_r^f$。当 $b_r>b_r^f$ 时，将 $p_t^{do}=p^{do}$ 代入式(7.34)，可得

$$\begin{aligned}\Pi_R^{do}=&p^{do}\left[\alpha\frac{(1-\theta)v+l_e-l_r}{b_r}+\beta\frac{v-p^{do}-l_r}{b_r}+(1-\beta)\frac{b_e}{b_r}\right]-\\&c_r\left[\alpha\frac{(1-\theta)v+b_e+l_e-l_r}{b_r}+\beta\frac{v-p^{do}-l_r}{b_r}\right]-\\&c_{er}(1-\alpha-\beta)\frac{b_e}{b_r}\end{aligned} \tag{7.49}$$

根据式(7.49)，可得

$$\frac{\mathrm{d}\Pi_t^{do}}{\mathrm{d}p^{do}}=\alpha\frac{(1-\theta)v+l_e-l_r}{b_r}+\beta\frac{v-2p^{do}-l_r}{b_r}+(1-\beta)\frac{b_e}{b_r}+c_r\frac{\beta}{b_r} \tag{7.50}$$

$$\frac{\mathrm{d}^2\Pi_R^{do}}{\mathrm{d}(p^{do})^2}=\frac{-2}{b_r}<0 \tag{7.51}$$

根据式(7.51)，可得 $\Pi_R^{do}$ 是关于 $p^{do}$ 的凹函数，唯一最优解 $p^{do*}$ 应满足一阶条件，可得式(7.38)。

**情形2：** $v-l_r<\theta v-l_e$

根据式(7.34)和式(7.35)，可得

$$\frac{\mathrm{d}\Pi_R^{do}}{\mathrm{d}p^{do}}=\beta\frac{v-p_t^{do}-l_r-b_e}{b_r}+\frac{p_t^{do}-2p^{do}+b_e}{b_r}+\frac{c_r\beta}{b_r}+\frac{c_{er}(1-\beta)}{b_r} \tag{7.52}$$

$$\frac{\mathrm{d}^2\Pi_R^{do}}{\mathrm{d}(p^{do})^2}=\frac{-2}{b_r}<0 \tag{7.53}$$

$$\frac{\mathrm{d}\Pi_{\mathrm{t}}^{\mathrm{do}}}{\mathrm{d}p_{\mathrm{t}}^{\mathrm{do}}}=(1-\beta)\frac{b_{\mathrm{r}}-2p_{\mathrm{t}}^{\mathrm{do}}+p^{\mathrm{do}}-b_{\mathrm{e}}}{b_{\mathrm{r}}}+c_{\mathrm{t}}\frac{1-\beta}{b_{\mathrm{r}}} \tag{7.54}$$

$$\frac{\mathrm{d}^2\Pi_{\mathrm{t}}^{\mathrm{do}}}{\mathrm{d}(p_{\mathrm{t}}^{\mathrm{do}})^2}=\frac{-2(1-\beta)}{b_{\mathrm{r}}}<0 \tag{7.55}$$

由隐函数定理可得

$$\frac{\mathrm{d}p^{\mathrm{do}}}{\mathrm{d}p_{\mathrm{t}}^{\mathrm{do}}}=\frac{1-\beta}{2}<1 \tag{7.56}$$

$$\frac{\mathrm{d}p_{\mathrm{t}}^{\mathrm{do}}}{\mathrm{d}p^{\mathrm{do}}}=\frac{1}{2}<1 \tag{7.57}$$

利用一阶条件，可以得到均衡解式(7.39)和式(7.40)。由 $p^{\mathrm{do}^*}-p_{\mathrm{t}}^{\mathrm{do}^*}>0$，可得

$$\frac{-(1-\beta)(b_{\mathrm{r}}-b_{\mathrm{e}}+c_{\mathrm{t}})+[\beta(v-l_{\mathrm{r}}-b_{\mathrm{e}})+b_{\mathrm{e}}+c_{\mathrm{r}}\beta+c_{\mathrm{er}}(1-\beta)]}{3+\beta}>0 \tag{7.58}$$

根据式(7.58)，可得$b_{\mathrm{r}}^{\mathrm{g}}$。当$b_{\mathrm{r}}>b_{\mathrm{r}}^{\mathrm{g}}$时，将$p_{\mathrm{t}}^{\mathrm{do}}=p^{\mathrm{do}}$代入式(7.34)，可得

$$\Pi_{\mathrm{R}}^{\mathrm{do}}=p^{\mathrm{do}}\left(\beta\frac{v-p^{\mathrm{do}}-l_{\mathrm{r}}-b_{\mathrm{e}}}{b_{\mathrm{r}}}+\frac{b_{\mathrm{e}}}{b_{\mathrm{r}}}\right)-c_{\mathrm{r}}\beta\frac{v-p^{\mathrm{do}}-l_{\mathrm{r}}}{b_{\mathrm{r}}}-c_{\mathrm{er}}(1-\beta)\frac{b_{\mathrm{e}}}{b_{\mathrm{r}}} \tag{7.59}$$

根据式(7.59)，可得

$$\frac{\mathrm{d}\Pi_{\mathrm{R}}^{\mathrm{do}}}{\mathrm{d}p^{\mathrm{do}}}=\beta\frac{v-2p^{\mathrm{do}}-l_{\mathrm{r}}-b_{\mathrm{e}}}{b_{\mathrm{r}}}+\frac{b_{\mathrm{e}}}{b_{\mathrm{r}}}+\frac{c_{\mathrm{r}}\beta}{b_{\mathrm{r}}} \tag{7.60}$$

$$\frac{\mathrm{d}^2\Pi_{\mathrm{R}}^{\mathrm{do}}}{\mathrm{d}(p^{\mathrm{do}})^2}=\frac{-2}{b_{\mathrm{r}}}<0 \tag{7.61}$$

根据式(7.61)，可得$\Pi_{\mathrm{R}}^{\mathrm{do}}$是关于$p^{\mathrm{do}}$的凹函数，唯一最优解$p^{\mathrm{do}*}$应满足一阶条件，可得式(7.41)。

综合上述分析，命题 8.5 得证。

7.5.2　不采用 POPU 策略

首先推导双渠道零售商和电子零售商的需求函数。在不采用 POPU 策略的情况下，顾客有三种购买选择：电子零售商、双渠道零售商的线下渠道或线上渠道。线下购物者的需求与式(7.5)相同，如图 7.3 所示。根据上述分析，如果双渠道零售商不采用 POPU 模式，那么没有客户会从其在线渠道购买产品。因此，双渠道购物者将从具有更多消费者剩余的线下渠道和电子零售商处购买。双渠道购物者的需求与式(7.22)和式(7.23)相同，如图 7.5a 所示。所有线上购物者将从电子零售商处购买。基于上述分析，线上购物者的需求如图 7.7 所示。

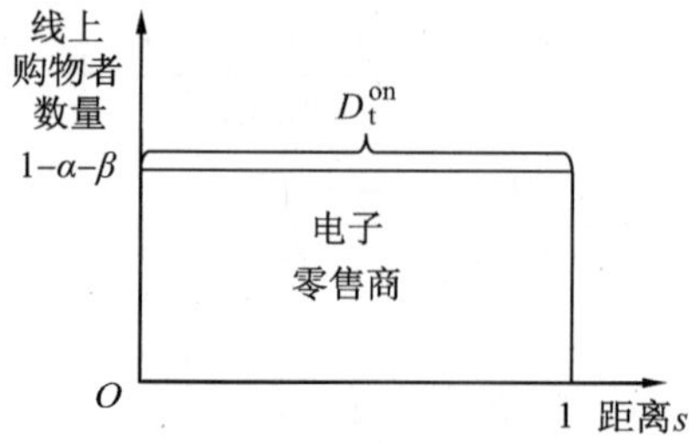


**图 7.7　非 POPU 模式和竞争情形下线上购物者的需求**

根据图 7.7,线上购物者的需求为

$$D_t^{on}=1-\alpha-\beta \tag{7.62}$$

基于以上分析,该情形下双渠道零售商的总需求$D_R^{dn}$和电子零售商的总需求$D_t^{dn}$分别为

$$D_R^{dn}=\alpha\frac{(1-\theta)v-p^{dn}+p_t^{dn}+b_e+l_e-l_r}{b_r}+\beta\frac{v-p^{dn}-l_r}{b_r} \tag{7.63}$$

$$D_t^{dn}=\alpha\frac{-(1-\theta)v+p^{dn}-p_t^{dn}-b_e-l_e+l_r}{b_r}+1-\beta \tag{7.64}$$

双渠道零售商的利润($\Pi_R^{dn}$)和电子零售商的利润($\Pi_t^{dn}$)分别为

$$\Pi_R^{dn}=(p^{dn}-c_r)\left[\alpha\frac{(1-\theta)v-p^{dn}+p_t^{dn}+b_e+l_e-l_r}{b_r}+\beta\frac{v-p^{dn}-l_r}{b_r}\right] \tag{7.65}$$

$$\Pi_t^{dn}=(p_t^{dn}-c_t)\left[\alpha\frac{-(1-\theta)v+p^{dn}-p_t^{dn}-b_e-l_e+l_r}{b_r}+1-\beta\right] \tag{7.66}$$

根据式(7.65)和式(7.66),纳什均衡解为

$$p^{dn^*}=\frac{\alpha[(1-\theta)v+b_e+l_e-l_r]+2\beta(v-l_r)+(1-\beta)b_r}{3\alpha+4\beta}+\frac{c_t\alpha+2c_r(\alpha+\beta)}{3\alpha+4\beta} \tag{7.67}$$

$$p_t^{dn^*}=\frac{-(\alpha+2\beta)[(1-\theta)v+b_e+l_e-l_r]+\beta(v-l_r)}{3\alpha+4\beta}+\frac{2c_t(\alpha+\beta)+c_r(\alpha+\beta)}{3\alpha+4\beta}+\frac{2(1-\beta)(\alpha+\beta)b_r}{\alpha(3\alpha+4\beta)} \tag{7.68}$$

当且仅当$b_r\leqslant b_r^h$时,纳什均衡解($p^{dn^*}$,$p_t^{dn^*}$)满足$p^{dn_t^*}\leqslant p^{dn^*}$,其中$b_r^h=\frac{2\alpha(\alpha+\beta)[(1-\theta)v+b_e+l_e-l_r]+\beta\alpha(v-l_r)-c_t\alpha(\alpha+2\beta)+c_r\alpha(\alpha+\beta)}{(1-\beta)(\alpha+2\beta)}$。将$p_t^{do}=p^{do}$代入式(7.65),当$b_r>b_r^h$时,纳什均衡解为

$$p^{dn^*}=p_t^{dn^*}=\frac{\alpha[(1-\theta)v+b_e+l_e-l_r]+\beta(v-l_r)+\beta c_r}{2\beta} \tag{7.69}$$

基于上述分析，可得如下命题。

**命题 7.6**　在竞争情形下，如果双渠道零售商不采用 POPU 策略，那么纳什均衡解 $p^{dn^*}$ 和 $p_t^{dn^*}$ 的情况如下：

① 如果 $b_r\leqslant b_r^h$，那么 $p^{dn^*}$ 和 $p_t^{dn^*}$ 分别由式(7.67)和式(7.68)表示。

② 如果 $b_r>b_r^h$，那么 $p^{dn^*}$ 和 $p_t^{dn^*}$ 由式(7.69)表示。

7.5.3　策略选择：是否采用 POPU 策略

本小节研究 POPU 策略是否以及何时可以提高双渠道零售商的市场份额或利润。从命题 7.7 可知，不同的参数区间会得到不同的均衡解。因此，首先比较 $b_r^f$，$b_r^g$ 和 $b_r^h$。

$$b_r^h-b_r^f=\frac{-2\alpha(1-\alpha-\beta)[(1-\theta)v+b_e+l_e-l_r]-2(\alpha+2\beta)(1-\alpha-\beta)b_e}{(1-\beta)(\alpha+2\beta)(1+\beta)}+\frac{-2\beta(1-\alpha-\beta)(v-l_r)-2\beta(1-\alpha-\beta)(\alpha+\beta)c_r-(1-\beta)(\alpha+2\beta)(1-\alpha-\beta)(c_{er}-c_t)}{(1-\beta)(\alpha+2\beta)(1+\beta)}<0 \tag{7.70}$$

$$b_r^h-b_r^g=\frac{-2\alpha(\alpha+\beta)[(\theta v-l_e)-(v-l_r)]-2[\alpha(1-\alpha)+2\beta(1-\beta)]b_e}{(1-\beta)(\alpha+2\beta)}+\frac{-2\beta^2(v-l_r)+(\alpha^2-2\beta^2)c_r-c_t\alpha(\alpha+2\beta)-(\alpha+2\beta)(1-\beta)c_{er}}{(1-\beta)(\alpha+2\beta)}<0 \tag{7.71}$$

根据式(7.70)和式(7.71)，可得 $b_r^f>b_r^h$ 且 $b_r^g>b_r^h$。因此，需要比较六个不同参数区间的市场份额或利润。基于以上分析，接下来比较双渠道零售商采用 POPU 策略和不采用 POPU 策略下的市场份额。

**情形 1：** $v-l_r\geqslant\theta v-l_e$ 且 $b_r>b_r^f$

将式(7.38)和式(7.69)分别代入式(7.28)和式(7.63)，可得 $D_R^{do}>D_R^{dn}$。

**情形 2：** $v-l_r\geqslant\theta v-l_e$ 且 $b_r^h\leqslant b_r\leqslant b_r^f$

将式(7.36)、式(7.37)和式(7.69)分别代入式(7.28)和式(7.63)，当且仅当 $c_{er}<c_{er}^f$ 时，可得 $D_R^{do}>D_R^{dn}$，这里

$$c_{er}^f=\frac{-\alpha[(1-\theta)v+l_e-l_r]+\beta(v-l_r)-2\alpha c_r+2c_t}{2(1-\alpha-\beta)}+\frac{(2-\alpha\beta-2\beta-3\alpha)b_e-(1-3\beta)b_r+\beta(1-\beta)c_r}{2(1+\beta)(1-\alpha-\beta)}。$$

**情形 3：** $v-l_r\geqslant\theta v-l_e$ 且 $b_r<b_r^h$

将式(7.36)、式(7.37)和式(7.67)、式(7.68)分别代入式(7.28)和式(7.63)，当且仅当 $c_{er}<c_{er}^g$ 时，可得 $D_R^{do}>D_R^{dn}$，这里

$$c_{\mathrm{er}}^{\mathrm{g}}=\frac{-\alpha\beta[(1-\theta)v+l_{\mathrm{e}}-l_{\mathrm{r}}]+(3\alpha+4\beta+\alpha\beta)b_{\mathrm{e}}}{(1+\beta)(3\alpha+4\beta)}+\frac{-2\beta^{2}(v-l_{\mathrm{r}})+(1-\beta)\beta b_{\mathrm{r}}+(3\alpha+4\beta+\alpha\beta)c_{\mathrm{t}}+2\beta(\alpha+\beta)c_{\mathrm{r}}}{(1+\beta)(3\alpha+4\beta)}。$$

**情形 4：** $v-l_{\mathrm{r}}<\theta v-l_{\mathrm{e}}$且$b_{\mathrm{r}}>b_{\mathrm{r}}^{\mathrm{g}}$

将式(7.41)和式(7.69)分别代入式(7.30)和式(7.63)，可得$D_{\mathrm{R}}^{\mathrm{do}}>D_{\mathrm{R}}^{\mathrm{dn}}$。

**情形 5：** $v-l_{\mathrm{r}}<\theta v-l_{\mathrm{e}}$且$b_{\mathrm{r}}^{\mathrm{h}}\leqslant b_{\mathrm{r}}\leqslant b_{\mathrm{r}}^{\mathrm{g}}$

将式(7.39)、式(7.40)和式(7.69)分别代入式(7.30)和式(7.63)，当且仅当$c_{\mathrm{er}}<c_{\mathrm{er}}^{\mathrm{h}}$时，可得$D_{\mathrm{R}}^{\mathrm{do}}>D_{\mathrm{R}}^{\mathrm{dn}}$，这里

$$c_{\mathrm{er}}^{\mathrm{h}}=\frac{-\alpha(3+\beta)[(1-\theta)v+l_{\mathrm{e}}-l_{\mathrm{r}}+b_{\mathrm{e}}]}{2(1+\beta)(1-\beta)}+\frac{\beta(v-l_{\mathrm{r}})+2(1-\beta)b_{\mathrm{e}}+\beta c_{\mathrm{r}}-2(b_{\mathrm{r}}+c_{\mathrm{t}})}{2(1+\beta)}。$$

**情形 6：** $v-l_{\mathrm{r}}<\theta v-l_{\mathrm{e}}$且$b_{\mathrm{r}}<b_{\mathrm{r}}^{\mathrm{h}}$

将式(7.39)、式(7.40)和式(7.67)、式(7.68)分别代入式(7.30)和式(7.63)，当且仅当$c_{\mathrm{er}}<c_{\mathrm{er}}^{\mathrm{i}}$时，可得$D_{\mathrm{R}}^{\mathrm{do}}>D_{\mathrm{R}}^{\mathrm{dn}}$，这里

$$c_{\mathrm{er}}^{\mathrm{i}}=\frac{-\alpha(\alpha+\beta)(3+\beta)[(1-\theta)v+l_{\mathrm{e}}-l_{\mathrm{r}}]+(2a\beta^{2}+4\beta^{3}+4\beta-a^{2}\beta)b_{\mathrm{e}}+(1-\alpha-\beta)[2\beta^{2}(v-l_{\mathrm{r}})+(3\alpha+4\beta+\alpha\beta)c_{\mathrm{t}}+3a\,b_{\mathrm{e}}]}{(1+\beta)(1-\beta)(3\alpha+4\beta)}+\frac{\beta(1-\alpha-\beta)b_{\mathrm{r}}}{(1+\beta)(3\alpha+4\beta)}+\frac{(6\alpha\beta+2\beta^{2}-2\beta^{3}+2a^{2}+a^{2}\beta)c_{\mathrm{r}}}{(1+\beta)(1-\beta)(3\alpha+4\beta)}$$

综合上述分析，可得如下命题。

**命题 7.7** 在竞争情形下，如果双渠道零售商从不采用 POPU 策略转向采用 POPU 策略，其市场份额将发生如下变化：

① 如果$v-l_{\mathrm{r}}\geqslant\theta v-l_{\mathrm{e}}$且$b_{\mathrm{r}}>b_{\mathrm{r}}^{\mathrm{f}}$，那么市场份额增加。

② 如果$v-l_{\mathrm{r}}\geqslant\theta v-l_{\mathrm{e}}$且 $b_{\mathrm{r}}^{\mathrm{h}}\leqslant b_{\mathrm{r}}\leqslant b_{\mathrm{r}}^{\mathrm{f}}$，那么当$c_{\mathrm{er}}<c_{\mathrm{er}}^{\mathrm{f}}$时市场份额增加。

③ 如果$v-l_{\mathrm{r}}\geqslant\theta v-l_{\mathrm{e}}$且$b_{\mathrm{r}}<b_{\mathrm{r}}^{\mathrm{h}}$，那么当$c_{\mathrm{er}}<c_{\mathrm{er}}^{\mathrm{g}}$时市场份额增加。

④ 如果$v-l_{\mathrm{r}}<\theta v-l_{\mathrm{e}}$且$b_{\mathrm{r}}>b_{\mathrm{r}}^{\mathrm{g}}$，那么市场份额增加。

⑤ 如果$v-l_{\mathrm{r}}<\theta v-l_{\mathrm{e}}$且$b_{\mathrm{r}}^{\mathrm{h}}\leqslant b_{\mathrm{r}}\leqslant b_{\mathrm{r}}^{\mathrm{g}}$，那么当$c_{\mathrm{er}}<c_{\mathrm{er}}^{\mathrm{h}}$时市场份额增加。

⑥ 如果$v-l_{\mathrm{r}}<\theta v-l_{\mathrm{e}}$且$b_{\mathrm{r}}<b_{\mathrm{r}}^{\mathrm{h}}$，那么当$c_{\mathrm{er}}<c_{\mathrm{er}}^{\mathrm{i}}$时市场份额增加。

从命题 7.7 可以得出一些有用的结论。首先，当单位出行成本$b_{\mathrm{r}}$足够高时，双渠道零售商会采用 POPU 策略以提高其市场份额。通常，单位出行成本包括时间成本和实际支出(如交通费和停车费)。在实践中，大城市的交通停车费和上班族的时间成本都比较高。因此，如果双渠道零售商的目标客户是大城市的上班族，那么采用 POPU 策略在增加市场份额方面更为有效。其次，当 POPU 策略下的运营成本较低时，双渠道零售商更有可能采用其来增

加市场份额。主要原因是在 POPU 策略下，运营成本越低，价格越低，越有利于增加销量。最后，可以发现，$c_{er}^{X}$（X=f，g，h，i）是随着顾客对线上渠道的接受程度 $\theta$ 的增加而增加的，这意味着 POPU 策略的可行范围随着顾客对线上渠道的接受程度的增加而增加。因此，当顾客对线上渠道的接受程度较高时，相对于不采用 POPU 策略，采用 POPU 策略的优势更明显。

下面将双渠道零售商在采用 POPU 策略下的利润与不采用 POPU 策略的利润进行比较。

**情形 1：**$v-l_r \geqslant \theta v-l_e$ 且 $b_r > b_r^f$

将式（7.38）和式（7.69）分别代入式（7.32）和式（7.65），当且仅当 $c_{er} < c_{er}^{j}$ 时，可得 $\Pi_R^{do} > \Pi_R^{dn}$，$c_{er}^{j}$ 的取值为

$$c_{er}^{j}=\frac{(1-\beta-\alpha)b_e+2\alpha[(1-\theta)v+l_e-l_r]+2\beta(v-l_r)+2c_r\beta}{4\beta}。$$

**情形 2：**$v-l_r \geqslant \theta v-l_e$ 且 $b_r^h \leqslant b_r \leqslant b_r^f$

将式（7.36）、式（7.37）和式（7.69）分别代入式（7.32）和式（7.65），当且仅当 $c_{er} < c_{er}^{k}$ 时，可得 $\Pi_R^{do} > \Pi_R^{dn}$，$c_{er}^{k}$ 的取值为

$$c_{er}^{k}=-\frac{(3+\beta)\sqrt{[(1+3\beta)(B+b_e)-D]^2-4(1-\beta)\{\alpha[(1-\theta)v+l_e-l_r](A-c_r)+\beta(v-l_r)(A-c_r)+(B+b_e)[(1-\beta)A-\alpha c_r]-A^2+(\alpha+\beta)Ac_r-C\}}}{2(1-\beta)(1-\alpha-\beta)}+\frac{(3+\beta)[(1+3\beta)(B+b_e)-D]}{2(1-\beta)(1-\alpha-\beta)}。$$

其中，$A$，$B$，$C$ 和 $D$ 分别为

$$A=\frac{\alpha[(1-\theta)v+l_e-l_r]+(1-\beta)(b_r-b_e+c_t)+2[\beta(v-l_r-b_e)+b_e+c_r(\alpha+\beta)]}{3+\beta},$$

$$B=\frac{2(b_r-b_e+c_t)+\beta(v-l_r-b_e)+b_e+c_r(\alpha+\beta)}{3+\beta}-\frac{\alpha(1+\beta)[(1-\theta)v+l_e-l_r]}{(1-\beta)(3+\beta)},$$

$$C=\frac{\{\alpha[(1-\theta)v+l_e-l_r]+\beta(v-l_r)+\alpha b_e-\beta c_r\}^2}{4\beta},$$

$$D=2\alpha[(1-\theta)v+l_e-l_r]-2(v-l_r)\beta-(2\beta+\alpha)c_r。$$

**情形 3：**$v-l_r \geqslant \theta v-l_e$ 且 $b_r < b_r^h$

将式（7.36）、式（7.37）和式（7.67）、式（7.68）分别代入式（7.32）和式（7.65），当且仅当 $c_{er} < c_{er}^{l}$ 时，可得 $\Pi_R^{do} > \Pi_R^{dn}$，$c_{er}^{l}$ 的取值为

$$c_{er}^{l}=-\frac{(3+\beta)\sqrt{[(1+3\beta)(B+b_e)-D]^2-4(1-\beta)\{\alpha[(1-\theta)v+l_e-l_r](A-c_r)+\beta(v-l_r)(A-c_r)+(B+b_e)[(1-\beta)A-\alpha c_r]-A^2+(\alpha+\beta)Ac_r-E\}}}{2(1-\beta)(1-\alpha-\beta)}+\frac{(3+\beta)[(1+3\beta)(B+b_e)-D]}{2(1-\beta)(1-\alpha-\beta)}。$$

其中，$E=(\alpha+\beta)\left\{\frac{\alpha[(1-\theta)v+b_e+l_e-l_r]+2\beta(v-l_r)+(1-\beta)b_r+c_t\alpha-c_r(\alpha+2\beta)}{3\alpha+4\beta}\right\}^2$。

**情形 4**：$v-l_r<\theta v-l_e$且$b_r>b_r^g$

将式(7.41)和式(7.69)分别代入式(7.34)和式(7.65)，当且仅当$c_{er}<c_{er}^m$时，可得$\Pi_R^{do}>\Pi_R^{dn}$，$c_{er}^m$的取值为

$$c_{er}^m=\frac{\{2\beta(v-l_r)+(1+\alpha-\beta)b_e+\alpha[(1-\theta)v+l_e-l_r]+2\beta c_r]\{(1-\alpha-\beta)b_e-\alpha[(1-\theta)v+l_e-l_r]\}+4\alpha\beta c_r[(1-\theta)v+l_e-l_r+b_e]}{4(1-\beta)\beta b_e}。$$

**情形 5**：$v-l_r<\theta v-l_e$且$b_r^h\leqslant b_r\leqslant b_r^g$

将式(7.39)、式(7.40)和式(7.69)分别代入式(7.34)和式(7.65)，当且仅当$c_{er}<c_{er}^n$时，可得$\Pi_R^{do}>\Pi_R^{dn}$，$c_{er}^n$的取值为

$$c_{er}^n=\frac{[(1+3\beta)(G+b_e)-2\beta(v-l_r+c_r)]}{2(1-\beta)^2}-$$

$$\frac{\sqrt{[(1+3\beta)(G+b_e)-2\beta(v-l_r+c_r)]^2-4(3+\beta)(1-\beta)\{F[(G-F+b_e)+\beta(v-l_r-b_e-G)]-c_r\beta(v-l_r-F)-C\}}}{2(1-\beta)^2}。$$

其中，$F$ 和 $G$ 分别为

$$F=\frac{(1-\beta)(b_r-b_e+c_t)+2[\beta(v-l_r-b_e)+b_e+c_r\beta]}{(3+\beta)},$$

$$G=\frac{2(b_r-b_e+c_t)+[\beta(v-l_r-b_e)+b_e+c_r\beta]}{3+\beta}。$$

**情形 6**：$v-l_r<\theta v-l_e$且$b_r<b_r^h$

将式(7.39)、式(7.40)和式(7.67)、式(7.68)分别代入式(7.34)和式(7.65)，当且仅当$c_{er}<c_{er}^o$时，可得$\Pi_R^{do}>\Pi_R^{dn}$，$c_{er}^o$的取值为

$$c_{er}^o=\frac{[(1+3\beta)(G+b_e)-2\beta(v-l_r+c_r)]}{2(1-\beta)^2}-$$

$$\frac{\sqrt{[(1+3\beta)(G+b_e)-2\beta(v-l_r+c_r)]^2-4(3+\beta)(1-\beta)\{F[(G-F+b_e)+\beta(v-l_r-b_e-G)]-c_r\beta(v-l_r-F)-E\}}}{2(1-\beta)^2}。$$

综合上述分析，可得如下命题。

**命题 7.8**　在竞争情形下，如果双渠道零售商从不采用 POPU 策略转向采用 POPU 策略，其利润将发生如下变化：

① 如果$v-l_r\geqslant\theta v-l_e$且$b_r>b_r^f$，那么当$c_{er}<c_{er}^j$时利润增加。

② 如果$v-l_r\geqslant\theta v-l_e$且$b_r^h\leqslant b_r\leqslant b_r^f$，那么当$c_{er}<c_{er}^k$时利润增加。

③ 如果$v-l_r\geqslant\theta v-l_e$且$b_r<b_r^h$，那么当$c_{er}<c_{er}^l$时利润增加。

④ 如果$v-l_r<\theta v-l_e$且$b_r>b_r^g$，那么当$c_{er}<c_{er}^m$时利润增加。

⑤ 如果$v-l_r<\theta v-l_e$且$b_r^h\leqslant b_r\leqslant b_r^g$，那么当$c_{er}<c_{er}^n$时利润增加。

⑥ 如果$v-l_r<\theta v-l_e$且$b_r<b_r^h$，那么当$c_{er}<c_{er}^o$时利润增加。

从命题 7.8 可以看出，当 POPU 策略下的运营成本较低时，双渠道零售商可以采用其来提高利润。这意味着降低 POPU 策略下的运营成本是提高 POPU 策略有效性的关键。原因在于双渠道零售商采用 POPU 策略时，运营

成本降低,单位平均成本降低,利润率提高。双渠道零售商可以从以下两个方面尝试降低 POPU 策略下的运营成本。一方面,双渠道零售商可以使用自动自提柜代替人工自提站,以节省人工成本。例如,2017 年沃尔玛在美国俄克拉荷马州的线上渠道设置了店内自动取货柜。另一方面,在从门店仓库或货架上拣货到提货站的过程中,双渠道零售商可以进一步优化拣货流程,采用更先进的拣货设备,提高拣货效率,降低拣货成本。

## 7.6　数值算例

在实践中,双渠道零售商经常根据利润做出策略选择(采用 POPU 策略或不采用 POPU 策略)。由前文可知,双渠道零售商在竞争情形下的利润函数非常复杂,无法用解析的方法来研究其他系统参数对策略选择的影响。为了补充分析结果并获得更多的管理启示,本节进行数值研究。

基于上述分析,顾客在不同情形下对 POPU 策略有不同的选择。当 $v-l_r<\theta v-l_e$时,一部分线下购物者和线上购物者会选择 POPU 策略;当 $v-l_r\geqslant\theta v-l_e$时,只有一部分线上购物者会选择 POPU 策略。这可能会对 POPU 策略的有效性产生较大影响。因此,我们分别在这两种情况下进行数值模拟。

先为数值模拟设置合理的基础参数值。参照 Chiang 等[9]的文献,设定产品估值 $v=1$。Kacen 等[20]的研究表明,对于大多数产品来说,人们对线上渠道的接受度低于线下渠道。因此,设定顾客对线上渠道的接受度 $\theta=0.85$。根据假设,已知$c_{er}>c_r>c_t$,所以设定$c_t=0.1$,$c_r=0.15$,$c_{er}=0.4$。在实践中,线下渠道一般很难覆盖整个市场,即 $v-b_r<0$,所以设定单位出行成本$b_r=1.2$;线上购物只需"一键搞定",所以设定$l_e=0.05$。为了保证线上渠道的盈利能力,配送成本$b_e$必须小于$\theta v-l_e$,所以设定$b_e=0.2$;双渠道购物者的数量普遍多于线下购物者或线上购物者,因此设定 $\alpha=0.5$,$\beta=0.3$。综上所述,在数值研究中将使用以下基本参数值:$v=1$,$c_t=0.1$,$c_r=0.15$,$c_{er}=0.4$,$b_r=1.2$,$b_e=0.2$,$l_e=0.05$,$\alpha=0.5$,$\beta=0.3$ 和 $\theta=0.85$。

下面研究消费者比例对策略选择的影响。在图 7.8 和图 7.9 中,分别改变双渠道购物者的比例 $\alpha$ 和线下购物者的比例 $\beta$,观测策略的选择。

**观测 7.1**　在竞争情形下,$\alpha$ 和 $\beta$ 对策略选择的影响如下:

① 当$v-l_r<\theta v-l_e$且 $\alpha$ 或 $\beta$ 变小时,如果双渠道零售商从不采用 POPU 策略转向采用 POPU 策略,其利润将会增加。

② 当$v-l_r\geqslant\theta v-l_e$时,$\alpha$ 或 $\beta$ 的变化对策略的选择不产生影响,但是

POPU 策略的有效性将随着 $\alpha$ 或 $\beta$ 的增加而降低。

当 $v-l_r<\theta v-l_e$ 时，如果双渠道零售商采用 POPU 策略，双渠道购物者将从线下渠道转移到 POPU 模式。由于线下渠道的运营成本高于 POPU 模式，因此采用 POPU 策略下的平均运营成本相对于不采用 POPU 策略会有所增加。也就是说，只有当双渠道零售商能够从线上购物者那里获得足够的利润时，总利润才会增加。从图 7.8a 和图 7.9a 可以看出，$\alpha$ 或 $\beta$ 越小，意味着更多的线上购物会带来更多的利润。这是得出观测 7.1①的主要原因。

从图 7.8b 和图 7.9b 可以看出，当 $v-l_r\geqslant\theta v-l_e$ 时，$\Pi_R^{do}-\Pi_R^{dn}$ 的值随着 $\alpha$ 和 $\beta$ 的增加呈递减趋势。这意味着 POPU 策略的有效性降低。$\alpha$ 和 $\beta$ 较小意味着线上购物者的比例较大。POPU 策略最重要的作用是帮助双渠道零售商与电子零售商竞争线上购物者。因此，POPU 策略的有效性将随着线上购物者比例的增大而增加。在现实生活中，越来越多的顾客习惯于从线上渠道购买产品，因此 POPU 策略将成为未来双渠道零售商更有效的竞争工具。

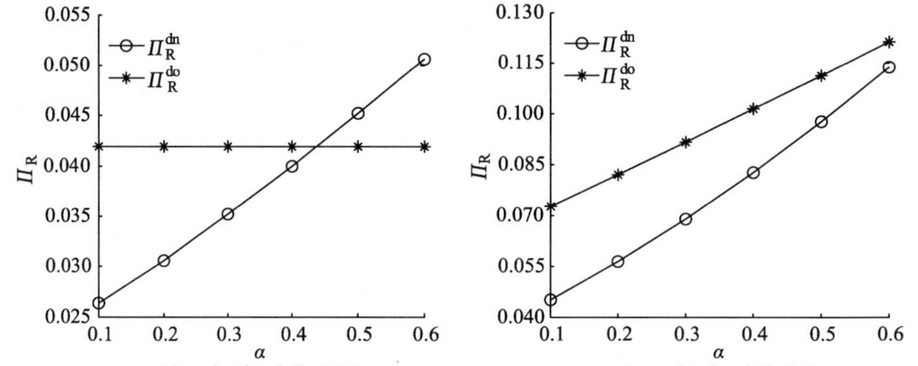


(a) $v-l_r<\theta v-l_e\,(l_r=0.25)$　　(b) $v-l_r\geqslant\theta v-l_e\,(l_r=0.1)$

**图 7.8　$\alpha$ 对双渠道零售商利润的影响**

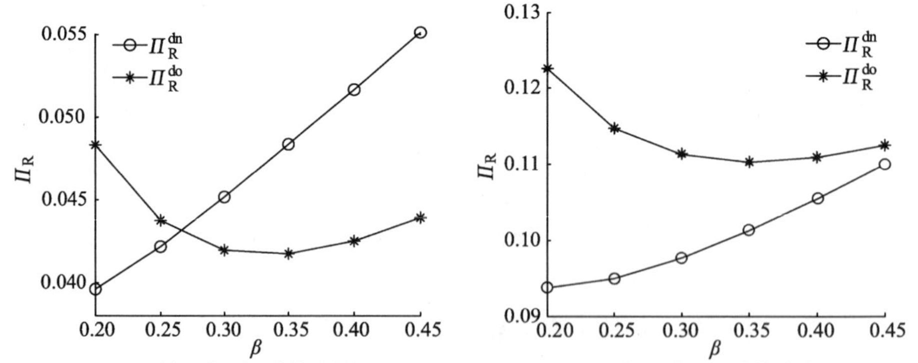


(a) $v-l_r<\theta v-l_e\,(l_r=0.25)$　　(b) $v-l_r\geqslant\theta v-l_e\,(l_r=0.1)$

**图 7.9　$\beta$ 对双渠道零售商利润的影响**

下面研究单位出行成本$b_r$和配送成本$b_e$对策略选择的影响。在图 7.10 和图 7.11 中,分别改变$b_r$和$b_e$,得到以下观测:

**观测 7.2**　在竞争性情形下,$b_r$和$b_e$对策略选择的影响如下:

① $b_r$的变化对策略选择不产生影响。

② 当$v-l_r<\theta v-l_e$且$b_e$变大时,如果双渠道零售商从不采用 POPU 策略转向采用 POPU 策略,其利润将会增加。

③ 当$v-l_r\geqslant\theta v-l_e$时,$b_e$的变化不影响策略的选择,但 POPU 策略的有效性会随着$b_e$的增大而增加。

从观测 7.2①可以看出,当单位出行成本发生变化时,双渠道零售商并没有更加关注策略选择。主要原因是顾客无论是通过线下渠道还是通过 POPU 策略购买产品,都需要支付出行费用。

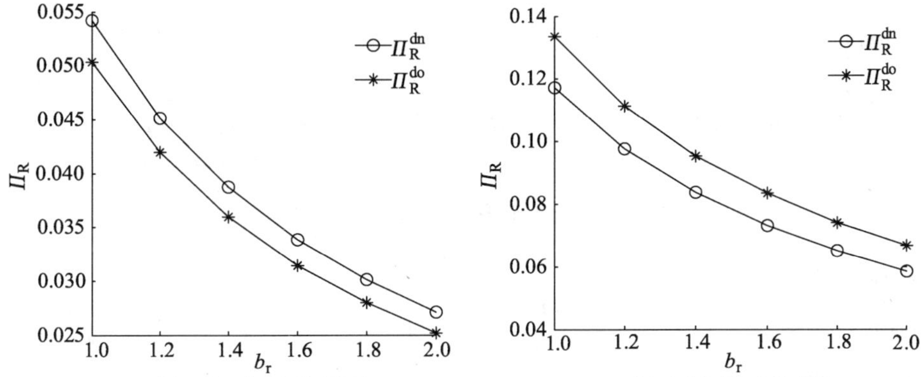


(a) $v-l_r<\theta v-l_e$ ($l_r$=0.25)　　(b) $v-l_r\geqslant\theta v-l_e$ ($l_r$=0.1)

**图 7.10　$b_r$ 对双渠道零售商利润的影响**

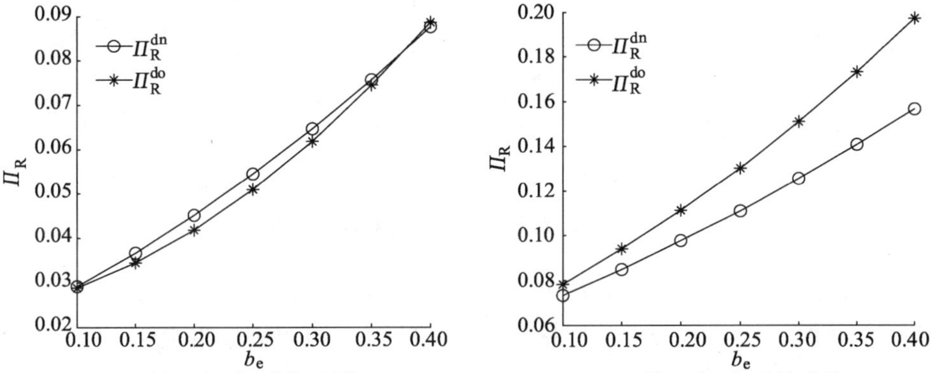


(a) $v-l_r<\theta v-l_e$ ($l_r$=0.25)　　(b) $v-l_r\geqslant\theta v-l_e$ ($l_r$=0.1)

**图 7.11　$b_e$ 对双渠道零售商利润的影响**

POPU 策略可以免除配送成本，所以当配送成本增加时，更多的线上购物者会选择 POPU 模式。这是得出观测 7.2③的主要原因。但是，当 $v-l_r<\theta v-l_e$时，如果配送成本增加，更多的双渠道购物者也会从线下渠道转移到 POPU 模式。相对于不采用 POPU 策略，这将增加平均成本。因此，只有当 $b_e$较大时，双渠道零售商才能从线上购物者那里获得足够的利润，以降低成本上升的影响。这是得出观测 7.2②的主要原因。

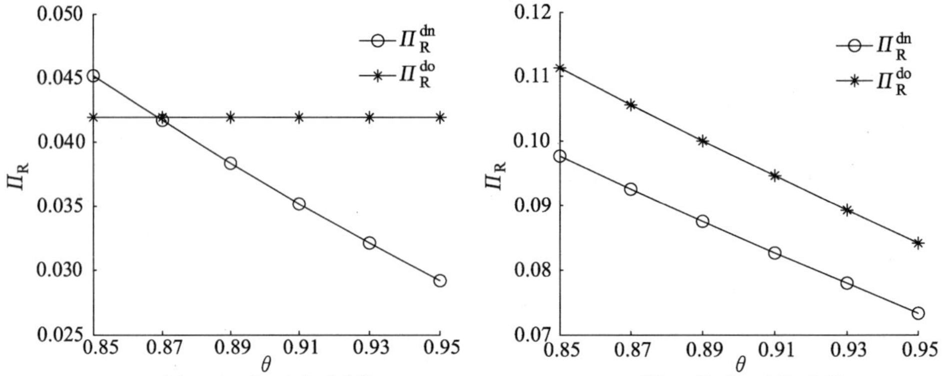


(a) $v-l_r<\theta v-l_e(l_r=0.25)$　　(b) $v-l_r\geqslant\theta v-l_e(l_r=0.1)$

**图 7.12　$\boldsymbol{\theta}$ 对双渠道零售商利润的影响**

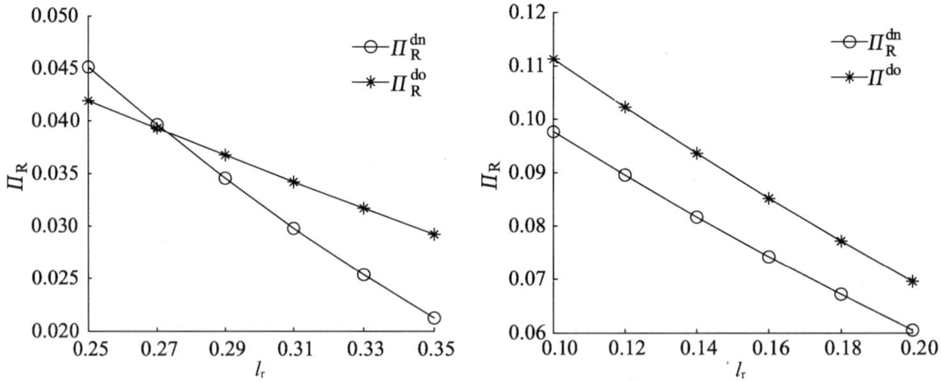


(a) $v-l_r<\theta v-l_e(l_r=0.25)$　　(b) $v-l_r\geqslant\theta v-l_e(l_r=0.1)$

**图 7.13　$l_r$ 对双渠道零售商利润的影响**

下面研究顾客对在线渠道的接受程度 $\theta$ 和线下交易成本 $l_r$对策略选择的影响。在图 7.12 和图 7.13 中，分别改变 $\theta$ 和 $l_r$，可以得到以下观测。

**观测 7.3**　在竞争情形下，$\theta$ 和 $l_r$对策略选择的影响如下：

① 当 $v-l_r<\theta v-l_e$且 $\theta$ 或 $l_r$变大时，如果双渠道零售商从不采用 POPU

策略转向采用 POPU 策略，其利润将会增加。

② 当 $v-l_r \geq \theta v-l_e$ 时，$\theta$ 或 $l_r$ 的变化对策略的选择不产生影响。

当 $v-l_r < \theta v-l_e$ 时，如果双渠道零售商采用 POPU 策略，那么双渠道购物者将从线下转移到 POPU 模式。随着 $\theta$ 的增加，POPU 模式相对于线下渠道的优势增加。随着 $l_r$ 的增加，线下渠道相对于 POPU 模式的优势减少。因此，当 $\theta$ 或 $l_r$ 较大时，POPU 策略会带来更多的利润。这是得出观测 7.3①的主要原因。

当 $v-l_r \geq \theta v-l_e$ 时，如果双渠道零售商采用 POPU 策略，那么只有线上购物者选择 POPU 模式。$\theta$ 对 POPU 模式和网络零售商的影响是相同的。同时，$l_r$ 也不对 POPU 模式和电子零售商产生影响。这就是得出观测 7.3②的主要原因。这意味着，当 $v-l_r \geq \theta v-l_e$ 时，双渠道零售商在顾客对线上渠道的接受程度和线下交易成本发生变化时不会更加关注策略选择。

从图 7.8 至图 7.13 可得以下观测。

**观测 7.4**　在竞争情形下，当 $v-l_r \geq \theta v-l_e$ 时，双渠道零售商在采用 POPU 策略下的利润总是高于不采用 POPU 策略下的利润。

观测 7.4 意味着，当 $v-l_r \geq \theta v-l_e$ 时，POPU 策略是双渠道零售商与电子零售商竞争的有力工具。基于上述分析，当 $v-l_r < \theta v-l_e$ 时，POPU 策略是一把“双刃剑”。一方面，双渠道购物者选择 POPU 模式，成本增加。另一方面，一部分线上购物者从电子零售商转向 POPU 模式，收入增加。当 $v-l_r \geq \theta v-l_e$ 时，双渠道购物者仍然从线下渠道购买产品，所以成本没有变化。同时，双渠道零售商也从双渠道购物者那里获得收益。因此，当 $v-l_r \geq \theta v-l_e$ 时，POPU 策略总是有利于利润的提高。

接下来分析双渠道零售商应该如何做才能使 $v-l_r \geq \theta v-l_e$。当产品价值 $v$ 和线上交易成本 $l_e$ 较大，而线下交易成本 $l_r$ 和顾客对线上渠道的接受度 $\theta$ 较小时，满足 $v-l_r \geq \theta v-l_e$ 的概率更大。

在现实中，$v$，$\theta$ 和 $l_r$ 可以由双渠道零售商控制。双渠道零售商经常销售不同类别的产品，不同的产品有不同的价值。同时，对于不同类别的产品，顾客对线上渠道的接受程度也不同。例如，购买书籍、电子产品和服装的顾客对线上渠道的接受程度要高于购买珠宝和药品的顾客。因此，对于双渠道零售商来说，他们应该为 POPU 模式选择合适的产品组合（价值高且顾客对线上渠道的接受程度低），而不是直接允许所有产品进入 POPU。

线下交易成本主要体现在寻找所需商品、排队支付等花费的时间。不过，目前很多商店的布局都是为了增加顾客的停留时间。例如，很多超市只在高楼层设置一个入口，在一楼设置一个出口。这些方法可能不利于 POPU 策略的实施。因此，双渠道零售商在采用 POPU 策略时，应调整商店布局，方便顾客购物。此外，双渠道零售商还可以通过增加收银员的数量来减少客户的付款时间。

## 7.7 本章小结

本章的主要目的是确定 POPU 策略是否总是有利于提高双渠道零售商的利润或市场份额，如果不是，那么双渠道零售商应该何时采用这种策略。

本章首次提出通过数学模型研究 POPU 策略，并提供了问题的答案。为了反映真实情况，我们考虑了两种情形：垄断情形和竞争情形。在垄断情形下，考虑一个单一的双渠道零售商专门销售一种产品。通过比较最优利润和需求，发现 POPU 策略会降低双渠道零售商的利润和销售额。在竞争情形下，研究了一个由双渠道零售商和电子零售商组成的供应链，并考虑了斯塔克尔伯格博弈，得到双渠道零售商和电子零售商之间的均衡价格。随后，比较最优利润和需求。研究发现，当 POPU 模式的运营成本较低时，双渠道零售商可以采用 POPU 策略来提高利润和市场份额。此外，当单位出行成本和顾客对线上渠道的接受程度较高时，采用 POPU 策略可以提高市场份额。当产品价值和线上交易成本较高，但线下交易成本和顾客对线上渠道的接受程度较低时，双渠道零售商可以通过采用 POPU 策略提高利润。

还有几个有趣的问题需要进一步研究，这里列出三个。第一，如果市场涉及相互竞争的电子零售商、实体店和双渠道零售商，那么双渠道零售商应该何时采用 POPU 策略？第二，在实践中，双渠道零售商和电子零售商的顾客通常在品牌或服务方面存在异质性。在这种情况下，零售商应该如何做出策略选择(采用 POPU 策略或不采用 POPU 策略)。第三，如果供应链由两个相互竞争的双渠道零售商组成，POPU 战略是否是一种均衡策略？

# 第 8 章　“同品异价”环境下销售策略的协同与整合

## 8.1　引言

2022 年，中国网络零售额突破 13.79 万亿元，比 2021 年增长 4.0%。随着电子商务的发展，越来越多的实体零售商转型为双渠道零售商，即同时经营线下和线上渠道。然而，许多纯网络零售商（如亚马逊、京东和天猫）比大多数双渠道零售商更早进入电商市场领域。因此，目前在电子商务市场，双渠道零售商在与纯网络零售商的竞争中仍处于劣势。例如，2022 年，双渠道零售商（如苏宁、国美）在中国 B2C 电商市场的份额仅为 2%。

为了提高竞争力，许多双渠道零售商开始采用一些渠道协同策略。目前，“线上购买，店内取货”（POPU）是一种常见的渠道协同策略，被许多双渠道零售商采用，如苏宁、优衣库、7－11、电路城等，它们中有一些取得了良好的效果。例如，电路城 50%的在线订单来自 POPU 策略。然而，也有一些零售商并没有达到预期的效果。例如，优衣库在 2014 年采用了 POPU 策略，不仅没有提升销量，还增加了运营成本。同时，一些实证研究也表明，POPU 策略并不总是对双渠道零售商有利[110]。

因此，以下问题具有重要的现实意义：双渠道零售商应该何时采用 POPU 策略？为此，我们首先建立了“相同产品不同价格”条件下的垄断模型。然后，分别研究了不采用 POPU 策略和采取 POPU 策略下的最优价格决策。通过比较这两种策略下双渠道零售商的表现，研究了 POPU 策略的适用范围。最后，将垄断模型拓展到竞争环境。在实践中，双渠道零售商经常将 POPU 策略作为与纯网络零售商竞争的手段。因此，在竞争情形下，我们考虑一个纯网络零售商和一个双渠道零售商在网络零售商领导的斯塔克尔伯格博弈中相互竞争,研究不采用 POPU 策略和采用 POPU 策略下的均衡价格,以及 POPU 策略在竞争环境中的应用范围。

Gao 和 Su[111] 以及 Zhang 等[119] 研究了 POPU 策略的应用。相比之下,本章的研究至少会有两个重要贡献。首先,他们研究了"同产品同价格"条件下的 POPU 策略。"同产品同价格"是指同一产品在线下渠道和线上渠道的价格是一样的。然而,目前线下渠道和线上渠道的差异化价格仍然非常普遍(例如,国美和沃尔玛)。为了反映这种商业现象,本章考虑了"相同产品不同价格"的情况。将研究结果与相关文献进行比较,发现 POPU 策略的应用受价格策略("同产品同价格"和"相同产品不同价格")影响较大。其次,虽然 Zhang 等[119] 将 Gao 和 Su [111] 的模型从非竞争环境拓展到竞争环境,但他们假设纯网络零售商和双渠道零售商在电商市场上拥有相当的市场力量,即纳什博弈。然而,在一些国家,纯网络零售商比双渠道零售商拥有更多的权力。同时,消费者经常会到天猫等纯网络零售商那里追踪价格。因此,纯网络零售商对产品定价的影响更大。本章认为,双渠道零售商在与纯网络零售商的竞争中处于劣势,即网络零售商为斯塔克尔伯格博弈中的领导者。综上所述,本章不仅为零售商在网络零售商为领导者且"相同产品不同价格"的情况下采用 POPU 策略提供了决策支持,而且进一步丰富了运营管理中关于双渠道零售的理论。

## 8.2 文献综述

随着越来越多的零售商开始使用双渠道模式,渠道之间的协同作用变得更加重要。许多学者已经开始关注这个问题。Steinfield 等发现,尽管有案例研究证明了渠道整合的好处,但跨渠道的高度整合相对来说并不常见。他们提出,所需的投资水平和信息技术的复杂性是造成这种现象的主要原因[120]。Bendoly 等主要研究了渠道整合对购买决策的影响。他们发现,渠道整合程度对于提高消费者留存率至关重要[104]。Oh 和 Teo 研究了线上渠道和线下渠道之间的信息共享策略,发现该策略为零售企业提供了一个很好的机会来增强他们与客户之间的关系以及他们的业绩[121]。Herhausen 等将渠道协同战略定义为将对线下渠道的访问和知识整合到线上渠道。他们研究了线上、线下渠道整合对购买决策的影响,发现整合后的双渠道可以提高竞争优势[106]。Li 等考虑了一个同时拥有实体和电子渠道的垄断出版商,发现通过协调不同渠道的销售时间和价格，可以有效提高出版商的利润[122]。Lee 研究了全渠道特征对消费者满意度的影响，发现整合促销和整合信息可以显著提高消费者满意度[123]。

上述文献中尽管研究了渠道协同效应，但并没有涉及 POPU 策略。Steinfield 使用交易成本经济学、组织间系统、竞争战略和经济社会学建立了一个框架，该框架可以勾勒出电子商务与传统渠道整合所产生的潜在协同效应。他提到了作为协同策略之一的 POPU 策略[101]。Chopra 提出了一个框架来帮助管理者根据各种客户和产品的特点设计分销渠道。他提到了 POPU 策略，并认为它可以降低分销成本[102]。Berman 和 Thelen 提出了多种渠道协同策略，如 POPU 策略、协同促销、协同信息系统和协同定价。他们认为，这样的协同策略可以增加客户群、增加收入和提高市场份额[103]。Zhang 等研究了多渠道发展的动机和制约因素，设计了多渠道零售战略的挑战，创造了跨渠道协同效应的机会。在多渠道零售策略中，他们主要讨论了 POPU 策略、“线上购买和店内交付”和“线上购买和店内退货”[105]。

上述研究虽然涉及 POPU 策略，但并没有对 POPU 策略进行深入研究。在商业实践中，很多零售商认为 POPU 策略是最重要的渠道协同策略[107]，因此一些学者开始关注 POPU 策略。Chatterjee 研究了渠道协同策略对消费者购买决策的影响，利用 POPU 策略进行了实证分析。结果表明，采用 POPU 策略的双渠道零售商比独立经营双渠道的零售商可以获得更多的利润[108]。Kim 等采用实证研究的方法研究了 POPU 策略对消费者购买行为的影响，发现消费者对线上购物的相对优势、复杂性、兼容性和风险的感知在采用 POPU 策略中起着重要作用[109]。Gallino 和 Moreno 发现，线下渠道可以从 POPU 策略中获益，但线上渠道将遭受损失[110]。虽然 Kim 等[109]以及 Gallino 和 Moreno[110]通过实证分析提出 POPU 策略不一定对双渠道零售商有利，但他们并没有进一步分析零售商应该何时采用 POPU 策略。Gao 和 Su[111]以及 Zhang 等[119]通过建立数学模型研究了这个问题，发现 POPU 策略不适合商店的热销产品。但是，他们只考虑了“同产品同价格”的条件。然而，在实践中，双渠道的差价仍然是普遍现象。另外，Zhang 等[119]虽然在竞争环境下研究了这个问题，但只考虑了零售商和纯网络零售商在电子商务市场上拥有相当市场力量的情形。然而，在电子商务市场，纯网络零售商比零售商拥有更多的权力是一个更为普遍的现象。因此，本章将在“相同产品不同价格”条件下和网络零售商领导的斯塔克尔伯格博弈中研究这一问题。

此外，与双渠道零售商相比，制造商在实践中较早采用双渠道模式。双渠道制造商是指制造商同时通过线上直销渠道和线下零售商分销其产品。以往关于渠道协同的研究主要集中在这一领域。学者们提出了多种渠道协同策略，如合作广告策略[112-113]、横向转载策略[45,114-115]、信息共享策略[116]。他们发现，在某些情况下，这些渠道协同策略可以同时提高制造商和零售商的业绩。

## 8.3 模型描述及符号说明

本节将使用数学建模的方法来研究 POPU 策略的应用。数学建模的基本过程如下：第一步，根据实际情况建立数学模型；第二步，用数学方法求解模型；第三步，将求解结果用于解决实际问题。

下面主要介绍垄断双渠道零售商的基本模型。零售商分别通过线下渠道和线上渠道以价格$p_r$和$p_e$销售产品。不同销售渠道的单位运营成本一般是不同的，所以我们用$c_r$和$c_e$分别表示线下渠道和线上渠道的运营成本。一些实证文献表明，与线下渠道相比，线上渠道可以有效降低运营成本[117]，所以假设$c_r > c_e$。通过实证研究，Kacen 等发现，消费者对线上渠道的接受程度普遍低于线下渠道。主要原因是消费者从线上渠道购买产品时不能立即拥有，缺乏详细的实物检查[20]。因此，我们用 $v$ 和 $\theta v$ 分别表示从线下渠道和线上渠道购买产品的价值，其中 $0<\theta<1$。购买产品的价值是指产品能够给消费者带来的价值。例如，产品一般可以满足消费者在功能和/或情感方面的需求。

许多相关的研究也有相同的假设，如 Chiang 等[9]的研究。如果消费者从线上渠道购买产品，通常需要支付配送成本 $b_e$和交易成本 $l_e$。基于上述分析，线上渠道的消费者效用$U_e$为

$$U_e=\theta v-p_e-b_e-l_e \tag{8.1}$$

与线上渠道相比，消费者从线下渠道购买时需要去实体店。因此，消费者需要支付购物旅行成本 $b_r s$，其中 $b_r$是单位购物旅行成本，$s$ 是消费者到商店的距离。按照 Osborne 和 Pitchik[118]的观点，假设 $s$ 在消费者群体中从 0 到 1 均匀分布，密度为 1，且实体店位于 $s=0$ 处。在实体店中，消费者需要花时间定位所需物品和排队付款等，所以我们用 $l_r$来表示线下的交易成本。在现实中，由于网上的交易是“一键式”的，因此我们假设线下的交易成本大于线上的交易成本，即 $l_r>l_e$。基于上述分析，线下渠道的消费者效用$U_r$为

$$U_r=v-p_r-b_r s-l_r \tag{8.2}$$

在实践中，线下渠道很难覆盖整个市场。也就是说，即使交易成本和线下渠道的价格都为零，远离线下渠道的消费者也不会购买。因此，我们假设 $v-b_r<0$。如果消费者采用 POPU 策略，他们不需要支付配送成本 $b_e$，但需要承担购物旅行成本 $b_r s$。我们用 $p_{ei}$ 表示 POPU 策略下的销售价格，则 POPU 策略下的消费者效用 $U_{ei}$ 为

$$U_{ei}=\theta v-p_{ei}-b_r s-l_e \tag{8.3}$$

## 8.4 垄断情形

在实践中，一些零售商专门销售制造商的某类产品。在这种垄断情形下，零售商是否以及应该何时采用 POPU 策略？为了回答这个问题，我们分别研究零售商在不采用 POPU 策略和采用 POPU 策略下的表现。为了清楚起见，我们用上标 mo 和 mn 分别表示采用 POPU 策略的情况和不采用 POPU 策略的情况。

### 8.4.1 不采用 POPU 策略

首先推导出零售商对线上和线下渠道的需求函数。在不采用 POPU 策略时，消费者不能从商店里自取网上购买的产品，而会从有更多消费者剩余的渠道购买。如果 $v-p_r^{mn}-b_r s-l_r>\theta v-p_e^{mn}-b_e-l_e$，那么消费者倾向于选择线下渠道。当 $s^{\alpha}=\dfrac{(1-\theta)v+b_e+p_e^{mn}+l_e-p_r^{mn}-l_r}{b_r}$ 时，线上渠道或线下渠道对消费者来说是无差异的，如图 8.1 所示。

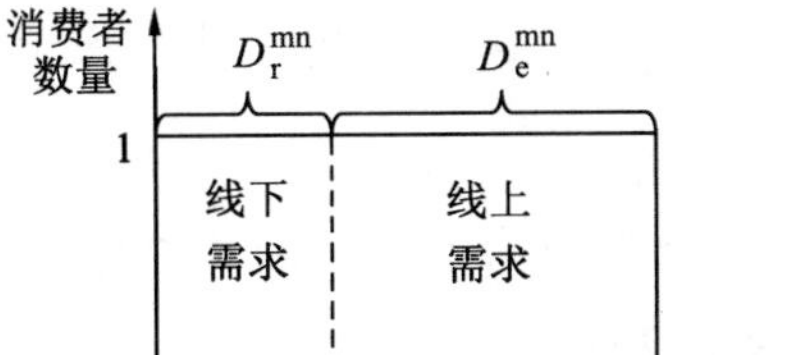


**图 8.1 在垄断且不采取 POPU 策略的情况下零售商的需求**

根据图 8.1，线下渠道的需求 $D_r^{mn}$ 和线上渠道的需求 $D_e^{mn}$ 分别为

$$D_r^{mn}=\frac{(1-\theta)v+b_e+p_e^{mn}+l_e-p_r^{mn}-l_r}{b_r} \tag{8.4}$$

$$D_e^{mn}=\frac{b_r-(1-\theta)v-b_e-p_e^{mn}-l_e+p_r^{mn}+l_r}{b_r} \tag{8.5}$$

根据需求函数,可得零售商的利润为

$$\Pi_R^{mn}=(p_r^{mn}-c_r)\frac{(1-\theta)v+b_e+p_e^{mn}+l_e-p_r^{mn}-l_r}{b_r}+(p_e^{mn}-c_e)\frac{b_r-(1-\theta)v-b_e-p_e^{mn}-l_e+p_r^{mn}+l_r}{b_r} \tag{8.6}$$

从式(8.6)中,可以推导出存在能使零售商利润最大化的最优价格决策(非唯一性)。

在实践中,零售商可以采用单一的线上渠道、单一的线下渠道,或者双渠道来分销产品。首先比较单一线下渠道和双渠道。因为我们假设线下渠道很难覆盖整个市场,所以在单一线下渠道模式下,有些需求是无法满足的。在这种情况下,由于消费者通过线上渠道(带配送)购买的价值是同质的,要么所有的消费者都愿意在线上购买,要么没有消费者愿意在线上购买。也就是说,当成本不超过这个共同估值时,零售商可以利用线上渠道与任何不在线下购物的消费者建立连接,从而获得更多的利润。因此,双渠道模式总是优于单一线下渠道模式。

接下来比较单一线上渠道和双渠道。在单一线上渠道模式下,零售商将设定价格 $p_e=\theta v-b_e-l_e$ 以实现利润最大化。在这种情况下,可得零售商的利润率为 $\theta v-b_e-l_e-c_e$。在双渠道模式下,为了确保 $U_r=v-p_r-b_rs-l_r\geqslant 0$,最高线下价格应为 $v-l_r$。如果 $v-l_r-c_r<\theta v-b_e-l_e-c_e$,当零售商从单一线上渠道转向双渠道时,其利润率将下降。因此,可得如下命题。

**命题 8.1** 在垄断且不采用 POPU 策略的情况下,如果 $\theta\geqslant\frac{v-c_r-l_r+b_e+c_e+l_e}{v}$,零售商应该采用单一线上渠道,即 $s^\alpha\leqslant 0$;否则,零售商应该采用双渠道,即 $s^\alpha>0$。

由命题 8.1 可知,当消费者对线上渠道的接受程度不是很高时,双渠道模式可以为零售商带来更多的利润。

### 8.4.2 采用 POPU 策略

在 POPU 策略下,消费者可以选择带配送的线上渠道(简称线上渠道)、POPU 模式和线下渠道。首先比较 POPU 模式和线上渠道。如果 $\theta v-p_{ei}^{mo}-b_rs-l_e>\theta v-p_e^{mo}-b_e-l_e$,那么消费者倾向于选择 POPU 模式。当 $s^\beta=\frac{p_e^{mo}+b_e-p_{ei}^{mo}}{b_r}$ 时,POPU 模式和线上渠道对消费者来说都是无差异的。接着比较线下渠道和 POPU 模式。如果 $v-p_r^{mo}-l_r<\theta v-p_{ei}^{mo}-l_e$,那么消费者

倾向于选择 POPU 模式。由于在 $v-p_{r}^{mo}-l_{r}>\theta v-p_{ei}^{mo}-l_{e}$下可得 $s^{\alpha}\geqslant s^{\beta}$，所以我们可以推测出没有消费者会选择 POPU 模式。在这种情况下，我们将得到与不采用 POPU 策略情形下相同的结果。因此，为了研究 POPU 策略是否能帮助零售商，我们只考虑 $v-p_{r}^{mo}-l_{r}<\theta v-p_{ei}^{mo}-l_{e}$这一条件。基于上述分析，在垄断且采用 POPU 策略情况下的零售商的需求如图 8.2 所示。

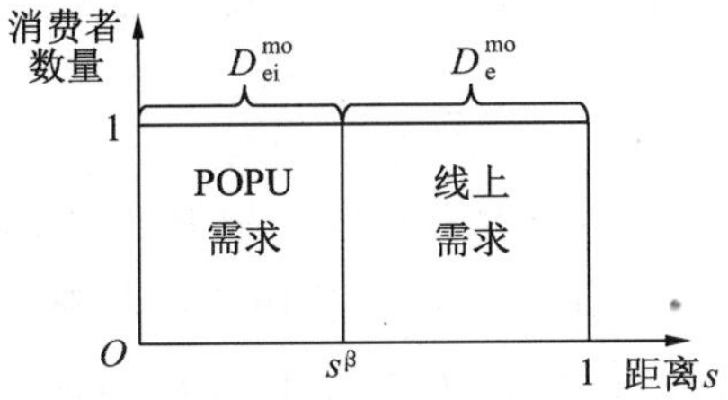


**图 8.2　在垄断且采取 POPU 策略情况下的零售商需求**

根据图 8.2，POPU 策略下的需求 $D_{ei}^{mo}$和线上渠道的需求 $D_{e}^{mo}$分别为

$$D_{ei}^{mo}=\frac{p_{e}^{mo}+b_{e}-p_{ei}^{mo}}{b_{r}} \tag{8.7}$$

$$D_{e}^{mo}=\frac{b_{r}-p_{e}^{mo}-b_{e}+p_{ei}^{mo}}{b_{r}} \tag{8.8}$$

根据需求函数，可得零售商的利润为

$$\Pi_{R}^{mo}=(p_{ei}^{mo}-c_{r})\frac{p_{e}^{mo}+b_{e}-p_{ei}^{mo}}{b_{r}}+(p_{e}^{mo}-c_{e})\frac{b_{r}-p_{e}^{mo}-b_{e}+p_{ei}^{mo}}{b_{r}} \tag{8.9}$$

从式(8.9)可知，存在能使零售商利润最大化的最优价格决策(非唯一性)。

8.4.3　策略选择：不采用 POPU 策略还是采用 POPU 策略

基于以上分析，不采用 POPU 和采用 POPU 策略下的零售商都能实现完全的市场覆盖，所以 POPU 策略不能提高市场份额。接下来讨论 POPU 策略对零售商利润的影响。根据命题 8.1 可知，如果 $\theta\geqslant\frac{v-c_{r}-l_{r}+b_{e}+c_{e}+l_{e}}{v}$，那么单一线上渠道优于双渠道，且零售商将设定价格 $p_{e}=\theta v-b_{e}-l_{e}$以实现其利润最大化。但是，在双渠道模式下，如果零售商采用 POPU 策略，那么他可以设定价格 $p_{ei}=\theta v-l_{e}$和$p_{e}=\theta v-b_{e}-l_{e}$。如果 POPU 策略下的利润率 $\theta v-l_{e}-c_{r}$高于线上渠道的利润率 $\theta v-b_{e}-l_{e}-c_{e}$，那么 POPU 策略将提高零售商的利润。因此，可得如下命题。

**命题 8.2**　在垄断情形下，当 $\theta\geqslant\frac{v-c_{r}-l_{r}+b_{e}+c_{e}+l_{e}}{v}$且 $b_{e}>c_{r}-c_{e}$时，

采用 POPU 策略的零售商利润高于不采用 POPU 策略的零售商利润。

采用 POPU 策略的消费者可以发现他们的配送成本减少，但购物旅行成本相应增加。那些离商店近的消费者可以采用 POPU 策略来增加他们的效用。POPU 策略为零售商提供了一种实施价格歧视的方法，即为采用 POPU 策略的消费者设定更高的价格。同时，当线下运营成本较低时，零售商将从 POPU 策略中获得更多的利润，这是其利润增长的主要来源。

由命题 8.1 可知，如果 $\theta<\frac{v-c_r-l_r+b_e+c_e+l_e}{v}$，在不采用 POPU 策略的情况下，线上渠道和线下渠道都有需求。根据 POPU 策略下的需求分析可知，只有当$s^{\beta}>s^{\alpha}$时，一些消费者才会采用 POPU 策略。因此，在这个条件下，当零售商从不采用 POPU 策略转为采用 POPU 策略时，会有两类消费者将购买方式改为 POPU。一类是不采用 POPU 策略下的所有线下消费者，他们改变的原因是他们可以同时享受免费的配送成本和较低的交易成本。另一类是不采用 POPU 策略下的一部分离商店比较近的线上消费者，相对于配送成本，他们在 POPU 策略下的购物旅行成本较低，这也是他们改变策略的主要原因。综上可知，不采用 POPU 策略和采用 POPU 策略的最优价格决策是非唯一的，所以很难研究采用 POPU 策略后这些价格如何变化以及变化的原因。因此，我们通过数值模拟来比较利润。基本参数值如下：$v=1$，$c_r=0.3$，$c_e=0.2$，$b_r=1.2$，$b_e=0.3$，$l_r=0.2$，$l_e=0.1$，$\theta=0.9$。根据图 8.3 和图 8.4，可得如下观测。

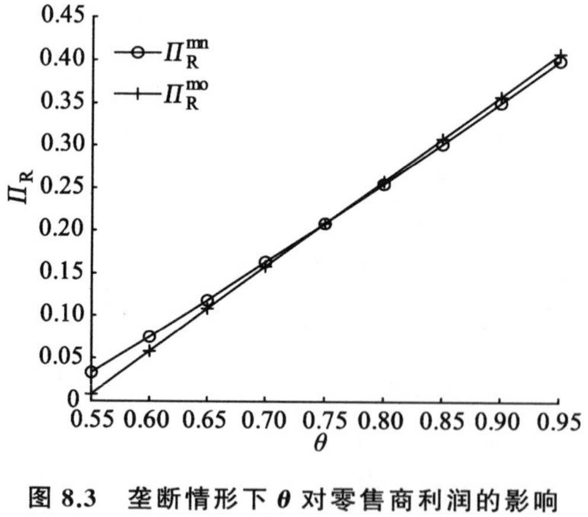


**图 8.3　垄断情形下 $\theta$ 对零售商利润的影响**

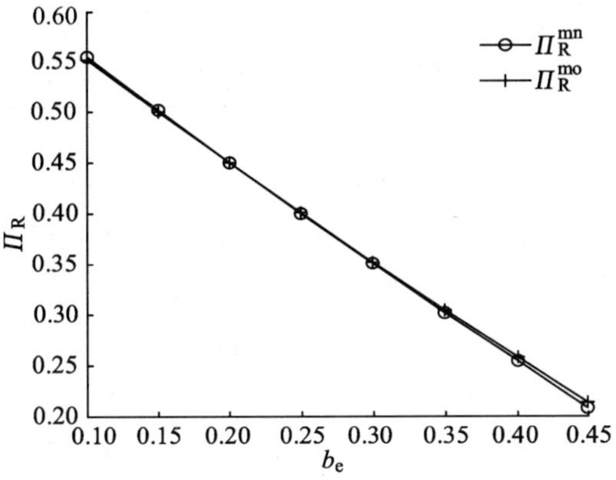


**图 8.4　垄断情形下 $b_e$ 对零售商利润的影响**

**观测 8.1**　在垄断情形下，如果 $\theta < \dfrac{v - c_r - l_r + b_e + c_e + l_e}{v}$，当线上渠道的配送成本或消费者接受度较高时，零售商可以采用 POPU 策略来提高利润。

根据上述分析，当零售商采用 POPU 策略时，所有的线下消费者和一部分线上消费者会将购买方式改为 POPU 模式。当线下消费者采用 POPU 模式时，他们将面临更低的产品价值（从 $v$ 到 $\theta v$）和更低的交易成本（从 $l_r$ 到 $l_e$），因此，消费者对线上渠道的接受程度越高，可能会带来更多的剩余，从而为零售商在 POPU 策略下制定更高的价格提供机会。因此，消费者对线上渠道的接受程度越高，就越有利于零售商从原来的线下消费者那里获得更多的利润。当线上消费者采用 POPU 模式时，他们将面对较低的购物旅行成本（从 $b_e$ 到 $b_r s$），这意味着线上消费者可以从 POPU 模式中获得更多的收益。因此，零售商可以为原来的线上消费者设定更高的价格，获得更多的利润。

结合以上分析可知，如果零售商的线下消费者较多，那么他在决定是否采用 POPU 策略时，应该更关注消费者对线上渠道的接受程度。相反，如果零售商拥有较多的线上消费者，那么他在决定采用 POPU 策略时，应该更关注配送成本。

Gao 和 Su[111] 以及 Zhang 等[119] 也研究了在垄断情况下零售商是否应该采用 POPU 策略。Gao 和 Su[111] 的研究结果显示，POPU 策略有利于提高零售商的利润。主要原因在于交叉销售机会，即消费者在店内提货时可能会购买额外的产品。然而，在商业实践中，为了方便采用 POPU 策略的消费者取货，零售商一般将取货站设在店外。一些零售商（如沃尔玛）甚至为消费者提供“送货上车”服务。因此，在实践中，交叉销售的收入/利润可能是有限的。

命题 8.2 和观测 8.1 显示，在某些条件下，POPU 策略对零售商来说并不是一个好的选择，这与一些商业实践是一致的。例如，优衣库在 2014 年采用 POPU 策略时，其收入就有所减少。Zhang 等[119]的研究表明，在垄断情形下，如果双渠道零售商从不采用 POPU 策略转为采用 POPU 策略，其利润会减少。主要原因是 POPU 策略增加了零售商的运营成本，但由于“同产品同价格”，零售商不能为采用 POPU 的消费者制定更高的价格。我们认为零售商可以采用“相同产品不同价格”的策略，也就是说，同一产品可以在线下和线上渠道设置不同的价格。目前零售行业广泛采用这种策略(如国美和沃尔玛)。因此，零售商有机会在某些情况下采用 POPU 策略来获得更高的收入。许多零售商(如苏宁、7－11 和电路城)选择采用 POPU 策略，也印证了上述结论。

## 8.5 竞争情形

在实践中，POPU 经常被用作双渠道零售商和纯网络零售商之间的竞争策略。因此，我们认为在竞争情形下纯网络零售商(简称网络零售商)与双渠道零售商竞争。为清晰起见，我们使用上标 d 来表示这种情况。网络零售商以价格 $p_t^d$ 向消费者出售产品。由于网络零售商在电子商务市场拥有更丰富的运营经验，因此假设网络零售商的运营成本 $c_t$ 低于零售商线上渠道的运营成本。

我们的目标是确定零售商在竞争情形下是否以及应该何时采用 POPU 策略。为了回答这个问题，首先研究博弈均衡价格。在许多国家，网络零售商比双渠道零售商拥有更多的权力。因此，假设网络零售商是斯塔克尔伯格博弈的领导者，零售商是追随者。博弈顺序如下：网络零售商作为斯塔克尔伯格博弈的领导者决定其价格；零售商作为斯塔克尔伯格博弈的追随者，决定其线上和线下渠道的价格。基于以上分析，可以使用反向演绎来解决这个博弈。

### 8.5.1 不采用 POPU 策略

首先研究零售商和网络零售商的需求函数。在不采用 POPU 策略的情况下，消费者可以在零售商的线下渠道、零售商的线上渠道和网络零售商之间进行选择。先比较网络零售商和零售商的线下渠道。如果 $\theta v - p_t^{dn} - b_e - l_e > v - p_r^{dn} - b_r s - l_r$，消费者将倾向于选择网络零售商。当 $s^\gamma = \dfrac{(1-\theta)v + b_e + p_t^{dn} + l_e - p_r^{dn} - l_r}{b_r}$ 时，对消费者来说网络零售商和零售商的线下渠道是无差异的。接下来比较网络零售商与零售商的线上渠道。如果 $\theta v-p_e^{dn}-b_e-l_e>\theta v-p_t^{dn}-b_e-l_e$，消费者将倾向于选择网络零售商。当 $p_e^{dn}=p_t^{dn}$ 时，对消费者来说网络零售商和消费者的线上渠道是无差异的。因为 $c_t<c_e$，所以网络零售商总是可以把价格 $p_t^{dn}$ 定得比零售商的线上渠道价格 $p_e^{dn}$ 低，以保证其销量。例如，对零售商来说，线上渠道的最低价格 $p_e^{dn}=c_e$。在这个条件下，网络零售商也可以设定价格 $p_t^{dn}=c_e-\varepsilon$（其中 $0<\varepsilon<c_e-c_t$）来保证销量并同时获得利润。因此，零售商只是利用他的线上渠道来限制网络零售商的价格上限，即 $p_t^{dn}<p_e^{dn}$。综上所述，在该情况下，零售商线下渠道的需求 $D_r^{dn}$ 和网络零售商的需求 $D_t^{dn}$ 分别为

$$D_r^{dn}=\frac{(1-\theta)v+b_e+p_t^{dn}+l_e-p_r^{dn}-l_r}{b_r} \tag{8.10}$$

$$D_t^{dn}=\frac{b_r-(1-\theta)v-b_e-p_t^{dn}-l_e+p_r^{dn}+l_r}{b_r} \tag{8.11}$$

根据博弈顺序，零售商将首先确定其对网络零售商价格的最优反应。从式(8.10)可得零售商的利润为

$$\Pi_R^{dn}=(p_r^{dn}-c_r)\frac{(1-\theta)v+b_e+p_t^{dn}+l_e-p_r^{dn}-l_r}{b_r} \tag{8.12}$$

从式(8.12)可得唯一的最优反应 $\tilde{p}_r^{dn}$ 为

$$\tilde{p}_r^{dn}=\frac{(1-\theta)v+b_e+p_t^{dn}+l_e+c_r-l_r}{2} \tag{8.13}$$

然后研究零售商将如何决定其线上渠道的价格。由上可知，虽然其线上渠道没有需求，但零售商可以利用线上渠道来限制网络零售商的价格，即网络零售商必须设定其价格 $p_t^{dn}$ 低于零售商的线上渠道价格 $p_e^{dn}$。将式(8.13)代入式(8.12)，可知 $\Pi_R^{dn}$ 随着 $p_t^{dn}$ 的增加而增加，所以零售商的最优线上渠道价格为

$$p_t^{dn*}=\theta v-b_e-l_e \tag{8.14}$$

根据式(8.13)和式(8.11)，可得网络零售商的利润函数为

$$\Pi_T^{dn}=(p_t^{dn}-c_t)\frac{2b_r-(1-\theta)v-b_e-l_e-p_t^{dn}+c_r+l_r}{2b_r} \tag{8.15}$$

根据式(8.15)和式(8.12)，可得如下命题。

**命题 8.3**　在竞争情形下，如果零售商不采用 POPU 策略，斯塔克尔伯格博弈的均衡价格为

$$p_r^{dn*}=\frac{v+c_r-l_r}{2} \tag{8.16}$$

$$p_{t}^{dn*}=\theta v-b_{e}-l_{e} \tag{8.17}$$

从命题 8.3 中发现，虽然零售商与网络零售商竞争，但零售商的线下价格与线上渠道的参数无关，如消费者对线上渠道的接受度和配送成本。零售商在设定线下价格时只需考虑线下渠道的运营成本和交易成本。

8.5.2　采用 POPU 策略

同样，我们首先研究零售商和网络零售商的需求函数。在 POPU 策略下，消费者可以在 POPU 模式、零售商的线上配送渠道(线上渠道)、线下渠道和网络零售商之间进行选择。接下来，我们将网络零售商与零售商的 POPU 模式进行比较。如果 $\theta v-p_{ei}^{do}-b_{r}s-l_{e}>\theta v-p_{t}^{do}-b_{e}-l_{e}$，那么消费者将倾向于选择 POPU 模式。当 $s^{\chi}=\dfrac{p_{t}^{do}+b_{e}-p_{ei}^{do}}{b_{r}}$ 时，对消费者来说网络零售商和 POPU 模式是无差异的。与垄断情形下采用 POPU 策略的情况类似，我们需要考虑 $v-p_{r}^{do}-l_{r}<\theta v-p_{ei}^{do}-l_{e}$ 这一条件。此外，为了保证销量，网络零售商需要将价格 $p_{t}^{dn}$ 定得比零售商线上渠道的价格低。综上所述，可得消费者只会在网络零售商和 POPU 模式之间进行选择。因此，POPU 模式的需求 $D_{ei}^{do}$ 和网络零售商的需求 $D_{t}^{do}$ 分别为

$$D_{ei}^{do}=\frac{p_{t}^{do}+b_{e}-p_{ei}^{do}}{b_{r}} \tag{8.18}$$

$$D_{t}^{do}=\frac{b_{r}-p_{t}^{do}-b_{e}+p_{ei}^{do}}{b_{r}} \tag{8.19}$$

零售商将首先确定其对网络零售商的价格的最优反应。根据式(8.18)，可得零售商的利润为

$$\Pi_{R}^{dn}=(p_{t}^{dn}-c_{t})\frac{2b_{r}-(1-\theta)v-b_{e}-l_{e}-p_{t}^{dn}+c_{r}+l_{r}}{2b_{r}} \tag{8.20}$$

根据式(8.20)可得最优反应函数为

$$\tilde{p}_{ei}^{do}=\begin{cases}\theta v-b_{e}-l_{e}, & p_{t}^{do}>2\theta v-3b_{e}-c_{r}\\ \dfrac{p_{t}^{do}+b_{e}+c_{r}}{2}, & p_{t}^{do}\leqslant 2\theta v-3b_{e}-c_{r}\end{cases} \tag{8.21}$$

根据式(8.21)可得网络零售商的利润为

$$\Pi_{T}^{do}=\begin{cases}(p_{t}^{do}-c_{t})\dfrac{b_{r}-p_{t}^{do}-2b_{e}+\theta v-l_{e}}{b_{r}}, & p_{t}^{do}>2\theta v-3b_{e}-c_{r}\\ (p_{t}^{do}-c_{t})\dfrac{2b_{r}-p_{t}^{do}-b_{e}+c_{r}}{b_{r}}, & p_{t}^{do}\leqslant 2\theta v-3b_{e}-c_{r}\end{cases} \tag{8.22}$$

根据式(8.21)和式(8.22)，可得如下命题：

**命题 8.4**　在竞争情形下，如果零售商采用 POPU 策略，斯塔克尔伯格博弈均衡价格为

$$p_{ei}^{do*}=p_t^{do*}=\begin{cases}b_e+c_r, & 0<b_e<\dfrac{v-c_r}{2},\dfrac{c_r+2b_e}{v}<\theta<1\\ \theta v-b_e-l_e, & b_e\geqslant\dfrac{v-c_r}{2},0<\theta\leqslant\dfrac{c_r+2b_e}{v}\end{cases} \tag{8.23}$$

**证明**　依据式(8.22)，为网络零售商构建拉格朗日函数。

(1) $p_t^{do}>2\theta v-3b_e-c_r$

$$L(p_t^{do},\lambda_1,\lambda_2)=-(p_t^{do}-c_t)\frac{b_r-p_t^{do}-2b_e+\theta v-l_e}{b_r}+\lambda_1(p_t^{do}-\theta v+b_e+l_e)+\lambda_2(2\theta v-3b_e-c_r-p_t^{do}) \tag{8.24}$$

其中 $\lambda_1\geqslant 0$ 且 $\lambda_2\geqslant 0$。现在讨论以下三种情形。

**情形 1：** $\lambda_1=0$ 且 $\lambda_2=0$

式(8.24)中，$L(p_t^{do},\lambda_1,\lambda_2)$关于 $p_t^{do}$的二阶导数是负的，是关于 $p_t^{do}$的凹函数。对式(8.24)求关于 $p_t^{do}$的偏导，并令其等于零，可得

$$p_t^{do*}=\frac{b_r-2b_e+\theta v+c_t-l_e}{2} \tag{8.25}$$

由 $\lambda_1=0$ 且 $\lambda_2=0$ 可得 $p_t^{do}-\theta v+b_e+l_e\leqslant 0$ 且 $2\theta v-3b_e-c_r-p_t^{do}\leqslant 0$，从而 $\theta\geqslant\dfrac{b_r+c_t+l_e}{v}$且 $\theta\leqslant\dfrac{4b_e+2c_r+b_r+c_t-l_e}{3v}$。易得$\dfrac{b_r+c_t+l_e}{v}\geqslant 1$，所以没有可行解。

**情形 2：** $\lambda_1>0$ 且 $\lambda_2=0$

由 $\lambda_1>0$ 可得 $p_t^{do*}=\theta v-b_e-l_e$。将 $p_t^{do*}$ 代入式(8.24)，可得 $\lambda_1=\dfrac{b_r-\theta v+c_t+l_e}{b_r}$。因为 $\lambda_1>0$，所以 $\theta<\dfrac{b_r+c_t+l_e}{v}$。由 $\lambda_2=0$ 可得 $2\theta v-3b_e-c_r-p_t^{do}\leqslant 0$，可知 $\theta<\dfrac{2b_e+c_r-l_e}{v}$。综上所述，当$\dfrac{v-c_r+l_e}{2}<b_e<\theta v-c_e$且 $0<\theta<1$，或者 $0<b_e<\dfrac{v-c_r+l_e}{2}$且 $0<\theta<\dfrac{2b_e+c_r-l_e}{v}$时，可得

$$p_t^{do*}=p_{ei}^{do*}=\theta v-b_e-l_e \tag{8.26}$$

**情形 3：** $\lambda_1=0$ 且 $\lambda_2>0$

由 $\lambda_2>0$ 可得 $p_t^{do*}=2\theta v-3b_e-c_r$。将 $p_t^{do*}$ 代入式(8.24)，可得 $\lambda_2=\dfrac{-b_r+3\theta v-4b_e-2c_r-c_t+l_e}{b_r}$。因为 $\lambda_2>0$，所以 $\theta>\dfrac{b_r+4b_e+2c_r+c_t-l_e}{3v}$。

由 $\lambda_1=0$ 可得 $p_t^{do}-\theta v+b_e+l_e\leqslant 0$，从而可知 $\theta<\frac{2b_e+c_r-l_e}{v}$。当且仅当 $\frac{2b_e+c_r-l_e}{v}>\frac{b_r+4b_e+2c_r+c_t-l_e}{3v}$ 时，有解。然而，当 $b_e>\frac{b_r+c_t-c_r+2l_e}{v}$ 时，$\frac{b_r+4b_e+2c_r+c_t-l_e}{3v}>1$。因此没有可行解。

(2) $p_t^{do}\leqslant 2\theta v-3b_e-c_r$

$$L(p_t^{do},\lambda_1,\lambda_2)=-(p_t^{do}-c_t)\frac{2b_r-p_t^{do}-b_e+c_r}{b_r}+\lambda_1(p_t^{do}-2\theta v+3b_e+c_r)+\lambda_2(p_t^{do}-b_e-c_r) \tag{8.27}$$

其中，$\lambda_1\geqslant 0$ 且 $\lambda_2\geqslant 0$。现在讨论以下三种情形。

**情形 1：** $\lambda_1=0$ 且 $\lambda_2=0$

式(8.27)中 $L(p_t^{do},\lambda_1,\lambda_2)$ 关于 $p_t^{do}$ 的二阶导数是负的，是关于 $p_t^{do}$ 的凹函数。对式(8.27)求 $p_t^{do}$ 的偏导，并令其等于零，可得

$$p_t^{do*}=\frac{2b_r-b_e+c_t+c_r}{2} \tag{8.28}$$

由 $\lambda_1=0$ 且 $\lambda_2=0$ 可得 $p_t^{do}-2\theta v+3b_e+c_r\leqslant 0$ 且 $p_t^{do}-b_e-c_r\leqslant 0$，可知 $\theta\geqslant\frac{2b_r+5b_e+c_t+3c_r}{4v}$ 且 $b_e\geqslant\frac{2b_r-c_r+c_t}{3}$。易得当 $b_e\geqslant\frac{2b_r-c_r+c_t}{3}$ 时，$\frac{2b_r+5b_e+c_t+3c_r}{4v}>1$。因此没有可行解。

**情形 2：** $\lambda_1>0$ 且 $\lambda_2=0$

由 $\lambda_1>0$ 可得 $p_t^{do*}=2\theta v-3b_e-c_r$。将 $p_t^{do*}$ 代入式(8.27)，可得 $\lambda_1=\frac{2b_r-4\theta v+5b_e+c_t+3c_r}{b_r}$。因为 $\lambda_1>0$，所以 $\theta<\frac{2b_r+5b_e+c_t+3c_r}{4v}$。由 $\lambda_2=0$ 可得 $p_t^{do}-b_e-c_r\leqslant 0$，从而可知 $\theta<\frac{2b_e+c_r}{v}$。因此，当 $\frac{v-c_r}{2}<b_e<\theta v-c_e$ 且 $0<\theta<1$，或者 $0<b_e<\frac{v-c_r}{2}$ 且 $0<\theta<\frac{2b_e+c_r}{v}$ 时，可得

$$p_t^{do*}=2\theta v-3b_e-c_r \tag{8.29}$$

$$p_{ei}^{do*}=\theta v-b_e \tag{8.30}$$

因为 $p_{ei}^{do*}\leqslant\theta v-b_e-l_e$，所以该情形没有可行解。

**情形 3：** $\lambda_1=0$ 且 $\lambda_2>0$

由 $\lambda_2>0$ 可得 $p_t^{do*}=b_e+c_r$。将 $p_t^{do*}$ 代入式(8.27)，可得 $\lambda_2=$

$\dfrac{2b_r-3b_e-c_r+c_t}{b_r}$。因为 $\lambda_2>0$，所以 $b_e<\dfrac{2b_r-c_r+c_t}{3}$。由 $\lambda_1=0$ 可得 $p_t^{do}-2\theta v+3b_e+c_r\leqslant 0$，从而 $\theta\geqslant\dfrac{2b_r+c_r}{4v}$。因此，当 $0<b_e<\dfrac{v-c_r}{2}$ 且 $\dfrac{c_r+2b_e}{v}<\theta<1$ 时，可得

$$p_t^{do*}=b_e+c_r \tag{8.31}$$

$$p_{ei}^{do*}=b_e+c_r \tag{8.32}$$

综合上述分析，命题 9.4 得证。

从命题 9.4 中，我们可以找到两组均衡价格，如图 8.5 所示。当配送成本较低且消费者对线上渠道的接受度较高时（即图中第Ⅰ部分），零售商和网络零售商都会将 POPU 策略下的价格和线上价格定得比其他条件下低。另外，配送成本和消费者对线上渠道的接受程度可以衡量电子商务的成熟度。随着电子商务成熟度的提高，网络零售商的竞争力增强，线上渠道对双渠道零售商的重要性也越来越大。随后，线上渠道之间的竞争加剧，造成 POPU 策略下的价格和线上价格下降。

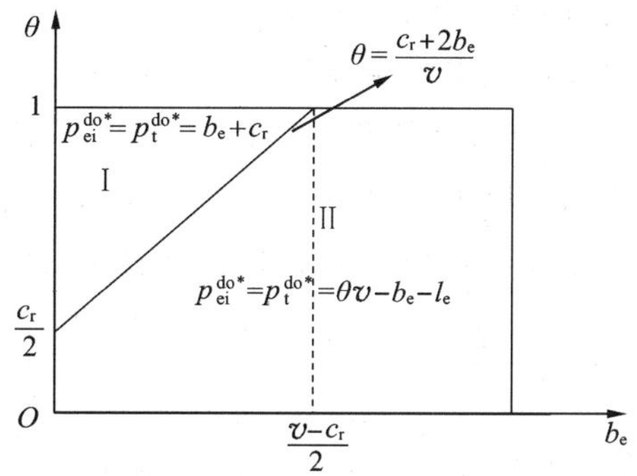


**图 8.5　采用 POPU 策略下的斯塔克尔伯格均衡价格**

### 8.5.3　策略选择：不采用 POPU 策略还是采用 POPU 策略

本小节主要研究 POPU 策略是否能提高零售商的业绩。为此，首先对需求进行比较，可得如下命题：

**命题 8.5**　在竞争情形下，如果零售商从不采用 POPU 策略转向采用 POPU 策略，当 $\dfrac{v-c_r-l_r}{2}\leqslant b_e\leqslant\theta v-c_e-l_e$ 时，零售商的市场份额将会增加，而当 $b_e<\dfrac{v-c_r-l_r}{2}$ 时，零售商的市场份额将会减少。

**证明** 在不采用 POPU 策略下,零售商的需求为

$$D_{\mathrm{R}}^{\mathrm{dn}}=D_{\mathrm{r}}^{\mathrm{dn}}=\frac{v-c_{\mathrm{r}}-l_{\mathrm{r}}}{2b_{\mathrm{r}}} \tag{8.33}$$

在采用 POPU 策略下,零售商的需求为

$$D_{\mathrm{R}}^{\mathrm{do}}=D_{\mathrm{ei}}^{\mathrm{do}}=\frac{b_{\mathrm{e}}}{b_{\mathrm{r}}} \tag{8.34}$$

根据式(8.33)和式(8.34),可得 $D_{\mathrm{R}}^{\mathrm{do}}-D_{\mathrm{R}}^{\mathrm{dn}}=\dfrac{2b_{\mathrm{e}}-v+c_{\mathrm{r}}+l_{\mathrm{r}}}{2b_{\mathrm{r}}}$。如果 $D_{\mathrm{R}}^{\mathrm{do}}-D_{\mathrm{R}}^{\mathrm{dn}}\geqslant 0$,可知$b_{\mathrm{e}}\geqslant\dfrac{v-c_{\mathrm{r}}-l_{\mathrm{r}}}{2}$。

综合上述分析,命题 8.5 得证。

由于在 POPU 策略下无须支付配送成本,因此与网络零售商相比,随着配送成本的增加,POPU 策略的优势将更加明显,这将导致零售商市场份额的增加。因为在不采用 POPU 策略时,需求不随配送成本的变化而变化,当配送成本超过阈值$\dfrac{v-c_{\mathrm{r}}-l_{\mathrm{r}}}{2}$时,采用 POPU 策略下的需求将大于不采用 POPU 策略下的需求。因为在实践中,配送成本通常不是很高,只有当产品的价值也不是太高时,配送成本才会高于阈值。此外,我们还发现,阈值会随着线下渠道交易成本 $l_{\mathrm{r}}$的增加而下降。因此,当产品价值中等且线下渠道的交易成本较高时,零售商可以采用 POPU 策略来提高其市场份额。

**命题 8.6** 在竞争情形下,如果零售商从不采用 POPU 策略转向采用 POPU 策略,只有当$\dfrac{v-c_{\mathrm{r}}-l_{\mathrm{r}}}{2}<b_{\mathrm{e}}<\dfrac{(v-c_{\mathrm{r}})+\sqrt{(v-c_{\mathrm{r}})^2-(v-c_{\mathrm{r}}-l_{\mathrm{r}})^2}}{2}$且$\dfrac{(v-c_{\mathrm{r}}-l_{\mathrm{r}})^2+4b_{\mathrm{e}}(b_{\mathrm{e}}+c_{\mathrm{r}})}{4b_{\mathrm{e}}v}<\theta<1$时,零售商的利润才会增加;否则,零售商的利润将会减少。

**证明** 在不采用 POPU 策略下,零售商的利润为

$$\Pi_{\mathrm{R}}^{\mathrm{dn}}=\frac{(v-c_{\mathrm{r}}-l_{\mathrm{r}})^2}{4b_{\mathrm{r}}} \tag{8.35}$$

在采用 POPU 策略下,零售商的利润为

$$\Pi_{\mathrm{R}}^{\mathrm{do}}=\begin{cases}\dfrac{b_{\mathrm{e}}^2}{b_{\mathrm{r}}}, & 0<b_{\mathrm{e}}<\dfrac{v-c_{\mathrm{r}}}{2},\dfrac{c_{\mathrm{r}}+2b_{\mathrm{e}}}{v}<\theta<1\\[2ex] (\theta v-b_{\mathrm{e}}-c_{\mathrm{r}})\dfrac{b_{\mathrm{e}}}{b_{\mathrm{r}}}, & b_{\mathrm{e}}\geqslant\dfrac{v-c_{\mathrm{r}}}{2},0<\theta\leqslant\dfrac{c_{\mathrm{r}}+2b_{\mathrm{e}}}{v}\end{cases} \tag{8.36}$$

(1) $\Pi_{R}^{do}=\dfrac{b_{e}^{2}}{b_{r}}$

根据式(8.35)和式(8.36),可得

$$\Pi_{R}^{do}-\Pi_{R}^{dn}=\frac{(2b_{e}+c_{r}+l_{r}-v)(2b_{e}+v-c_{r}-l_{r})}{4b_{r}} \tag{8.37}$$

根据式(8.37),当$\dfrac{v-c_{r}-l_{r}}{2}<b_{e}<\dfrac{v-c_{r}}{2}$且$\dfrac{c_{r}+2b_{e}}{v}<\theta<1$时,$\Pi_{R}^{do}>\Pi_{R}^{dn}$。

(2) $\Pi_{R}^{do}=(\theta v-b_{e}-c_{r})\dfrac{b_{e}}{b_{r}}$

根据式(8.35)和式(8.36),可得

$$\Pi_{R}^{do}-\Pi_{R}^{dn}=\frac{4b_{e}(\theta v-b_{e}-c_{r})-(v-c_{r}-l_{r})^{2}}{4b_{r}} \tag{8.38}$$

根据式(8.38),当且仅当 $\theta>\dfrac{(v-c_{r}-l_{r})^{2}+4b_{e}(b_{e}+c_{r})}{4b_{e}v}$时,$\Pi_{R}^{do}>\Pi_{R}^{dn}$。

**情形 1:** $0<b_{e}<\dfrac{v-c_{r}}{2}$且 $0<\theta<\dfrac{c_{r}+2b_{e}}{v}$

在该情形下,只有当$\dfrac{c_{r}+2b_{e}}{v}>\dfrac{(v-c_{r}-l_{r})^{2}+4b_{e}(b_{e}+c_{r})}{4b_{e}v}$时,存在一个使得 $\Pi_{R}^{do}>\Pi_{R}^{dn}$的可行解。当 $0<b_{e}<\dfrac{v-c_{r}-l_{r}}{2}$且 $0<\theta<\dfrac{c_{r}+2b_{e}}{v}$时,$\dfrac{c_{r}+2b_{e}}{v}<\dfrac{(v-c_{r}-l_{r})^{2}+4b_{e}(b_{e}+c_{r})}{4b_{e}v}$,所以在该情况下,零售商采用 POPU 策略,其利润会减少。当 $b_{e}>\dfrac{v-c_{r}-l_{r}}{2}$时,存在一个使得$\Pi_{R}^{do}>\Pi_{R}^{dn}$的可行解。在该情况下,当$\dfrac{(v-c_{r}-l_{r})^{2}+4b_{e}(b_{e}+c_{r})}{4b_{e}v}<\theta<\dfrac{c_{r}+2b_{e}}{v}$时,采用 POPU 策略,零售商的利润会增加。当 $0<\theta<\dfrac{(v-c_{r}-l_{r})^{2}+4b_{e}(b_{e}+c_{r})}{4b_{e}v}$时,采用 POPU 策略,零售商的利润会减少。

**情形 2:** $b_{e}>\dfrac{v-c_{r}}{2}$且 $0<\theta<1$

在该情形下,只有当$\dfrac{(v-c_{r}-l_{r})^{2}+4b_{e}(b_{e}+c_{r})}{4b_{e}v}<1$时,存在一个使得 $\Pi_{R}^{do}>\Pi_{R}^{dn}$的可行解。当$\dfrac{(v-c_{r})+\sqrt{(v-c_{r})^{2}-(v-c_{r}-l_{r})^{2}}}{2}<b_{e}<\theta v-c_{e}-l_{e}$且 $0<$

$\theta<1$ 时，$\frac{(v-c_r-l_r)^2+4b_e(b_e+c_r)}{4b_e v}>1$，所以在该情形下，零售商采用 POPU 策略，其利润会减少。当 $b_e<\frac{(v-c_r)+\sqrt{(v-c_r)^2-(v-c_r-l_r)^2}}{2}$ 时，存在一个使得 $\Pi_R^{do}>\Pi_R^{dn}$ 的可行解。在该情形下，当 $\frac{(v-c_r-l_r)^2+4b_e(b_e+c_r)}{4b_e v}<\theta<1$ 时，采用 POPU 策略，零售商的利润会增加。当 $0<\theta<\frac{(v-c_r-l_r)^2+4b_e(b_e+c_r)}{4b_e v}$ 时，采用 POPU 策略，零售商的利润会减少。

基于上述分析，当 $\frac{(v-c_r-l_r)^2+4b_e(b_e+c_r)}{4b_e v}<\theta<1$ 且 $\frac{v-c_r-l_r}{2}<b_e<\frac{(v-c_r)+\sqrt{(v-c_r)^2-(v-c_r-l_r)^2}}{2}$ 时，采用 POPU 策略，零售商的利润会增加；采用 POPU 策略，零售商的利润会减少。

综上所述，命题 8.6 得证。

产品在线上渠道的价值 $\theta v$ 随着消费者对线上渠道的接受程度而增加。因此，如果接受程度较高，采用 POPU 策略优于不采用 POPU 策略，如图 8.6 所示。此外，在 POPU 策略下，零售商的利润也会受到配送成本的影响。从命题 8.4 中可知，在 POPU 策略下，零售商的市场份额随着配送成本的增加而增加。我们还发现，在 POPU 策略下，零售商在 POPU 策略下的价格随着配送成本的增加先上升后下降。因此，我们可以推导出，在 POPU 策略下，零售商的利润也是随着配送成本的增加先增后减的，如图 8.7 所示。同时，在不采用 POPU 策略下，零售商的利润不随配送成本的变化而变化。因此，当配送成本高于阈值 $\frac{v-c_r-l_r}{2}$ 且低于另一个阈值 $\frac{(v-c_r)+\sqrt{(v-c_r)^2-(v-c_r-l_r)^2}}{2}$ 时，采用 POPU 策略下的零售商的利润将大于不采用 POPU 策略下的利润。正如命题 8.5 的证明，配送成本在现实中往往不高，只有当产品的价值也不太高时，配送成本才会满足上述范围。此外，我们发现，可行区间的范围随着线下渠道 $l_r$ 交易成本的增加而扩大。因此，当产品价值中等且线下渠道的交易成本和接受程度均较高时，POPU 策略对提高零售商的利润更有效。

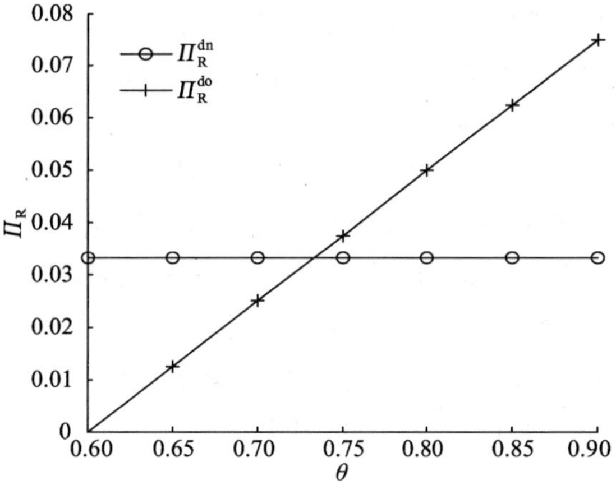


**图 8.6　竞争情形下 θ 对零售商利润的影响**

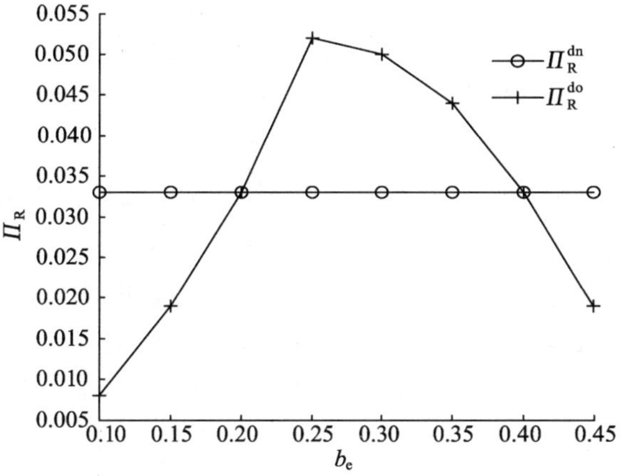


**图 8.7　竞争情形下 $b_e$ 对零售商利润的影响**

Zhang 等[119]还研究了在竞争情形下零售商是否应该采用 POPU 策略。结果表明,当消费者对线上渠道的接受程度低于某个阈值时,采用 POPU 策略是零售商的最优选择。我们的研究结果则表明,只有当消费者的接受程度高于阈值时,采用 POPU 策略才会对零售商有利。造成这种相反结果的主要原因是定价策略不同。在 Zhang 等的模型中,零售商采用“同产品同价格”策略,接受程度较低会导致线下渠道的定价较低。这意味着,当零售商不采用 POPU 策略时,其利润也会减少。在这个条件下,当零售商采用 POPU 策略时,由于市场份额增加,因此其利润会增加。在我们的模型中,零售商采用的是“相同产品不同价格”策略,这意味着在不采用 POPU 策略下,线下价格不受接受程度的影响。命题 8.3 也证实了这个结论。因此,若不采用 POPU 策略，则当接受程度较低时，线下渠道的利润仍能保持在正常水平。POPU 策略对零售商来说是一把“双刃剑”。一方面，在竞争情形下，采用 POPU 策略可以提高零售商的市场份额，从而提高利润。另一方面，较低的接受程度导致了较低的线上价格，因此零售商的消费者会从线下渠道转向 POPU 模式。较低的线上价格导致 POPU 策略将损害零售商的利益。因此，只有当接受程度高于阈值时，前者对零售商利润的影响才比后者更显著。

此外，比较图 8.3 和图 8.4 以及图 8.6 和图 8.7，我们可以发现，与垄断情形相比，POPU 策略在竞争情形下更有效。这意味着，随着竞争的加剧，POPU 策略可以成为零售商更有效的竞争方法。

## 8.6 本章小结

本章主要研究了在网络零售商领导的斯塔克尔伯格博弈中，双渠道零售商是否以及应该何时在“相同产品不同价格”条件下中采用 POPU 策略。通过建立数学模型，我们得到了以下结果和管理启示。

首先，在垄断情形下，只有当线下运营成本较低且消费者对线上渠道的接受程度较高时，双渠道零售商才能从 POPU 策略中获益。这意味着垄断的双渠道零售商在采用 POPU 策略之前，需要努力降低线下运营成本和提高消费者对线上渠道的接受程度。在实践中，线下运营成本主要包括店面租金、员工成本和营销成本。店面租金是一个外生变量，不受零售商控制。因此，零售商主要通过减少员工成本和营销成本来降低线下运营成本。从降低员工成本的角度来看，一方面，零售商可以通过员工培训、建立合理的激励机制、合理分工等方式提高员工的工作效率。另一方面，零售企业可以尽量减少员工的数量。例如，为了减少收银员的数量，许多大型超市都设立了自助收银区。当消费者从线上渠道购买产品时，他们一般只能通过图片和视频来感知产品。这也是消费者对线上渠道的接受程度普遍低于线下渠道的主要原因之一。因此，为了提高接受程度，零售商可以使用虚拟现实等技术更全面地展示产品，以增强消费者的感知。此外，零售商还可以制定宽松的线上退货政策，以减少因缺乏实物检查而带来的购物风险。

其次，本章的研究结果还表明，在竞争情形中，如果产品价值中等且线下渠道的交易成本较高，那么 POPU 策略可以提升零售商的市场份额。如果消费者对线上渠道的接受程度也很高，那么 POPU 策略可以使零售商进一步受益。这意味着并非所有的零售商都应该采用 POPU 策略来提高市场份额。

在实体店中，顾客需要花时间寻找所需物品、排队付款等，这是线下渠道交易成本的主要部分。因此，大型购物场所的交易成本普遍较高。同时，它还要求零售商销售的产品价值是中等的。因此，在竞争情形下，超市或书店等零售商可能更适合采用 POPU 策略来提高其市场份额。如果零售商想利用 POPU 策略进一步提高利润，那么他还需要努力提高顾客对线上渠道的接受程度。

最后，通过与先前在垄断情形和竞争情形下的相关研究结果进行比较，我们发现零售商的价格策略（“同产品同价格”和“相同产品不同价格”）对是否采用 POPU 策略有重要影响。这意味着零售商需要根据自己的价格策略来决定是否以及何时采用 POPU 策略。

虽然得到了一些启示，但仍然存在以下局限：首先，本章的结果来自对数学模型的分析，其结果的有效性需要进一步实证检验。其次，本章没有考虑供应链上游企业对零售商 POPU 策略的影响。最后，本章只考虑了双渠道零售商和纯网络零售商之间的竞争。为了克服这些局限性，需要进一步进行以下研究：第一，以本章研究为起点，进一步实证分析。第二，在现实生活中，越来越多的制造商在现有的间接零售渠道之外建立了网店作为直接渠道。在这种供应链结构下，零售商应该如何采用 POPU 策略？第三，如果考虑两个相互竞争的双渠道零售商，他们应该如何在不采用 POPU 策略和采用 POPU 策略之间做出选择？

# 第 9 章　双渠道供应链下库存的协同与整合

## 9.1　引言

如今，消费者的需求变得越来越不确定。在这种情况下，决策者会陷入两难境地。如果他们选择高水平的库存，虽然可以有效避免缺货，但这将大大增加库存持有的风险，比如市场上出现新型手机，旧的手机就会立即贬值；如果他们选择低水平的库存，就很可能出现缺货的情况。Ton 发现，仅在超市行业，缺货就可导致每年 70 亿～120 亿美元的销售损失[124]。Krishnan 和 Rao 首先提出转载策略能够解决上述问题[125]。转载策略是指企业与其他企业建立关系，转移多余的库存以满足额外的需求。在现实生活中，转载策略在很多领域得到了普遍应用，如汽车行业、时尚销售行业、石油行业等。在以往的文献中，研究者主要关注两类相互转载的传统供应链结构：一种是一级供应链，如图 9.1a 所示；另一种是两级供应链，但制造商只是作为批发价格接受者，如图 9.1b 所示。

随着电子商务的快速发展，越来越多的制造商采用双渠道模式来分销其产品。例如，许多顶级供应商，如 IBM、思科、耐克、雅诗兰黛等，已经开始在线上直接销售。双渠道是指制造商在现有间接零售渠道的基础上，建立线上商店作为直接渠道。如何在双渠道中使用转载策略？这种策略对相关决策的影响是什么？批发价格合同能否协调双渠道供应链与转载的关系？数量折扣合同又如何？为了解决这些问题，本章主要研究双渠道下的单向转载策略，如图 9.1c 所示。单向转载是指零售商可以将货物转载到线上商店，但不允许将货物从线上商店转载到零售商。几乎所有的转载文献都在关注相互转载。与相互转载相比，单向转载适用于更多类型的产品，拥有更广泛的应用价值。转载的应用往往受到两个方面的限制：其一，转载需要时间，而消费者往往不愿意在零售商缺货时等待转载;其二,转载需要成本,而当成本超过产品销售价格时,转载就不会发生。但零售商向线上商店转载时,受这两方面的影响很小。原因有两方面:一方面,当线上商店缺货而零售商拥有多余的货物时,线上商店可以让零售商直接将货物转载给消费者,使得消费者不需要等待更多时间;另一方面,基于上述分析,由于不需要额外的物流,因此转载成本非常小。

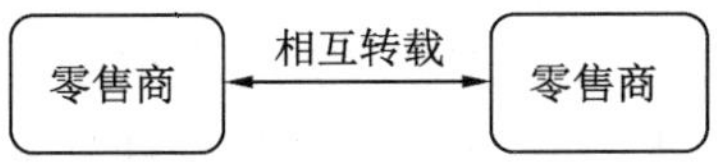


(a) 一级供应链

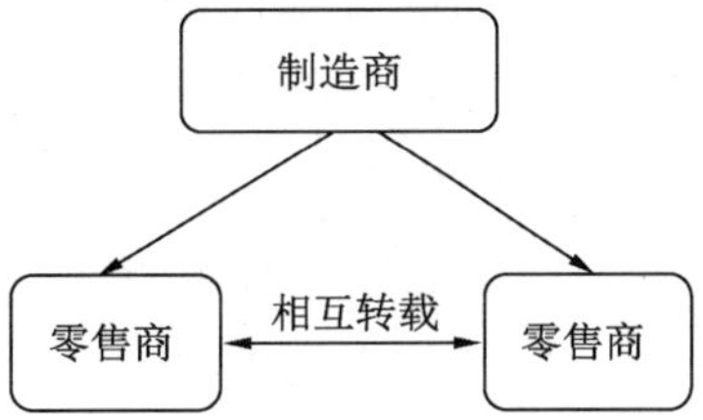


(b) 两级供应链(相互转载)

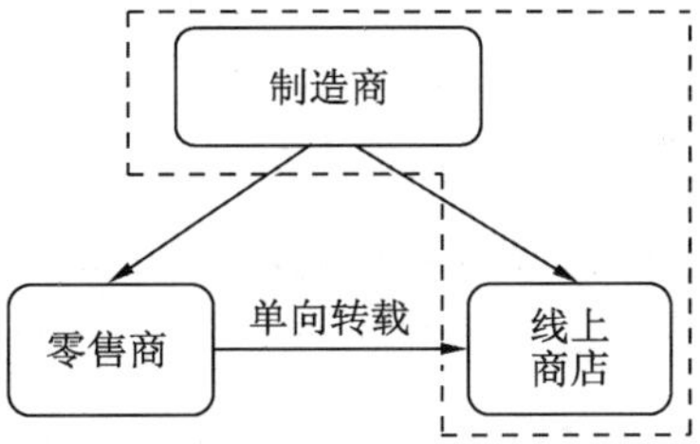


(c) 两级供应链(单向转载)

**图 9.1　供应链结构**

本章与以往转载文献的不同表现在三个方面:第一,本章研究的不是传统供应链结构下的转载,而是双渠道供应链结构下的转载。第二,本章不只是考虑单向转载下的订货决策,而是进一步研究单向转载下的转载价格和批发价格决策。第三,本章不是单纯采用转载价格机制来协调供应链与转载,而是分别建立能够协调双渠道供应链与单向转载的转载价格机制和数量折扣合同。

## 9.2　文献综述

本章涉及两个领域的文献:转载文献和供应链协调文献。对于第一个领域,已有大量的文献。但据我们所知,目前关于双渠道下的转载问题的参考文献非常少，大多数转载文献都集中在相互转载的传统供应链结构上且只考虑了一级供应链。Herer 等发现，转载可以用来提高敏捷性和精益性[126]。Axsäter 建立了决策规则，使转载时的预期成本最小化[127]。Slikker 等建立了一个零售商模型，每个零售商都面临一个报童问题，零售商群体可以通过转载提高他们的预期联合利润[128]。Zhao 等分析了具有指数生产的两位置制造-库存系统的最优生产和转载策略[129]。Zhao 和 Atkins 研究了转载策略和替代策略之间的选择问题[130]。Archibald 等开发了一种近似求解方法来确定多位置库存系统中的最优转载策略[131]。Olsson 研究了一个只允许单向转载的连续评审库存系统，同时证明了转载可以提高参与者的绩效[132]。Paterson 等提出了一种准近视法来开发一种性能强劲的增强反应性转载策略[133]。此外，越来越多的文献开始关注具有转载功能的两级供应链。Dong 和 Rudi 将制造商纳入供应链，发现零售商的订单数量对批发价格不太敏感，制造商通过收取更高的批发价格从零售商的转载中获益[134]。Burton 和 Banerjee 研究了两级供应链网络中两种横向转载方式的成本效应[135]。Zhang 将 Dong 和 Rudi 的一些关键结果扩展到一般需求分布[136]。Lee 和 Jung 建立了一个两级供应链，并提出了一个新的转载策略，该策略总成本较低，能更有效地响应需求、惩罚成本和订购成本的变化[137]。Shao 等研究了垄断者通过独立零售商分销产品的分散式供应链中的转载激励机制[138]。Nasr 等提出了在两级供应链下每个地点的最优安全库存，以及从一个地点转载到另一个地点的最优数量[139]。

关于供应链协调也有大量的文献。大多数文献主要关注传统供应链结构中没有转载的纵向协调机制。在这一领域，学者们主要设计了各种合同来协调供应链。例如，回购合同（Emmons 和 Gilbert[140]）、数量折扣合同（Weng[141]）、数量弹性合同（Wang 和 Tsao[142]），以及销售奖励合同（Taylor[143]）。Cachon[144]对这些文献做了很好的总结，但对如何协调双渠道供应链的合同的研究是有限的。Boyaci 表明，设计适当的惩罚合同确实可以协调供应链[145]。Cai 等发现，价格折扣合同可以提供容易执行且有效的协调结果[146]。Chen 等表明，两部分关税或利润共享协议可以协调双渠道供应链，使制造商和零售商实现双赢[44]。此外，一些学者开始研究如何协调供应链与转载。例如，Hezarkhani 和 Kubiak 推导出协调的转载价格，该价格总能带来供应链的协调合同[147]。目前还很少有学者研究双渠道供应链下转载的协调问题。本章将研究这个问题。

## 9.3　模型描述及符号说明

本节考虑一个单周期模型，制造商以每单位的生产成本 $c$ 生产单一产品，并通过零售商和线上商店进行分销。线上商店是由制造商建立的，并且与零售商相互独立。供应链决策分为三个阶段，如图 9.2 所示。在第一阶段，制造商向零售商提供销售策略和批发价格 $w$，且 $w>c$。在第二阶段，零售商和制造商确定转载价格 $t$。本书在内生和外生两种类型的转载价格设定下研究决策。在内生性价格情况下，转载价格是通过谈判决定的。Hezarkhani 和 Kubiak[147]也做了同样的假设。在外生性价格情况下，转载价格是一些行业的常识。零售商和制造商可以直接采用外生的转载价格。该假设在转载领域的以往文献中很常见（Zhao 和 Atkins[130]）。为了保证制造商和零售商都愿意参与转载，假设 $t\in[e,p_m]$，其中 $p_m$表示线上商店的销售价格，$e$ 表示单位转载成本。在第三阶段，零售商和线上商店在需求实现之前同时确定订货量 $q_r$和 $q_m$。

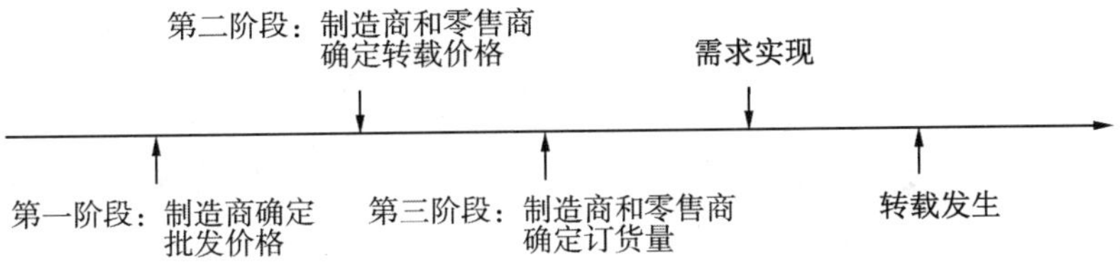


**图 9.2　供应链决策**

零售商的随机需求 $D_r$服从累积分布函数（CDF）分布，表示为 $F_{D_r}(\cdot)$，概率密度函数（PDF）表示为 $f_{D_r}(x)$ 。零售商的销售价格为 $p_r$，且 $p_r>w$。线上商店的随机需求 $D_m$服从累积分布函数分布，表示为 $F_{D_m}(\cdot)$，概率密度函数表示为 $f_{D_m}(x)$。由于线上商店服务的客户群与零售商店的不同，因此 $D_r$和 $D_m$是独立的。对近 200 家零售店和惠普（HP）购物村的每周销售数据的相关分析支持这一假设。

为了使模型更加简洁明了，现将一些符号的运算规则描述如下：

$$(a)^+=\max\{a,0\},E(x)=\int x\mathrm{d}F(x)$$

用$T_{rm}$表示从零售商转载到线上商店的预期转载数量。当线上商店有过剩需求$(D_m-q_m)^+$且零售商有超额库存$(q_r-D_r)^+$时，

$$T_{rm}=E\min\{(q_r-D_r)^+,(D_m-q_m)^+\}$$

Shao 等[138]的研究表明,$T_{rm}$随着$q_r$的增加而增加,随着$q_m$的增加而减少,即$\frac{\partial T_{rm}}{\partial q_r}>0$,$\frac{\partial T_{rm}}{\partial q_m}<0$。本章中,令$h_1=\frac{\partial T_{rm}}{\partial q_r}$,$h_2=-\frac{\partial T_{rm}}{\partial q_m}$($h_1>0$,$h_2>0$)。

## 9.4 集中式供应链

在集中式供应链中,制造商、线上商店和零售商都属于同一家公司。该公司将确定最优订货量($q_r^s$,$q_m^s$)以使整个供应链的利润最大化。在现实生活中,这种情况虽然存在,但并不常见。我们的主要目标是建立一个性能基准。集中式供应链利润的期望值表示为

$$\Pi_S(q_r,q_m)=p_rE\min\{q_r,D_r\}+p_mE\min\{q_m,D_m\}+(p_m-e)T_{rm}-c(q_r+q_m) \tag{9.1}$$

**命题 9.1** 集中式供应链的利润函数式(9.1)是关于($q_r$,$q_m$)的联合凹函数,关于最优订购量($q_r^s$,$q_m^s$)的表达式为

$$\begin{cases}F_{D_r}(q_r^s)=\dfrac{p_r-c}{p_r}+\dfrac{p_m-e}{p_r}h_1\\F_{D_m}(q_m^s)=\dfrac{p_m-c}{p_m}-\dfrac{p_m-e}{p_m}h_2\end{cases} \tag{9.2}$$

对比式(9.2)和简单的报童问题解决方案,我们发现,转载可以激励零售商增加库存水平,激励线上商店降低库存水平。如果三个企业主体属于同一个公司,那么该公司可以确定最优订货量($q_r^s$,$q_m^s$)来实现其利润最大化;如果三个企业主体是独立的,那么这些企业主体的管理者可以尝试制定一些策略来促使其公司的订货量与($q_r^s$,$q_m^s$)相同,然后通过制定一些合理的利润分配策略来实现帕累托改进。

**证明** 定义以下边际概率:

$$b_1=P(D_r<q_r)f_{D_r+D_m|D_r<q_r}(q_r+q_m)$$
$$b_2=P(D_r+D_m>q_r+q_m)f_{D_r|D_r+D_m>q_r+q_m}(q_r)$$
$$g_1=P(D_m>q_m)f_{D_r+D_m|D_m>q_m}(q_r+q_m)$$
$$g_2=P(D_r+D_m<q_r+q_m)f_{D_m|D_r+D_m<q_r+q_m}(q_m)$$

然后可得

$$\begin{aligned}\frac{\partial^2\Pi_S}{\partial(q_r)^2}&=-p_rf_{D_r}(q_r)+(p_m-e)\frac{\partial^2T_{rm}}{\partial(q_r)^2}\\&=-p_rf_{D_r}(q_r)+(p_m-e)(b_2-b_1)\end{aligned} \tag{9.3}$$

$$\frac{\partial^2 \Pi_S}{\partial (q_m)^2} = -p_m f_{D_m}(q_m) + (p_m - e)\frac{\partial^2 T_{rm}}{\partial (q_m)^2} = -p_m f_{D_m}(q_m) + (p_m - e)(g_2 - g_1) \tag{9.4}$$

$$\frac{\partial^2 \Pi_S}{\partial q_m \partial q_r} = (p_m - e)\frac{\partial^2 T_{rm}}{\partial q_m \partial q_r} = -(p_m - e)g_1 \tag{9.5}$$

$$\frac{\partial^2 \Pi_S}{\partial q_r \partial q_m} = (p_m - e)\frac{\partial^2 T_{rm}}{\partial q_r \partial q_m} = -(p_m - e)b_1 \tag{9.6}$$

黑塞矩阵为

$$\boldsymbol{H}(q_r, q_m) = \begin{pmatrix} \dfrac{\partial^2 \Pi_S}{\partial (q_r)^2} & \dfrac{\partial^2 \Pi_S}{\partial q_r \partial q_m} \\ \dfrac{\partial^2 \Pi_S}{\partial q_m \partial q_r} & \dfrac{\partial^2 \Pi_S}{\partial (q_m)^2} \end{pmatrix} \tag{9.7}$$

由 $f_{D_r}(q_r) > b_2, f_{D_m}(q_m) > g_2$，易得

$$\begin{aligned} &|H_1(q_r, q_m)| = \frac{\partial^2 \Pi_S}{\partial (q_r)^2} < 0, \quad |H_3(q_r, q_m)| = \frac{\partial^2 \Pi_S}{\partial (q_m)^2} < 0, \\ &|H_2(q_r, q_m)| = \frac{\partial^2 \Pi_S}{\partial (q_r)^2}\frac{\partial^2 \Pi_S}{\partial (q_m)^2} - \frac{\partial^2 \Pi_S}{\partial q_r \partial q_m}\frac{\partial^2 \Pi_S}{\partial q_m \partial q_r} > 0 \end{aligned} \tag{9.8}$$

因此，$\boldsymbol{H}(q_r, q_m)$是负定矩阵，这也意味着 $\Pi_S$是关于$(q_r, q_m)$的联合凹函数，其唯一最优解$(q_r^s, q_m^s)$满足一阶条件。

综合上述分析，命题 9.1 得证。

## 9.5　分散式供应链

在本章中，分散式供应链意味着制造商和零售商是独立的。这种情况在现实生活中是最常见的，如耐克和沃尔玛。基于决策顺序的假设，首先制造商提供批发价格，其次零售商和制造商确定转载价格，最后零售商和线上商店同时决定订购数量。通过逆向归纳法，我们先分析订购决策，再研究转载价格决策，最后分析批发价格决策。

### 9.5.1　订购决策

与集中式供应链相比，分散式供应链中制造商和零售商的预期利润不仅取决于订货量，还取决于批发价格 $w$ 和转载价格 $t$。其中，制造商的预期利润值表示为

$$\Pi_m(q_r, q_m) = [p_m E\min\{q_m, D_m\} + (p_m - t)T_{rm} - c\,q_m] + (w - c)q_r \tag{9.9}$$

式(9.9)右边第一项是来自线上商店的利润，第二项是来自零售商的利润。

零售商的预期利润值表示为

$$\Pi_r(q_r,q_m)=p_r E\min\{q_r,D_r\}+(t-e)T_{rm}-wq_r \tag{9.10}$$

式(9.10)右边第一项是来自自身市场的收入,第二项是来自转载的收入。

在分散式供应链中,制造商和零售商确定其订货量以使自己的利润最大化。因为他们同时做出订购决策,所以存在纳什博弈。随后,我们研究了纯策略纳什均衡的存在性和唯一性,并描述了均衡解的特征。

**命题 9.2** 存在关于$(q_r^d,q_m^d)$的纯策略纳什均衡,表达式为

$$\begin{cases}F_{D_r}(q_r^d)=\dfrac{p_r-w}{p_r}+\dfrac{t-e}{p_r}h_1\\[2ex] F_{D_m}(q_m^d)=\dfrac{p_m-c}{p_m}-\dfrac{p_m-t}{p_m}h_2\end{cases} \tag{9.11}$$

**证明** 为了确定唯一纳什均衡的存在,只需证明反应函数 $q_r(q_m)$和$q_m(q_r)$是单调的,且直线斜率的绝对值小于1(Fudenberg 和 Tirole[148])。

根据命题9.1的证明,易得

$$\begin{aligned}\frac{\partial^2\Pi_r}{\partial(q_r)^2}&=-p_r f_{D_r}(q_r)+(t-e)\frac{\partial^2 T_{rm}}{\partial(q_r)^2}\\&=-p_r f_{D_r}(q_r)+(t-e)(b_2-b_1)<0\end{aligned} \tag{9.12}$$

$$\begin{aligned}\frac{\partial^2\Pi_m}{\partial(q_m)^2}&=-p_m f_{D_m}(q_m)+(p_m-\mathrm{t})\frac{\partial^2 T_{rm}}{\partial(q_m)^2}\\&=-p_m f_{D_m}(q_m)+(p_m-t)(g_2-g_1)<0\end{aligned} \tag{9.13}$$

当$q_m$是一个常数时,$\Pi_r$是关于$q_r$的凹函数,其唯一最优解$q_r$应该满足一阶条件;当$q_r$是一个常数时,$\Pi_m$是关于$q_m$的凹函数,其唯一最优解$q_m$应该满足一阶条件。根据隐函数定理,可得

$$\begin{aligned}\frac{\partial q_r}{\partial q_m}&=-\frac{(t-e)b_1}{p_r f_{D_r}(q_r)+(t-e)(b_1-b_2)}\\ \frac{\partial q_m}{\partial q_r}&=-\frac{(p_m-t)g_1}{p_m f_{D_m}(q_m)+(p_m-t)(g_1-g_2)}\end{aligned} \tag{9.14}$$

因为$f_{D_r}(q_r)>b_2$,$f_{D_m}(q_m)>g_2$,易得$\dfrac{\partial q_r}{\partial q_m}<0$,$\dfrac{\partial q_m}{\partial q_r}<0$且$\left|\dfrac{\partial q_r}{\partial q_m}\right|<1$,$\left|\dfrac{\partial q_m}{\partial q_r}\right|<1$。

综合上述分析,命题9.2得证。

对比式(9.2)和式(9.11),我们可以发现,集中式和分散式供应链的最优订货量并不一致。在固定的销售价格和需求分布下,订货量主要受批发价格

和转载价格的影响。接下来研究当批发价格或转载价格发生变化时，制造商和零售商如何调整其订货量。基于上述分析，可得以下命题。

**命题 9.3**　线上商店的订货量 $q_{\mathrm{m}}^{\mathrm{d}}$ 会随批发价格 $w$ 的上升而增加，零售商的订货量 $q_{\mathrm{r}}^{\mathrm{d}}$ 会随批发价格 $w$ 的上升而减少。

因此，当批发价格上升时，线上商店的最优反应是增加其订货量，而零售商则是减少其订货量。

**证明**　根据隐函数定理，可得

$$\frac{\partial q_{\mathrm{r}}^{\mathrm{d}}}{\partial w}=-\frac{p_{\mathrm{m}}f_{D_{\mathrm{m}}}(q_{\mathrm{m}})+(p_{\mathrm{m}}-t)(g_1-g_2)}{H} \tag{9.15}$$

$$\frac{\partial q_{\mathrm{m}}^{\mathrm{d}}}{\partial w}=\frac{(p_{\mathrm{m}}-t)g_1}{H} \tag{9.16}$$

因为 $H=\frac{\partial^2 \Pi_{\mathrm{r}}}{\partial(q_{\mathrm{r}})^2}\frac{\partial^2 \Pi_{\mathrm{m}}}{\partial(q_{\mathrm{m}})^2}-\frac{\partial^2 \Pi_{\mathrm{r}}}{\partial q_{\mathrm{r}}\partial q_{\mathrm{m}}}\frac{\partial^2 \Pi_{\mathrm{m}}}{\partial q_{\mathrm{m}}\partial q_{\mathrm{r}}}=AB+A(p_{\mathrm{m}}-t)g_1+B(t-e)b_1>0$，其中，$A=p_{\mathrm{r}}f_{D_{\mathrm{r}}}(q_{\mathrm{r}})-(t-e)b_2$，$B=p_{\mathrm{m}}f_{D_{\mathrm{m}}}(q_{\mathrm{m}})-(p_{\mathrm{m}}-t)g_2$，所以有 $\frac{\partial q_{\mathrm{r}}^{\mathrm{d}}}{\partial w}<0$，$\frac{\partial q_{\mathrm{m}}^{\mathrm{d}}}{\partial w}>0$。

综合上述分析，命题 9.3 得证。

**命题 9.4**　线上商店和零售商的总体订货量会随转载价格 $t$ 的上升而增加。

**证明**　根据隐函数定理，可得

$$\frac{\partial q_{\mathrm{r}}^{\mathrm{d}}}{\partial t}=-\frac{-h_1[p_{\mathrm{m}}f_{D_{\mathrm{m}}}(q_{\mathrm{m}})+(p_{\mathrm{m}}-t)(g_1-g_2)]+h_2(t-e)b_1}{H} \tag{9.17}$$

$$\frac{\partial q_{\mathrm{m}}^{\mathrm{d}}}{\partial t}=-\frac{-h_2[p_{\mathrm{r}}f_{D_{\mathrm{r}}}(q_{\mathrm{r}})+(t-e)(b_1-b_2)]+h_1(p_{\mathrm{m}}-t)g_1}{H} \tag{9.18}$$

对于总量 $q_{\mathrm{rm}}$，有 $\frac{\partial q_{\mathrm{rm}}^{\mathrm{d}}}{\partial t}=\frac{\partial q_{\mathrm{r}}^{\mathrm{d}}}{\partial t}+\frac{\partial q_{\mathrm{m}}^{\mathrm{d}}}{\partial t}$，可得

$$\begin{aligned}\frac{\partial q_{\mathrm{rm}}^{\mathrm{d}}}{\partial t}&=\frac{\partial q_{\mathrm{r}}^{\mathrm{d}}}{\partial t}+\frac{\partial q_{\mathrm{m}}^{\mathrm{d}}}{\partial t}\\&=\frac{h_1[p_{\mathrm{m}}f_{D_{\mathrm{m}}}(q_{\mathrm{m}})-(p_{\mathrm{m}}-t)g_2]+h_2[p_{\mathrm{r}}f_{D_{\mathrm{r}}}(q_{\mathrm{r}})-(t-e)b_2]}{H}\end{aligned} \tag{9.19}$$

因为 $f_{D_{\mathrm{r}}}(q_{\mathrm{r}})>b_2$，$f_{D_{\mathrm{m}}}(q_{\mathrm{m}})>g_2$，$H>0$，所以 $\frac{\partial q_{\mathrm{rm}}^{\mathrm{d}}}{\partial t}>0$。

综合上述分析，命题 9.4 得证。

直观地看，当转载价格上升时，零售商应该增加订货量，而线上商店应该

减少订货量。但在命题9.4的证明过程中，我们发现，当转载价格变化时，受需求分布的影响，很难判断零售商和线上商店订货量的变化趋势。因此，当转载价格变化时，零售商和线上商店需要根据具体需求来调整订货量。但可以确定的是，总体订货量会随着转载价格的上升而增加。

9.5.2 转载价格决策

在本小节中，我们主要关注转载价格是内生的并由谈判决定这一条件。因为转载是一种合作策略，在现实生活中，转载价格通常是由谈判决定的。Hezarkhani 和 Kubiak[147]使用广义纳什议价解(GNBS)来解决类似问题。他们将不转载情形下零售商和制造商的利润作为现状，并在相互转载的一级供应链中设定转载价格。在本书中，我们也使用GNBS来设定转载价格。首先研究不转载的情形，这是一个典型的报童问题。分别用$\Pi_r^n$和$\Pi_m^n$表示零售商的预期利润和制造商的预期利润，

$$\Pi_m^n(q_r,q_m)=[p_m E\min\{q_m,D_m\}-cq_m]+(w-c)q_r \tag{9.20}$$

$$\Pi_r^n(q_r)=p_r E\min\{q_r,D_r\}-wq_r \tag{9.21}$$

在不转载情形下，用$q_r^n$和$q_r^m$分别表示零售商和制造商的均衡订货量，$w^n$表示均衡批发价格。要找到转载价格的最大值$t^d$，设

$$N(t)=[\Pi_r(t,q_r,q_m)-\Pi_r^n(q_r^n,w^n)]^a[\Pi_m(t,q_m,q_r)-\Pi_m^n(q_m^n,q_r^n,w^n)]^{1-a} \tag{9.22}$$

式中，$a\in[0,1]$是零售商对制造商的议价能力。

**命题9.5** 转载价格的广义纳什议价解为

$$t^d=\frac{[ap_m+(1-a)e]T_{rm}+a[\Pi_m^n(q_m,q_r)-\Pi_m^n(q_m^n,q_r^n,w^n)]}{T_{rm}}-\frac{(1-a)[\Pi_r^n(q_r)-\Pi_r^n(q_r^n,w^n)]}{T_{rm}} \tag{9.23}$$

**证明** 对式(9.22)等式两边取对数，可得

$$\ln N(t)=a\ln[\Pi_r(t,q_r,q_m)-\Pi_r^n(q_r^n,w^n)]+(1-a)\ln[\Pi_m(t,q_m,q_r)-\Pi_m^n(q_m^n,q_r^n,w^n)] \tag{9.24}$$

一阶条件和二阶条件如下：

$$\frac{\partial \ln N(t)}{\partial t}=a\frac{T_{rm}}{\Pi_r(t,q_r,q_m)-\Pi_r^n(q_r^n,w^n)}+(1-a)\frac{-T_{rm}}{[\Pi_m(t,q_m,q_r)-\Pi_m^n(q_m^n,q_r^n,w^n)]} \tag{9.25}$$

$$\frac{\partial \ln^2 N(t)}{\partial t^2}=\frac{-aT_{\mathrm{rm}}^2}{[\Pi_{\mathrm{r}}(t,q_{\mathrm{r}},q_{\mathrm{m}})-\Pi_{\mathrm{r}}^{\mathrm{n}}(q_{\mathrm{r}}^{\mathrm{n}},w^{\mathrm{n}})]^2}-\frac{(1-a)T_{\mathrm{rm}}^2}{[\Pi_{\mathrm{m}}(t,q_{\mathrm{m}},q_{\mathrm{r}})-\Pi_{\mathrm{m}}^{\mathrm{n}}(q_{\mathrm{m}}^{\mathrm{n}},q_{\mathrm{r}}^{\mathrm{n}},w^{\mathrm{n}})]^2}<0 \tag{9.26}$$

因此，$N(t)$是关于 $t$ 的凹函数，唯一最优解 $t$ 应该满足一阶条件，从而有

$$t^{\mathrm{d}}=\frac{[ap_{\mathrm{m}}+(1-a)e]T_{\mathrm{rm}}+a[\Pi_{\mathrm{m}}^{\mathrm{n}}(q_{\mathrm{m}},q_{\mathrm{r}})-\Pi_{\mathrm{m}}^{\mathrm{n}}(q_{\mathrm{m}}^{\mathrm{n}},q_{\mathrm{r}}^{\mathrm{n}},w^{\mathrm{n}})]}{T_{\mathrm{rm}}}-\frac{(1-a)[\Pi_{\mathrm{r}}^{\mathrm{n}}(q_{\mathrm{r}})-\Pi_{\mathrm{r}}^{\mathrm{n}}(q_{\mathrm{r}}^{\mathrm{n}},w^{\mathrm{n}})]}{T_{\mathrm{rm}}}$$

综合上述分析，命题 9.5 得证。

根据命题 9.5 可知，$t^{\mathrm{d}}$是关于$q_{\mathrm{r}}$，$q_{\mathrm{m}}$和 $w$ 的函数。因此，$t^{\mathrm{d}}(q_{\mathrm{r}},q_{\mathrm{m}},w)$是一种转载定价机制。Hezarkhani 和 Kubiak[147] 对其进行了详细描述。在转载定价机制下，零售商和制造商不仅可以实现双赢，而且可以根据他们的议价能力分配增加的利润。

### 9.5.3　批发价格决策

现在考虑第一阶段，制造商设定批发价格以实现其利润最大化。基于决策顺序的假设，存在一个斯塔克尔伯格博弈。制造商是领导者，零售商是跟随者。我们的主要目标是为制造商找到均衡批发价格，因此在外生和内生两种转载价格设定下研究了这一问题。

**情形 1：**外生性转载价格

在这种情形下，转载价格是业内常识，在现实生活中也普遍存在。例如，丰田、本田、福特和通用汽车经销商表示，转载价格通常是批发价格，这是所有经销商的共识；美国的海运业和铁路业也存在着共同的转载价格（Zhao 和 Atkins[130]）。一旦零售商和制造商同意参与转载，将采用外生性转载价格。从式(9.9)可知，制造商的利润来自零售商和线上商店。与不转载的情形相比，批发价格不仅影响零售商的订货量，而且影响线上商店的订货量。制造商的主要目标是设定批发价格，使两部分的总利润最大化。

**命题 9.6**　制造商的均衡批发价格 $w^{\mathrm{d}}$满足

$$q_{\mathrm{r}}^{\mathrm{d}}+[(p_{\mathrm{m}}-t)h_1+w^{\mathrm{d}}-c]\frac{\partial q_{\mathrm{r}}^{\mathrm{d}}}{\partial w}=0 \tag{9.27}$$

**证明**　制造商的利润为

$$\Pi_{\mathrm{m}}(q_{\mathrm{r}}^{\mathrm{d}}(w),q_{\mathrm{m}}^{\mathrm{d}}(w))=[p_{\mathrm{m}}E\min\{q_{\mathrm{m}}^{\mathrm{d}}(w),D_{\mathrm{m}}\}+(p_{\mathrm{m}}-t)T_{\mathrm{rm}}-cq_{\mathrm{m}}^{\mathrm{d}}(w)]+(w-c)q_{\mathrm{r}}^{\mathrm{d}}(w) \tag{9.28}$$

$\Pi_m$对 $w$ 求导数得

$$\frac{d\Pi_m}{dw}=\frac{\partial \Pi_m}{\partial w}+\frac{\partial \Pi_m}{\partial q_m^d}\frac{\partial q_m^d}{\partial w}+\frac{\partial \Pi_m}{\partial q_r^d}\frac{\partial q_r^d}{\partial w} \tag{9.29}$$

在式(9.29)右边,因为存在制造商的最优订货量,所以第二项等于零。因此,可得

$$\frac{d\Pi_m}{dw}=\frac{\partial \Pi_m}{\partial w}+\frac{\partial \Pi_m}{\partial q_r^d}\frac{\partial q_r^d}{\partial w}=q_r^d+\left[(p_m-t)\frac{\partial T_{rm}}{\partial q_r}+w-c\right]\frac{\partial q_r^d}{\partial w} \tag{9.30}$$

令$\frac{d\Pi_m}{dw}=Z$,可以得到如下二阶条件:

$$\frac{d^2\Pi_m}{dw^2}=\frac{dZ}{dw}=\frac{\partial Z}{\partial w}+\frac{\partial Z}{\partial q_m^d}\frac{\partial q_m^d}{\partial w}+\frac{\partial Z}{\partial q_r^d}\frac{\partial q_r^d}{\partial w} \tag{9.31}$$

结合式(9.30)和式(9.31),可得

$$\frac{\partial Z}{\partial w}=\frac{\partial q_r^d}{\partial w} \tag{9.32}$$

$$\frac{\partial Z}{\partial q_m^d}=(p_m-t)\frac{\partial^2 T_{rm}}{\partial q_r^d\partial q_m^d}\frac{\partial q_r^d}{\partial w}+\left[(p_m-t)\frac{\partial T_{rm}}{\partial q_r^d}+w-c\right]\frac{\partial^2 q_r^d}{\partial w\partial q_r^d} \tag{9.33}$$

$$\frac{\partial Z}{\partial q_r^d}=1+(p_m-t)\frac{\partial^2 T_{rm}}{\partial (q_r^d)^2}\frac{\partial q_r^d}{\partial w}+\left[(p_m-t)\frac{\partial T_{rm}}{\partial q_r^d}+w-c\right]\frac{\partial^2 q_r^d}{\partial w\partial q_r^d} \tag{9.34}$$

结合式(9.30)、式(9.32)至式(9.34),易得$\frac{\partial Z}{\partial w}<0$,$\frac{\partial Z}{\partial q_m^d}\frac{\partial q_m^d}{\partial w}=0$,$\frac{\partial Z}{\partial q_r^d}\frac{\partial q_r^d}{\partial w}=0$,所以$\frac{d^2\Pi_m}{dw^2}<0$。因此,$\Pi_m$是关于 $w$ 的准凹函数,其唯一最优解 $w$ 应该满足一阶条件。

综合上述分析,命题 9.6 得证。

命题 9.6 表明,存在一个使制造商的利润最大化的批发价格。此外,它还受到价格、生产成本和需求分布等供应链参数的影响。

**情形 2:** 内生性转载价格

在该情形下,零售商和制造商通过谈判制定转载价格机制 $t^d$。制造商将在转载价格机制 $t^d$的基础上确定批发价格。因为 $t^d$是关于零售商的订货量、线上商店的订货量和批发价格的函数,所以 $t^d$的确定也会影响到他们的利润函数。将 $t^d$代入式(9.9)和式(9.10),可得

$$\Pi_r(t^d,q_r,q_m)=a\Pi_S(q_r,q_m)+(1-a)\Pi_r^n(q_r^n,w^n)-a\,\Pi_m^n(q_m^n,q_r^n,w^n) \tag{9.35}$$

$$\Pi_m(t^d,q_m,q_r)=(1-a)\Pi_S(q_r,q_m)+a\Pi_m^n(q_m^n,q_r^n,w^n)-(1-a)\Pi_r^n(q_r^n,w^n) \tag{9.36}$$

根据式(9.35)和式(9.36)，我们可以得到，批发价格不影响零售商和制造商的利润。在理论上，批发价格可以取任何数值。但 $t^d$ 是批发价格的函数，所以批发价格会影响转载价格的数值。为了保证转载的发生，转载价格的数值必须在 $e$ 和 $p_m$ 之间。如果 $t^d<e$，将促使零售商隐瞒剩余库存的真实数量，并尽快减少转载的数量；如果 $t^d>p_m$，将促使制造商隐瞒缺货的真实数量，并尽快减少转载的数量。此外，批发价格在现实生活中通常处在 $c$ 和 $p_r$ 之间，所以制造商应该设定一个恰当的批发价格 $w^*$ 来同时满足 $e\leqslant t^d\leqslant p_m$ 和 $c<w^*<p_r$ 这两个条件。为了解决这个问题，我们首先研究批发价格和转载价格之间的关系，有以下命题。

**命题 9.7**　转载价格 $t^d$ 随着批发价格 $w$ 的上升而上升。

**证明**　根据式(9.35)和式(9.36)，易得在 $t^d$ 下 $q_r^d=q_r^s$ 且 $q_m^d=q_m^s$。将 $q_r^d=q_r^s$ 和 $q_m^d=q_m^s$ 分别代入式(9.23)，可知命题成立。

直观地说，由于订货量是一个常数，制造商的利润会随着批发价格的上升而增加，随着转载价格的上升而减少。当 $a$ 是一个固定值时，制造商的利润是一个常数，所以转载价格会随着批发价格的上升而上升。此外，由命题 9.7 和命题 9.5，可以得到以下命题。

**命题 9.8**　一定存在 $w^*$ 能够同时满足 $e\leqslant t^d\leqslant p_m$ 且 $c<w^*<p_r$。

**证明**　重写式(9.23)，可得

$$\begin{aligned}[t^d(w)-e]T_{rm}=&a[\Pi_S(q_r^s,q_m^s)-\Pi_r^n(q_r^n,w^n)-\Pi_m^n(q_m^n,q_r^n,w^n)]+\\&\Pi_r^n(q_r^n,w^n)-\Pi_r^n(q_r^s,w)\end{aligned}\tag{9.37}$$

在等式的右边，第一项大于 0，所以如果 $\Pi_r^n(q_r^n,w^n)>\Pi_r^n(q_r^s,w)$，那么 $t^d(w)>e$。又因为 $\Pi_r^n(q_r^n,w^n)>\Pi_r^n(q_r^s,w^n)$，所以 $t^d(w^n)>e$。

再重写式(9.23)，可得

$$\begin{aligned}[p_m-t^d(w)]T_{rm}=&(1-a)[\Pi_S(q_r^s,q_m^s)-\Pi_m^n(q_m^n,q_r^n,w^n)-\\&\Pi_r^n(q_r^n,w^n)]+[(p_mE\min\{q_m^n,D_m\}-c\,q_m^n)-\\&(p_mE\min\{q_m^s,D_m\}-c\,q_m^s)]+\\&(w^n-c)q_m^n-(w-c)q_m^s\end{aligned}\tag{9.38}$$

在等式的右边，第一项和第二项大于 0，所以如果 $(w^n-c)q_m^n>(w-c)q_m^s$，那么 $t^d(w)<p_m$。又因为 $(w^n-c)q_m^n>(c-c)q_m^s$，所以 $t^d(c)<p_m$。根据命题 9.5，可得 $t^d(w)>t^d(c)$。总之，只有以下四种情况：$e<t^d(c)<t^d(w^n)<p_m$，$t^d(c)<e<p_m<t^d(w^n)$，$t^d(c)<e<t^d(w^n)<p_m$，$e<t^d(c)<p_m<t^d(w^n)$。因为 $t^d(w)$ 是关于 $w$ 的连续函数，所以一定存在 $w^*\in[c,w^n]$ 使得

$e \leqslant t^{\mathrm{d}}(w) \leqslant p_{\mathrm{m}}$。

综合上述分析，命题 9.8 成立。

从命题 9.8 来看，我们虽然无法获得明确的批发价格来保证转载，但可以保证批发价格一定存在。在现实生活中，制造商首先在转载价格机制$t^{\mathrm{d}}$下实现他们的订货量，然后将订货量的数值代入式(9.23)得到$w^*$。

## 9.6 供应链协调

供应链协调是供应链管理中一个非常重要的战略问题。通过回顾文献，我们发现很少有学者研究带转载的双渠道供应链的协调问题。因此，我们的主要目标是开发一些适用于该情况的供应链协调机制。合适的协调机制要满足两个标准：第一，集中式和分散式供应链在协调机制下可以做出相同的决策；第二，供应链成员可以通过协调机制实现任意的利润分配(Cachon[144])。除此之外，我们还研究了外生和内生两种类型的转载价格设定下的供应链协调问题。

### 9.6.1 外生性转载价格

如果没有转载，批发价格合同就不能协调供应链(Cachon[144])。首先考虑在批发价格合约下，是否存在转载价格使得供应链协调。对比式(9.2)和式(9.11)，可以得到以下命题。

**命题 9.9** 只有当 $t=e$ 且 $w=c-(p_{\mathrm{m}}-e)h_1$时，供应链才能实现协调。

从命题 9.9 中可知，供应链只有在特定条件下才能实现无协调机制的协调。这在现实中是很难满足的。在特定条件下，制造商和零售商也不能任意划分利润，所以我们需要开发一种新的协调机制，该协调机制可以在所有条件下协调供应链。

在以往的文献中，研究者主要设计各种合同来协调供应链，如回购合同、数量折扣合同、数量弹性合同和销售奖励合同。但几乎所有的相关研究都没有考虑转载问题。在本小节中，我们考虑用全单位数量折扣合同来协调供应链。数量折扣合同是现实生活中常用的合同。在全单位数量折扣合同下，零售商的转移支付为$G_{\mathrm{r}}(q_{\mathrm{r}})=w(q_{\mathrm{r}})q_{\mathrm{r}}$，其中$w(q_{\mathrm{r}})$是每单位的批发价格。零售商和制造商的利润函数分别为

$$\Pi_{\mathrm{r}}[q_{\mathrm{r}},q_{\mathrm{m}},w(q_{\mathrm{r}})]=p_{\mathrm{r}}E\min\{q_{\mathrm{r}},D_{\mathrm{r}}\}+(t-e)T_{\mathrm{rm}}-w(q_{\mathrm{r}})q_{\mathrm{r}} \tag{9.39}$$

$$\begin{aligned}\Pi_{\mathrm{m}}[q_{\mathrm{r}},q_{\mathrm{m}},w(q_{\mathrm{r}})]=[&p_{\mathrm{m}}E\min\{q_{\mathrm{m}},D_{\mathrm{m}}\}+\\&(p_{\mathrm{m}}-t)T_{\mathrm{rm}}-cq_{\mathrm{m}}]+[w(q_{\mathrm{r}})-c]q_{\mathrm{r}}\end{aligned} \tag{9.40}$$

获得协调的一种方法是确定付款计划，使零售商的利润等于供应链利润的一个固定部分（Cachon[144]）。具体来说，

$$\Pi_{\mathrm{r}}[q_{\mathrm{r}},q_{\mathrm{m}},w(q_{\mathrm{r}})]=\lambda\,\Pi_{\mathrm{S}}(q_{\mathrm{r}},q_{\mathrm{m}}),\lambda\in[0,1] \tag{9.41}$$

将式(9.1)和式(9.39)分别代入式(9.41)可得

$$w(q_{\mathrm{r}})=\frac{(1-\lambda)p_{\mathrm{r}}E\min\{q_{\mathrm{r}},D_{\mathrm{r}}\}+[t-\lambda p_{\mathrm{m}}-(1-\lambda)e]T_{\mathrm{rm}}-\lambda(p_{\mathrm{m}}E\min\{q_{\mathrm{m}},D_{\mathrm{m}}\}+cq_{\mathrm{m}})}{q_{\mathrm{r}}}-\lambda c \tag{9.42}$$

将式(9.42)代入式(9.40)可得

$$\Pi_{\mathrm{m}}[q_{\mathrm{r}},q_{\mathrm{m}},w(q_{\mathrm{r}})]=(1-\lambda)\Pi_{\mathrm{S}}(q_{\mathrm{r}},q_{\mathrm{m}}),\lambda\in[0,1] \tag{9.43}$$

根据式(9.41)和式(9.43)，可得在 $w(q_{\mathrm{r}})$ 下 $q_{\mathrm{r}}^{\mathrm{d}}=q_{\mathrm{r}}^{\mathrm{s}}$ 且 $q_{\mathrm{m}}^{\mathrm{d}}=q_{\mathrm{m}}^{\mathrm{s}}$。同时，零售商和制造商可以通过改变 $\lambda$ 来任意分配利润。因此，可得以下命题。

**命题 9.10**　如果

$$w(q_{\mathrm{r}})=\frac{(1-\lambda)p_{\mathrm{r}}E\min\{q_{\mathrm{r}},D_{\mathrm{r}}\}+[t-\lambda p_{\mathrm{m}}-(1-\lambda)e]T_{\mathrm{rm}}-\lambda(p_{\mathrm{m}}E\min\{q_{\mathrm{m}},D_{\mathrm{m}}\}+cq_{\mathrm{m}})}{q_{\mathrm{r}}}-\lambda c$$

那么全单位数量折扣合同能够实现供应链协调。

只有当零售商和制造商在协调下的预期利润同时高于不协调时，他们才愿意接受协调合同。也就是说，零售商和制造商必须实现帕累托改进。而要实现帕累托改进，需要满足以下不等式：

$$\begin{cases}\Pi_{\mathrm{r}}[q_{\mathrm{r}}^{\mathrm{s}},q_{\mathrm{m}}^{\mathrm{s}},w(q_{\mathrm{r}})]\geqslant\Pi_{\mathrm{r}}(q_{\mathrm{r}}^{\mathrm{d}},q_{\mathrm{m}}^{\mathrm{d}},w^{\mathrm{d}})\\ \Pi_{\mathrm{m}}[q_{\mathrm{r}}^{\mathrm{s}},q_{\mathrm{m}}^{\mathrm{s}},w(q_{\mathrm{r}})]\geqslant\Pi_{\mathrm{m}}(q_{\mathrm{r}}^{\mathrm{d}},q_{\mathrm{m}}^{\mathrm{d}},w^{\mathrm{d}})\end{cases} \tag{9.44}$$

将式(9.41)和式(9.43)代入不等式组(9.44)可得

$$\lambda\in\left[\frac{\Pi_{\mathrm{r}}(q_{\mathrm{r}}^{\mathrm{d}},q_{\mathrm{m}}^{\mathrm{d}},w^{\mathrm{d}})}{\Pi_{\mathrm{S}}(q_{\mathrm{r}}^{\mathrm{s}},q_{\mathrm{m}}^{\mathrm{s}})},\frac{\Pi_{\mathrm{S}}(q_{\mathrm{r}}^{\mathrm{s}},q_{\mathrm{m}}^{\mathrm{s}})-\Pi_{\mathrm{m}}(q_{\mathrm{r}}^{\mathrm{d}},q_{\mathrm{m}}^{\mathrm{d}},w^{\mathrm{d}})}{\Pi_{\mathrm{S}}(q_{\mathrm{r}}^{\mathrm{s}},q_{\mathrm{m}}^{\mathrm{s}})}\right] \tag{9.45}$$

基于上述分析，可得如下命题。

**命题 9.11**　通过选择合适的 $\lambda$，零售商和制造商可以在协调下实现帕累托改进。

命题 9.11 表明，当制造商选择适当的 $\lambda$ 时，零售商和制造商都会愿意签订这种协调合同。

### 9.6.2　内生性转载价格

在本小节中，零售商和制造商已经设定了转载价格机制 $t^{\mathrm{d}}$。因此，我们首先研究 $t^{\mathrm{d}}$ 对订购决策的影响。根据式(9.35)和式(9.36)，在 $t^{\mathrm{d}}$ 下易得 $q_{\mathrm{r}}^{\mathrm{d}}=q_{\mathrm{r}}^{\mathrm{s}}$ 且 $q_{\mathrm{m}}^{\mathrm{d}}=q_{\mathrm{m}}^{\mathrm{s}}$。同时，零售商和制造商可以通过改变 $a$ 来任意分配转载下增加的利润。基于上述分析，可得以下命题。

**命题 9.12**　转载价格机制 $t^{\mathrm{d}}$ 可以协调供应链。

从命题9.12中可以得到，一个合适的转载价格机制也可以消除双重边际的影响，激励供应链成员选择最优的供应链行为。

## 9.7 数值分析

为了获得更多的结论，我们进行了数值模拟，在外生和内生两种类型的转载价格设置下进行数值分析。本节使用以下数值作为参数的基础值：$p_r=20$，$p_m=18$，$c=8$，$t=10$，$e=2$，$a=0.5$，$D_r=D_m\sim U[0,200]$。

### 9.7.1 外生性转载价格

在这种情况下，虽然制造商使用批发价格合同时，供应链的利润在转载下也会增加，但供应链不能实现协调。也就是说，在协调机制下，供应链的利润可以进一步提高。本小节重点讨论系统参数（$p$，$c$，$e$，$t$）对转载和协调效率的影响，用“利润增长百分比”来衡量转载和协调的效率。

利润增长的百分比＝（转载或协调下的供应链利润/没有转载的供应链利润）×100%

在批发价格合同下，用$\Pi_r^w$，$\Pi_m^w$，$\Pi_s^w$分别表示零售商、制造商、供应链的转载效率，用$\Pi_s^c$表示供应链协调效率。在图9.3中，纵轴表示所有的“利润增长百分比”。

在图9.3a中，保持其他参数不变，改变线上商店的销售价格$p_m$。一般来说，线上商店的销售价格要比传统零售商的销售价格低。在这个数值模拟中，我们主要研究销售价格差异对转载和协调效率的影响。从图9.3a中，我们可以发现，转载和协调总是有利于所有的供应链成员，当价格差异变大时，这一点变得更加明显。

在图9.3b中，保持其他参数不变，改变生产成本$c$。在现实生活中，不同行业的利润率也是不同的。当销售价格是一个常数时，各行业的利润率随着生产成本$c$的增加而减少。在这个数值模拟中，我们主要研究什么样的行业采用转载的方式更有效。从图9.3b中，我们可以发现，转载和协调总是有利于所有的供应链成员，当利润率变小时，这一点变得更加明显。这意味着，低利润行业更需要采用转载方式。

在图9.3c中，保持其他参数不变，改变转载成本$e$。从图9.3c中，我们可以得到一些有用的见解。第一，转载和协调的效率是随转载成本的增加而降低的。这与直觉是一致的。第二，转载成本的变化对制造商的影响更大。这与直觉是不一致的。从直觉上说，转载成本是由零售商支付的，所以它对零售商的影响应该更大。

在图 9.3d 中，保持其他参数不变，改变转载价格 $t$。从图 9.3d 中，我们可以得到一些有用的启示。第一，转载和协调总是有利于所有的供应链成员。第二，转载价格对协调效率没有影响。第三，随着转载价格的上升，转载效率是先增加然后下降的。这意味着，在以批发价格合同为基础的转载下，存在一个独特的 $t^*$ 使得供应链利润最大化。第四，图 9.3d 与命题 9.9 是一致的，即如果 $w \neq c-(p_m-e)h_1$，在批发价格合约下就不存在转载价格 $t$ 促使供应链利润实现联合最优。

此外，从图 9.3 中可以发现，零售商的转载效率总是比制造商的高。这意味着，在批发价格合同下，零售商可以从转载中获得更多的收益。

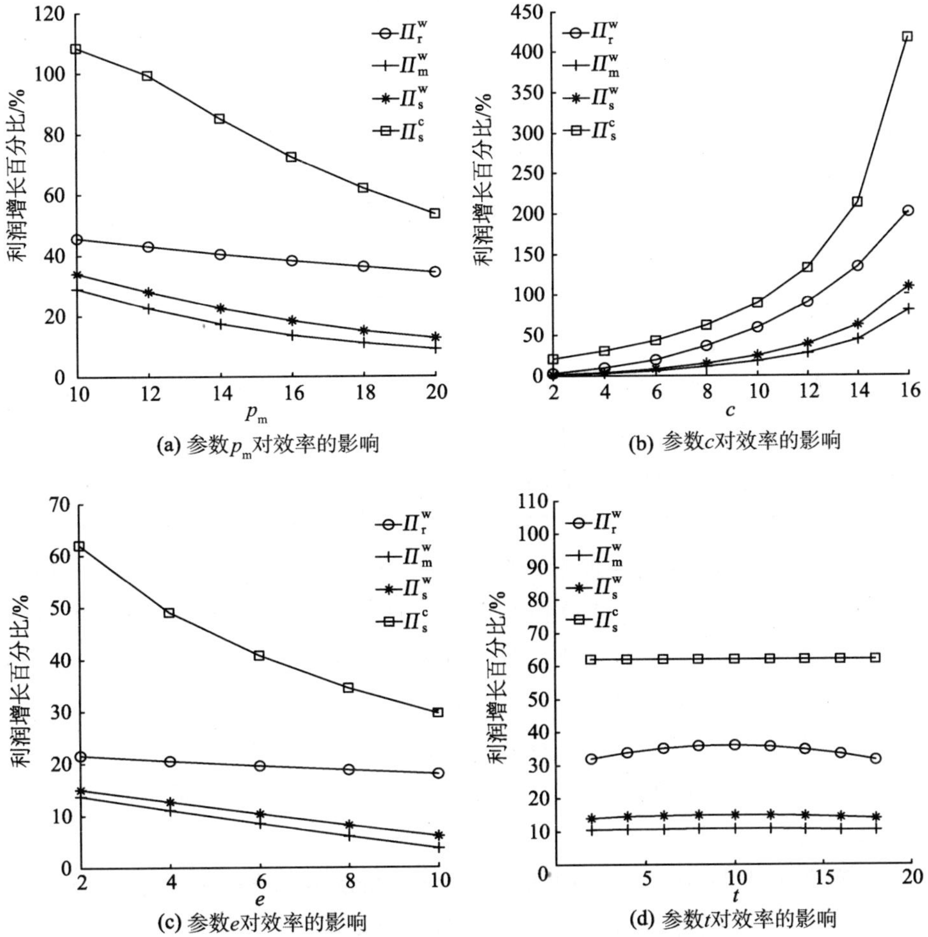


**图 9.3　系统参数($p, c, e, t$)对转载和协调效率的影响**

### 9.7.2 内生性转载价格

根据命题9.8可得，一定存在一个同时满足 $e \leqslant t^{d} \leqslant p_{m}$ 且 $c < w^{*} < p_{r}$ 的 $w^{*}$。在本小节中，我们的主要目标是通过数值模拟找到这个值 $w^{*}$。根据图9.4，可以发现 $w^{*} \in [9.2, 14.1]$。这意味着制造商可以在9.2和14.1之间的批发价格内任意取值。

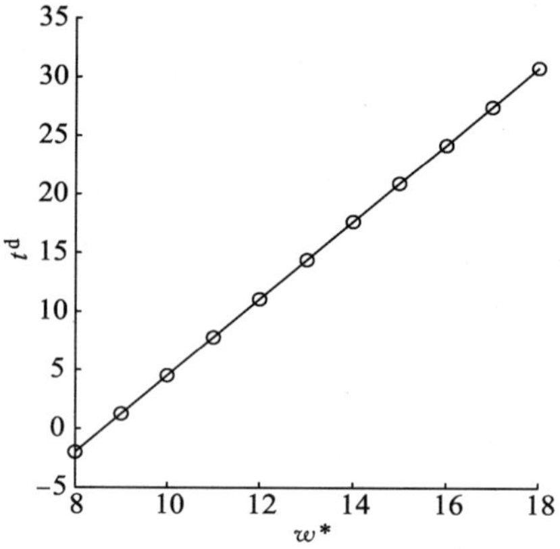


图9.4 批发价格的合理范围

## 9.8 本章小结

本章有两个主要内容：一是通过研究得到了单向转载的双渠道供应链下供应链成员的最优决策，二是开发了两类机制来协调供应链。

首先，我们研究了订货决策，并建立了纯策略的纳什均衡。然后，研究了外生和内生两种转载价格设定下的其他决策。在外生性转载价格下，研究了制造商的批发价格决策，发现常用的批发价格合同不能协调供应链。因此，我们进一步设计了一个数量折扣合同来协调供应链，并确定合同参数的范围，以达到双赢的结果。在内生性转载价格下，使用GNBS获得一个合适的转载价格机制，研究了批发价格决策，并证明肯定存在一个合适的批发价格来保证转载。进一步研究供应链协调发现，转载价格机制已经协调了供应链。此外，通过数值模拟发现，在低利润行业和价格差异大的情况下，转载策略可以取得更好的绩效。

在现实生活中，除了线上商店，制造商还经常使用多个零售商来分销其产品。因此，未来还可以研究多个零售商如何影响本章中的结果。此外，在某些行业中，两个渠道之间存在明显的竞争，因此还可以在模型中考虑竞争。

# 第 10 章　竞争环境下库存的协同与整合

## 10.1　引言

如今，许多产品的生命周期越来越短，持有过剩库存的风险正在增加。这意味着，一旦一款新型号的手机进入市场，早期型号的手机价值就会大幅下降。从理论上讲，提高需求预测的准确性是解决这一问题的最优途径之一。但是在实际操作中，越来越多的制造商和零售商为了满足不同细分客户的需求而选择提供多种产品型号，这使得每种型号的需求预测变得困难。此外，竞争加剧会进一步增加需求预测的难度。面对这些挑战，许多零售商选择减少库存，以避免潜在的库存过剩。然而，这可能会增加缺货的风险。为了解决这一问题，Krishnan 和 Rao 首先研究了转载策略，即企业之间建立关系，转移自己过剩的库存，以满足另一家企业未满足的需求[125]。这种策略已经被证明能够同时减少库存和避免缺货。因此，转载策略被广泛应用于汽车、时装、石油等行业(Zhao 和 Atkins[130]；Zhang 等[43])。

值得注意的是，库存竞争是一个常见的商业现实。也就是说，如果一个零售商缺货，一部分不满意的顾客可能会去竞争对手那里购买相同或类似的产品(Lee 和 Lu[149])。Tierney 提出，如果一个零售商的宝洁产品缺货，大约50%的顾客会转向竞争对手[150]。Verbeke 等也发现，大约 34%的客户在可口可乐缺货后会选择更换产品[151]。此外，在实践中，即使缺货零售商提供转载服务，其部分客户仍可能从其竞争对手那里购买产品。例如，在中国，同一商圈的很多商场都建立了转载关系。他们的转载承诺时间通常是 2～3 天。也就是说，如果顾客遇到缺货情况，商场会提供转载服务，顾客可以在 2～3 天内在店里或家里拿到产品[152]。然而，事实上，近 40%的客户会拒绝转载服务，选择从其他地方购买。主要原因在于：第一，一些客户希望立即拥有产品，而不是等待。第二，有些顾客想在做出最终购买决定之前，先亲身体验一下产品。

因此，在商业实践中，转载和库存竞争是同时存在的。也就是说，零售商之间是合作（转载）和竞争并存的。然而，这一实际问题在文献中却鲜有研究。本章旨在填补这一空白。具体来说，本章主要回答以下问题。第一，面对合作和竞争，零售商的最优订货量和转载价格分别是多少？第二，转载成本、竞争强度等不同因素如何影响零售商的最优决策和结果？第三，什么样的契约可以协调并实现最优的供应链绩效？

为了解决这些问题，我们分析了由一个供应商向两个零售商销售产品的供应链，考虑了零售商建立转载关系的两种可能情形。第一种情形是零售商集中化。例如，当零售商属于同一个公司时，这些零售商之间仍然存在库存竞争，但他们的共同目标是使总利润最大化。第二种情形是零售商分散化，每个零售商都以最大化自己的利润为目标。这种情况更适用于独立竞争的零售商。分别推导出集中式供应链和分散式供应链条件下零售商的最优订货量，比较集中式供应链和分散式供应链的最优订购量，可进一步得到最优转载价格。随后，我们研究了转载成本和竞争强度对零售商的影响，提出了一个供应商管理库存的超库存风险和转载成本分担（RCS）合同，并证明了该契约能够协调供应链。

## 10.2 文献综述

关于一级供应链中零售商间的转载问题已经有了较多研究。Herer 等研究了两个报摊型零售商之间的转载策略，发现转载策略可以同时增强精益性和敏捷性[126]。Archibald 等将该模型从两个零售商扩展到多个零售商，表明难以用分析方法获得最优转载策略，然后提出了一个近似解的方法[131]。此后，Paterson 等[133]及 Noham 和 Tzur[153]进一步发展了准近似方法和简单启发式算法。Feng 等考虑多零售商的情况，研究了联合转载和补货策略，证明了零售商的需求分布会影响转载[154]。Zhao 和 Atkins 研究了转载博弈和替代博弈下零售价格和安全库存的纳什均衡[130]。Timajchi 等考虑了变质的药品，提出了一种转载方案，以满足需求，同时将成本和事故损失降至最低[155]。

一些学者研究了两级供应链中的转载问题。Dong 和 Rudi 研究了外生和内生批发价格对转载的影响[134]。Shao 等研究了转载价格如何影响制造商和零售商的利润[138]。Zhang 等进一步提出了带销售奖励和罚款合同的回购来协调有转载的两级供应链[43]。此外,一些学者在研究转载时也考虑了更为现实的因素。Feng 等考虑了仓库容量约束,提出用一种遗传算法来获得最优转载策略[156]。Lee 和 Park 考虑了一个由两个零售商和一个具有不确定性产能的供应商组成的模型,发现转载价格可能无法协调供应链[157]。Zou 等研究了竞争企业间转载的实施及其对订单数量决策的影响,但是他们假设竞争公司采用转载方式,所有不满意的客户都会接受转载服务[158]。

还有一些学者研究了多时期环境下的转载问题。Olsson 提出了一个单向转载策略,并证明了该策略可以使所有参与者受益[132]。Abouee-Mehrizi 等研究了多时段下使总成本最小化的联合转载和补给策略[159]。Nakandala 等进一步比较了缺货和横向转载,并表明转载策略并不总是更好的[160]。Nasr 等考虑了一种非完全转载策略,即零售商不共享所有未售出库存或未满足的需求。他们推导出了最优共享量,并证明该策略优于完全转载策略[139]。Olsson 指出,转载通常需要时间,并且不是即时的,他将转载提前期纳入一个连续审查库存模型。结果表明,减少转载提前期可以降低总成本[161]。Dan 等认为缺乏信任或信息不对称是转载失败的主要原因,并提出了一个关于预防性转载的框架[162]。

随着电子商务的发展,学者们开始对各种电子商务背景下的转载策略进行研究。Torabi 等考虑了一个具有多个设施的典型电子零售商(允许库存转载),提出了一个混合整数规划模型来帮助电子零售商在满足客户订单的同时最小化物流成本[163]。He 等关注制造商的双渠道,提出数量-折扣合同来实现协调[45]。Yang 等也考虑了制造商双渠道下的单向转载策略[114],与 He 等[45]不同,他们假设的是从网店到零售商的单向转载[114]。Dijkstra 等认为,在任何线下商店网上订购的退货产品可能会导致库存不平衡,并针对这种不平衡库存研究了最优转载策略,证明了最优转载策略可以降低成本[164]。

本章在三个方面与以往的文献有所不同。第一,本章考虑了转载与库存竞争并存的问题。虽然有几篇关于转载的文献(例如,Zhao 和 Atkins[130];Zou 等[158])也与库存竞争有关,但这些文献假设当零售商采用转载方式时,零售商之间不存在库存竞争,即零售商之间不会出现客户转换。只有当零售商采用非转载策略时才会发生顾客转换。如前所述,在商业实践中,即使缺货零售商提供转载服务,其部分客户仍可能转向其竞争对手。第二,尽管 Zhang 等[43]和 He 等[45]分别提出了带销售奖励和罚款合同的回购和数量-折扣合同来协调有转载的供应链,但我们发现,当进一步考虑库存竞争时,这些合同不能协调供应链。为了填补这一空白,我们设计了一个供应商管理库存的 RCS

合同，以协调有转载和库存竞争的供应链。第三，我们不只是研究转载对订货量的影响，而是进一步研究库存竞争对转载价格的影响。

## 10.3 模型描述及符号说明

本节我们考虑由一个供应商和两个零售商组成的供应链，其中一个共同的供应商以单位生产成本 $c$ 来生产单一产品，并且在单阶段内以相同的单位批发价 $w$ 销售给两个竞争的零售商，将零售商记为 $i,j=1,2(i\neq j)$。零售商 $i$ 面临的随机需求 $D_i$ 具有累积分布函数(CDF) $F_{D_i}(\cdot)$ 和概率密度函数(PDF) $f_{D_i}(\cdot)$ 的特征。零售商 $i$ 和零售商 $j$ 分别从供应商那里订购 $q_i$ 和 $q_j$，并以相同的单价 $p$ 销售给客户，其中 $p>w$。为简便起见，假定在销售期结束时未售出存货的残值为零(如果有的话)。

由于竞争的关系，一定比例的零售商 $i$ 的不满意顾客会以固定转换率 $e$ 转向零售商 $j$。在实际操作中，影响顾客转换率水平的因素很多。例如，当销售同一产品的两个零售商相距较远时，顾客转换率一般较低；反之，当两个零售商之间的距离较近时，顾客转换率一般较高。固定转换率 $e$ 越大，两个零售商之间的竞争强度越大。此外，两个零售商建立了转载协议。因为转载需要时间，所以可能会在顾客转换后发生。在转载协议下，零售商 $j$ 将以单位转载价格 $t$ 和单位转载成本 $t$ 转载过剩库存以满足零售商 $i$ 仍未满足的需求 $[D_i-q_i-e(D_i-q_i)]$。为了确保两个零售商都愿意参与转载，假定 $v\leqslant t\leqslant p$。根据需求和订购数量的不同组合，有 8 种可能的场景，如图 10.1 所示。

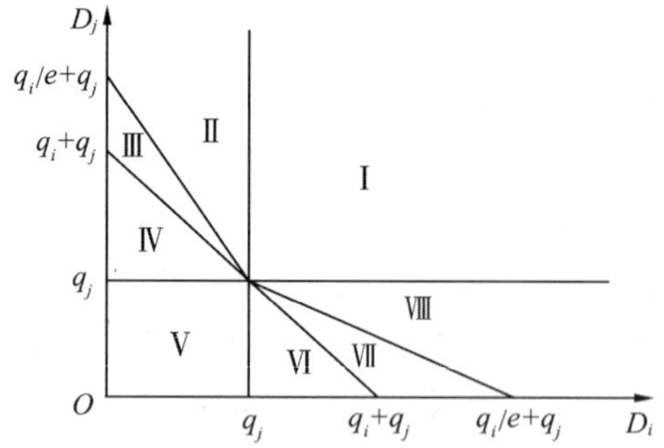


**图 10.1 库存竞争和转载的 8 种可能场景**

在场景Ⅰ中，两个零售商都缺货，因此转载和需求转换将不会发生。在场景Ⅱ中，零售商 $j$ 缺货，零售商 $i$ 可以满足自有顾客的需求，但不会满足所

有从零售商 $j$ 转来的客户需求，因此只会发生需求转换。在场景Ⅲ中，零售商 $j$ 缺货，零售商 $i$ 可以满足自有顾客的需求，也可以满足所有从零售商 $j$ 转来的顾客的需求，但不能满足零售商 $j$ 所有的转载需求，因此转载和需求转换都会发生。在场景Ⅳ中，零售商 $j$ 缺货，零售商 $i$ 既可以满足自有顾客的需求，也可以满足零售商 $j$ 所有的转向顾客和转载的需求，这样就会发生转载和需求转换，从而满足所有的需求。在场景Ⅴ中，两个零售商都库存过剩，因此转载和需求转换将不会发生。场景Ⅵ、场景Ⅶ和场景Ⅷ分别是与场景Ⅳ、场景Ⅲ和场景Ⅱ平行的场景。表 10.1 中列出了 8 种场景及其概率。

**表 10.1　8 种场景及其概率**

| 场景 | 描述 | 概率 |
|---|---|---|
| Ⅰ | 两个零售商的货都卖完了 | $P(D_i>q_i, D_j>q_j)$ |
| Ⅱ | 零售商 $j$ 缺货；零售商 $i$ 可以满足自有顾客的需求，但不是所有零售商 $j$ 的顾客都可以转向零售商 $i$ | $P(D_i<q_i, D_i+eD_j>q_i+eq_j)$ |
| Ⅲ | 零售商 $j$ 缺货；零售商 $i$ 既可以满足自有顾客的需求，也可以满足零售商 $j$ 所有转向顾客的需求，但不能满足零售商 $j$ 所有的转载需求 | $P(D_i<q_i, D_i+D_j>q_i+q_j)-P(\text{Ⅱ})$ |
| Ⅳ | 零售商 $j$ 缺货；零售商 $i$ 可以满足自有顾客的需求，以及零售商 $j$ 所有的转向的客户和转载的需求 | $P(D_j>q_j, D_j+D_i<q_j+q_i)$ |
| Ⅴ | 两个零售商都库存过剩 | $P(D_i<q_i, D_j<q_j)$ |
| Ⅵ | 零售商 $i$ 缺货；零售商 $j$ 可以满足自有顾客和所有从零售商 $i$ 转向的顾客和转载的需求 | $P(D_i>q_i, D_i+D_j<q_i+q_j)$ |
| Ⅶ | 零售商 $i$ 缺货；零售商 $j$ 可以满足自有顾客和所有从零售商 $i$ 转向的顾客的需求，但不能满足零售商 $i$ 所有的转载需求 | $P(D_j<q_j, D_j+D_i>q_j+q_i)-P(\text{Ⅷ})$ |
| Ⅷ | 零售商 $i$ 缺货；零售商 $j$ 可以满足自有顾客的需求，但不能满足所有从零售商 $i$ 转向的顾客的需求 | $P(D_j<q_j, D_j+eD_i>q_j+eq_i)$ |

为保持分析的易处理性和先前研究的一致性（Dong 和 Rudi[134]；Shao 等[138]；Zhang 等[43]），我们假设有两家对称的零售商。此外，为了符号的简洁性和明确性，采用以下符号操作规则：

$$(a)^{+}=\max\{a,0\} \text{ 和 } E(x)=\int x\,\mathrm{d}F(x)$$

用 $R_i$ 表示零售商 $i$ 根据自身库存确定的预期销售数量和市场需求，表达式为

$$R_i = E\min\{D_i, q_i\} \tag{10.1}$$

用 $U_{ji}$ 表示顾客从一个零售商 $j$ 到另一个零售商 $i$ 的期望需求，表达式为

$$U_{ji} = E\min\{e(D_j - q_j)^{+}, (q_i - D_i)^{+}\} \tag{10.2}$$

接下来，通过求 $U_{ji}$ 的一阶导数来检验 $q_i$ 和 $q_j$ 对 $U_{ji}$ 的影响：

$$\frac{\partial U_{ji}}{\partial q_i} = P(\text{Ⅱ}) \tag{10.3}$$

$$\frac{\partial U_{ji}}{\partial q_j} = -eP(\text{Ⅲ}) - eP(\text{Ⅳ}) \tag{10.4}$$

用 $k_{ji}^{1}$ 和 $k_{ji}^{2}$ 分别表示 $\frac{\partial U_{ji}}{\partial q_i}$ 和 $-\frac{\partial U_{ji}}{\partial q_j}$，则 $k_{ji}^{1}>0$，$k_{ji}^{2}>0$。

**引理 10.1**　$U_{ji}$ 随 $q_i$ 的增加而增加，随 $q_j$ 的减少而减少。

**证明**　由式(10.2)，可得

$$\begin{aligned} U_{ji} = &\int_0^{q_i}\int_{\frac{q_i-x}{e}+q_j}^{+\infty}(q_i - x) f_D(x,y)\mathrm{d}y\mathrm{d}x + \\ &\int_0^{q_i}\int_{q_j}^{\frac{q_i-x}{e}+q_j} e(y-q_j) f_D(x,y)\mathrm{d}y\mathrm{d}x \end{aligned} \tag{10.5}$$

式(10.5)右边两项分别对 $q_i$ 求导，可得

$$\begin{aligned} \frac{\partial \int_0^{q_i}\int_{\frac{q_i-x}{e}+q_j}^{+\infty}(q_i - x) f_D(x,y)\mathrm{d}y\mathrm{d}x}{\partial q_i} = &-\int_0^{q_i}\frac{q_i-x}{e} f_D\left(x,\frac{q_i-x}{e}+q_j\right)\mathrm{d}x + \\ &\int_0^{q_i}\int_{\frac{q_i-x}{e}+q_j}^{+\infty} f_D(x,y)\mathrm{d}y\mathrm{d}x \end{aligned} \tag{10.6}$$

$$\frac{\partial \int_0^{q_i}\int_{q_j}^{\frac{q_i-x}{e}+q_j} e(y-q_j) f_D(x,y)\mathrm{d}y\mathrm{d}x}{\partial q_i} = \int_0^{q_i}\frac{q_i-x}{e} f_D\left(x,\frac{q_i-x}{e}+q_j\right)\mathrm{d}x \tag{10.7}$$

由式(10.5)至式(10.7)可得

$$\frac{\partial U_{ji}}{\partial q_i} = \int_0^{q_i}\int_{\frac{q_i-x}{e}+q_j}^{+\infty} f_D(x,y)\mathrm{d}y\mathrm{d}x = P(\text{Ⅱ}) \tag{10.8}$$

式(10.5)右边两项分别对 $q_j$ 求导，可得

$$\frac{\partial \int_0^{q_i} \int_{\frac{q_i-x}{e}+q_j}^{+\infty} (q_i - x) f_D(x, y) \mathrm{d}y \mathrm{d}x}{\partial q_j} = -\int_0^{q_i} (q_i - x) f_D\left(x, \frac{q_i - x}{e} + q_j\right) \mathrm{d}x \tag{10.9}$$

$$\frac{\partial \int_0^{q_i} \int_{q_j}^{\frac{q_i-x}{e}+q_j} e(y - q_j) f_D(x, y) \mathrm{d}y \mathrm{d}x}{\partial q_j} = \int_0^{q_i} (q_i - x) f_D\left(x, \frac{q_i - x}{e} + q_j\right) \mathrm{d}x - e\int_0^{q_i} \int_{q_j}^{\frac{q_i-x}{e}+q_j} f_D(x, y) \mathrm{d}y \mathrm{d}x \tag{10.10}$$

由式(10.5)、式(10.9)和式(10.10)可得

$$\frac{\partial U_{ji}}{\partial q_j} = -e\int_0^{q_i} \int_{q_j}^{\frac{q_i-x}{e}+q_j} f_{\mathrm{D}}(x, y) \mathrm{d}y \mathrm{d}x = -e[P(\text{Ⅲ}) + P(\text{Ⅳ})] \tag{10.11}$$

由式(10.8)和式(10.11)可以得到引理 10.1。

在场景Ⅱ下，零售商 $i$ 无法满足所有从零售商 $j$ 转移过来的顾客，因此更高的价格 $q_i$ 可以满足转移过来的顾客。在场景Ⅲ和场景Ⅳ下，零售商 $j$ 缺货，且零售商 $i$ 可以满足所有从零售商 $j$ 转移来的顾客，因此 $q_j$ 越大，转移的顾客数量越少。

用 $Z_{ij}$ 表示零售商 $i$ 对于满足零售商 $j$ 超额需求的期望总数量。零售商 $j$ 的超额需求意味着 $j(D_j - q_j)^+$，即需求超过订单数量的部分。因此，$Z_{ij}$ 包括从 $j$ 转向 $i$ 的客户和转载数量，表达式为

$$Z_{ij} = E\min\{(q_i - D_i)^+, (D_j - q_j)^+\} \tag{10.12}$$

Shao 等(2011)[138]的研究表明，$Z_{ij}$ 随 $q_i$ 的增加而增加，随 $q_j$ 的减少而减少。由此可得以下结论：

$$\frac{\partial Z_{ij}}{\partial q_i} = P(\text{Ⅱ}) + P(\text{Ⅲ}) \tag{10.13}$$

$$\frac{\partial Z_{ij}}{\partial q_j} = -P(\text{Ⅳ}) \tag{10.14}$$

需要注意的是，只有当零售商 $j$ 缺货，且零售商 $i$ 只能满足自有顾客的需求，而不能满足零售商 $j$ 的超额需求 $(D_j - q_j)^+$ 时，零售商 $i$ 增加的订单量 $Z_{ij}$ 才会增加。从表 10.1 中可知，只有场景Ⅱ和场景Ⅲ可以满足这些条件，因此 $\frac{\partial Z_{ij}}{\partial q_i} = P(\text{Ⅱ}) + P(\text{Ⅲ})$。

为简单起见，用 $h_{ij}^1$ 和 $h_{ij}^2$ 分别表示 $\frac{\partial Z_{ij}}{\partial q_i}$ 和 $-\frac{\partial Z_{ij}}{\partial q_j}$，其中 $h_{ij}^1>0$，$h_{ij}^2>0$。最后，用 $T_{ij}$ 表示从零售商 $i$ 到 $j$ 的期望转货数量，则有

$$T_{ij}=Z_{ij}-U_{ji} \tag{10.15}$$

$$\frac{\partial T_{ij}}{\partial q_i}=P(\text{Ⅲ}) \tag{10.16}$$

$$\frac{\partial T_{ij}}{\partial q_j}=-(1-e)P(\text{Ⅳ})+eP(\text{Ⅲ}) \tag{10.17}$$

**引理 10.2**　$T_{ij}$ 随 $q_i$ 的增加而增加。

在场景Ⅲ中，零售商 $i$ 无法满足零售商 $j$ 的全部转载需求，因此只要提高转载需求 $q_i$ 就可以满足需求。但是，从式(10.10)可以看出，较大的 $q_j$ 可能会增加或减少转载数量。在场景Ⅳ中，转载后零售商 $j$ 断货，零售商 $i$ 转载后产品积压，因此较大的运量 $q_j$ 可以减少来自零售商 $i$ 的转载数量。在场景Ⅲ中，零售商 $i$ 在转载给零售商 $j$ 之后缺货，因此 $T_{ij}+U_{ji}$ 可能等于 $q_i-D_i$，它与 $q_j$ 相互独立。由于零售商 $j$ 在这种情况下是无货的，一个更大数量的 $q_j$ 可以减少 $U_{ji}$，因此在场景Ⅲ中，订购数量 $q_j$ 将会增加。

接下来用一个数值例子来说明上述结果，如图 10.2 所示。如果没有特别说明，参数值如下：$p=20$，$v=4$，$e=0.2$，$w=10$，$c=5$，$D_i=D_j\sim N(100,50)$。从图 10.2 可以看出，$T_{ij}$ 是关于 $q_j$ 向内凹的。当 $q_j$ 数值较小时，零售商 $j$ 的预期超额需求 $(D_j-q_j)^+$ 较大。因此，场景Ⅲ出现的可能性较大，转载数量 $ij$ 随 $q_j$ 的增加而增加。但是，随着 $q_j$ 的增加，零售商 $j$ 的预期超额需求降低。这样，零售商 $i$ 就更容易满足零售商 $j$ 的所有超额需求。因此，当 $q_j$ 较大时，场景Ⅳ发生的可能性较大，转载数量 $T_{ij}$ 随 $q_j$ 的增加而减少。

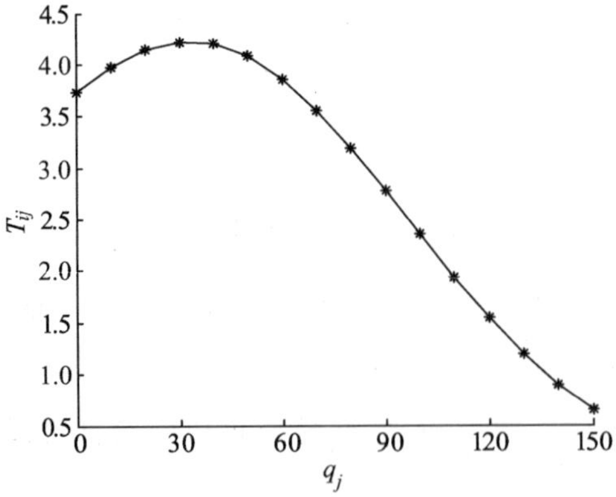


**图 10.2　订单数量 $q_j$ 对转载数量 $T_{ij}$ 的影响($q_i=100$)**

## 10.4　集中式零售商

集中式零售商是指以利润最大化为目标的零售商。当零售商在同一零售链上时，可以实现零售商总体利润最大化。因此，零售商为了最大化其期望总利润 $\Pi_r^s$，会选择订单数量 $(q_1^s, q_2^s)$。

$$\begin{aligned}\Pi_r^s(q_1^s, q_2^s) = &[pR_1 + pU_{21} + (p-t)T_{21} + (t-v)T_{12} - wq_1^s] + \\ &[pR_2 + pU_{12} + (p-t)T_{12} + (t-v)T_{21} - wq_2^s]\end{aligned} \tag{10.18}$$

在式(10.18)中，右边第一项和第二项分别表示零售商 1 和零售商 2 的利润。式(10.18)可以重新排列为

$$\Pi_r^s(q_1^s, q_2^s) = p(R_1 + R_2) + p(U_{12} + U_{21}) + (p-v)(T_{12} + T_{21}) - w(q_1^s + q_2^s) \tag{10.19}$$

在式(10.19)中，右边第一项表示零售商从自身库存和市场需求中获得的总收益，第二项表示零售商从转向顾客需求中获得的总收益，第三项表示零售商从转载中获得的总收益，最后一项表示零售商的总采购成本。由式(10.18)与式(10.19)可知，当零售商集中时，转载价格不影响总利润。

**命题 10.1**　集中式零售商的利润 $\Pi_r^s$ 是关于 $(q_1^s, q_2^s)$ 的联合凹函数，最优订货数量 $(q_1^{s*}, q_2^{s*})$ 满足以下条件：

$$F_{D_i}(q_i^{s*}) = \frac{p-w}{p} + \frac{p-v}{p}(h_{ij}^1 - h_{ji}^2) + \frac{v}{p}(k_{ji}^1 - k_{ij}^2) \tag{10.20}$$

**证明**　重新排列式(10.19)，可得

$$\begin{aligned}\Pi^s(q_1^s, q_2^s) = &p(R_1 + R_2) + (p-v)(Z_{12} + Z_{21}) + \\ &v(U_{12} + U_{21}) - w(q_1^s + q_2^s)\end{aligned} \tag{10.21}$$

为了清晰起见，我们定义如下：

$$b_{ij}^1 = P(D_i < q_i) f_{D_i + D_j | D_i < q_i}(q_i + q_j)$$

$$b_{ij}^2 = P(D_i + D_j > q_i + q_j) f_{D_i | D_i + D_j > q_i + q_j}(q_i)$$

$$g_{ij}^1 = P(D_j > q_j) f_{D_j + D_i | D_j > q_j}(q_j + q_i)$$

$$g_{ij}^2 = P(D_i + D_j < q_i + q_j) f_{D_j | D_i + D_j < q_i + q_j}(q_j)$$

$$l_{ji}^1 = P(D_i < q_i) f_{D_i + eD_j | D_i < q_i}(q_i + eq_j)$$

$$l_{ji}^2 = P(D_i + eD_j > q_i + eq_j) f_{D_i | D_i + eD_j > qi + eq_j}(q_i)$$

$$n_{ji}^1 = P(D_j > q_j) f_{D_i + eDj | Dj > q_j}(q_i + eq_j)$$

$$n_{ji}^2 = P(D_i + eD_j < q_i + eq_j) f_{D_j | D_i + eD_j < q_i + eq_j}(q_j)$$

$$a_i = f_{D_i}(q_i)$$

对 $\Pi^s$ 分别求 $q_i$ 的一阶和二阶导数,可得

$$\frac{\partial \Pi^s}{\partial q_i^s} = p[1 - F_{D_i}(q_i^s)] + (p - v)(h_{ij}^1 - h_{ji}^2) + v(k_{ji}^1 - k_{ij}^2) - w \tag{10.22}$$

$$\frac{\partial^2 \Pi^s}{\partial (q_i^s)^2} = -v(a_i - l_{ji}^2 - en_{ij}^2) - (p - v)(b_{ij}^1 + g_{ji}^1) - v\left(\frac{1}{e}l_{ji}^1 + en_{ij}^1\right) \tag{10.23}$$

因为 $0 < e < 1, a_i - l_{ij}^2 - en_{ij}^2 > 0$,所以

$$\frac{\partial^2 \Pi^s}{\partial (q_i^s)^2} < 0 \tag{10.24}$$

对式(10.22)求关于 $q_j$ 的导数得

$$\frac{\partial^2 \Pi^s}{\partial q_i^s \partial q_j^s} = -(p - v)(b_{ij}^1 + g_{ji}^1) - v(l_{ji}^1 + n_{ij}^1) \tag{10.25}$$

因为零售商是对称的,所以 $l_{ji}^1 = n_{ij}^1$,可以得到 $\frac{1}{e}l_{ji}^1 + en_{ij}^1 = \frac{1}{e}l_{ji}^1 + el_{ji}^1$。又因为 $0 < e < 1$,所以 $\frac{1}{e}l_{ji}^1 + en_{ij}^1 = \frac{1}{e}l_{ji}^1 + el_{ji}^1 \geqslant l_{ji}^1 + l_{ji}^1 = l_{ji}^1 + n_{ij}^1$,从而可得

$$\left|\frac{\partial^2 \Pi^s}{\partial (q_i^s)^2}\right| - \left|\frac{\partial^2 \Pi^s}{\partial q_i^s \partial q_j^s}\right| > 0 \tag{10.26}$$

由此可得黑塞矩阵为

$$\boldsymbol{H}(q_i^s, q_j^s) = \begin{pmatrix} \frac{\partial^2 \Pi^s}{\partial (q_i^s)^2} & \frac{\partial^2 \Pi^s}{\partial q_i^s \partial q_j^s} \\ \frac{\partial^2 \Pi^s}{\partial q_j^s \partial q_i^s} & \frac{\partial^2 \Pi^s}{\partial (q_j^s)^2} \end{pmatrix} \tag{10.27}$$

基于式(10.27),两个零售商是对称的,可得 $|\boldsymbol{H}(q_i^s, q_j^s)| > 0$。因为 $\frac{\partial^2 \Pi^s}{\partial (q_i^s)^2} < 0$ 且 $\frac{\partial^2 \Pi^s}{\partial (q_j^s)^2} < 0$,所以 $\Pi^s$ 是关于 $(q_1^s, q_2^s)$ 的联合凹函数,其唯一最优解 $(q_1^{s*}, q_2^{s*})$ 必须满足一阶条件。

综合上述分析,命题 10.1 得证。

现在来研究当零售商集中时,转载成本 $v$ 和竞争强度 $e$ 是如何影响最优订货数量的。由于无法得到分析结果,我们进行了数值研究,结果如图 10.3 所示。

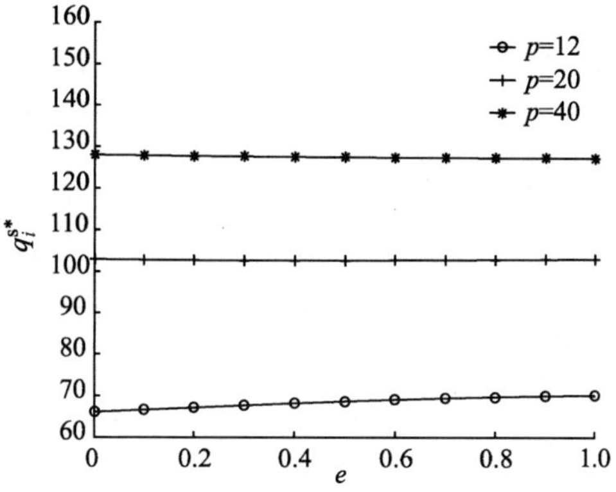


**图 10.3　竞争强度 $e$ 对订单量 $q_i^{s^*}$ 的影响**

**观测 10.1**　零售商集中式供应链下，竞争强度 $e$ 对最优订货量 $q_i^{s^*}$ 的影响如下：

① 当利润率较低时，$q_i^{s^*}$ 随着 $e$ 的增加而增加。

② 当利润率中等时，$q_i^{s^*}$ 随着 $e$ 的增加先增加后减少。

③ 当利润率较高时，$q_i^{s^*}$ 随着 $e$ 的减少而减少。

在我们的模型中，零售商可以通过转载来共享他们的库存，顾客可以切换。一方面，库存共享可以帮助零售商降低库存不足和库存过剩的风险；另一方面，共享库存可导致转载成本增加。顾客转换对零售商来说是免费的，因此随着竞争强度的增加，分担库存的平均成本降低。在竞争强度较大的情况下，零售商可以充分利用这一策略，通过增加共享库存的数量来降低风险，从而增加总利润。

由式(10.20)可以看出，当利润率$\dfrac{p-w}{p}$较低时，零售商的订单会减少。在这种情况下，库存不足是增加共享库存数量的主要障碍。因此，竞争强度的增加会导致零售商的订单增加。相比之下，当利润率较高时，库存过剩是主要障碍。因此，竞争强度的增加会导致零售商的订单减少。当利润率中等时，零售商应同时注意缺货和积压。当竞争强度较小时，共享库存的成本较高，零售商更倾向于使用自己的库存来满足需求，从而导致库存过剩的风险更高。在这种情况下，随着竞争强度的增加，零售商的订单会减少。相比之下，当共享库存成本较低时，零售商会更多地依赖彼此的库存来满足自己的需求，从而导致更高的缺货风险。在这种情况下，订单数量随着竞争强度的增加而增加。

图 10.4 描绘了保持其他参数不变，但改变转载成本和销售价格时的数值结果。

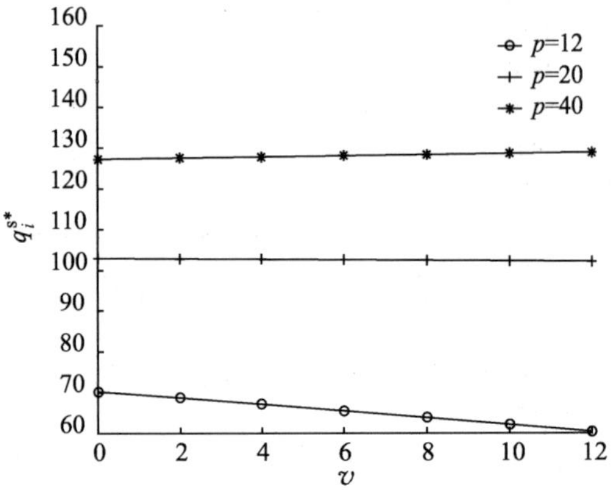


**图 10.4　转载成本 $v$ 对订货量 $q_i^{s*}$ 的影响**

**观测 10.2**　在零售商集中的情况下，当利润率较高时，最优订货量 $q_i^{s*}$ 会随转载成本 $v$ 的增大而增加。当利润率较低时，$q_i^{s*}$ 随 $v$ 的增大而减少。

对于集中式零售商，转载成本会影响转载总成本（$T_{12}+T_{21}$）。当转载成本增加时，零售商需要减少转载总量。有两种方法可以实现：第一种方法是减少转载需求$(1-e)(D_j-q_j)^+$；第二种方法是减少转载供应$[q_i-D_i-e(D_j-q_j)^+]^+$。第一种方法将促使零售商订购更多产品；第二种方法要求零售商订购更少的产品。当产品的利润率较高时，零售商会选择更多的订货量。因此，转载需求大概率小于转载供给。在这种情况下，转载需求通常决定最终的转载数量，零售商采用第一种方法。反之，如果利润率较低，那么转载需求大于转载供给的可能性较大，零售商将采用第二种方法。

**观测 10.3**　在零售商集中式供应链的情况下，最优订货量 $q_i^{s*}$ 会随边际利润的增加而增加。

零售商的利润率越高，其缺货成本就越大，从而促使零售商增加订货量。在实践中，零售商通常销售不同利润率的多种产品。因此，当竞争强度和转载成本发生变化时，零售商应根据不同产品的利润率来调整订货量。

接下来我们研究转载成本 $v$ 和竞争强度 $e$ 对集中式零售商利润 $\Pi_r^s$ 的影响，可以得到以下命题。

**命题 10.2**　在零售商集中式供应链的情况下，集中式零售商的利润 $\Pi_r^s$ 随着竞争强度 $e$ 的增加而增加，随着转载成本 $v$ 的增加而降低。

**证明** $\Pi_r^s$对 $e$ 求导得

$$\frac{\mathrm{d}\Pi_r^s}{\mathrm{d}e}=\frac{\partial \Pi_r^s}{\partial e}+\frac{\partial \Pi_r^s}{\partial q_i^s}\frac{\partial q_i^s}{\partial e}+\frac{\partial \Pi_r^s}{\partial q_j^s}\frac{\partial q_j^s}{\partial e} \tag{10.28}$$

因为当$\frac{\partial \Pi_r^s}{\partial q_i^s}=\frac{\partial \Pi_r^s}{\partial q_j^s}=0$时，零售商可设置最优订货量，所以可以将式(10.28)重新排列为

$$\frac{\mathrm{d}\Pi_r^s}{\mathrm{d}e}=\frac{\partial \Pi_r^s}{\partial e}=v\left(\frac{\partial U_{ij}}{\partial e}+\frac{\partial U_{ji}}{\partial e}\right) \tag{10.29}$$

我们可以得到

$$\frac{\partial U_{ji}}{\partial e}=\int_0^{q_i}\int_{q_j}^{\frac{q_i-x}{e}+q_j}(y-q_j)f_{\mathrm{D}}(x,y)\mathrm{d}y\mathrm{d}x>0 \tag{10.30}$$

$$\frac{\partial U_{ij}}{\partial e}=\int_0^{q_j}\int_{q_i}^{\frac{q_j-x}{e}+q_i}(y-q_i)f_{\mathrm{D}}(x,y)\mathrm{d}y\mathrm{d}x>0 \tag{10.31}$$

由式(10.30)和式(10.31)可以得到$\frac{\mathrm{d}\Pi_r^s}{\mathrm{d}e}>0$。使用类似的方法，考察转载成本 $v$ 的影响，此处省略。

综合上述分析，命题 10.2 得证。

对于集中式零售商来说，竞争强度越大，不满意的顾客就会从一个零售商免费转移到另一个零售商。因此，竞争强度越大，集中式零售商的利润越高。而转载成本越高，单位转载利润越少，集中式零售商的利润越少。

## 10.5 分散式零售商

当零售商在分散式供应链中时，它们被认为是独立的，每个零售商都能使自己的利润最大化。在本节中，我们假设两个零售商同时做出反应，并关注零售商如何选择订购数量和转载价格以实现自身利润最大化。按照向后推演的逻辑，我们首先考察订货数量，然后考察转载价格。

### 10.5.1 订购数量

在零售商分散式供应链条件下，零售商 $i$ 的期望利润$\Pi_{ri}$为

$$\Pi_{ri}(q_i)=pR_i+pU_{ji}+(p-t)T_{ji}+(t-v)T_{ij}-wq_i \tag{10.32}$$

在式(10.32)右边，第一项是来自自身库存和自身市场需求的收益，第二项是来自零售商 $j$ 转向的顾客的收益，第三项是来自零售商 $j$ 转载产品的收益，第四项是满足零售商 $j$ 转载需求的收益，最后一项是采购成本。下面，我

们通过订购数量研究纳什均衡的存在唯一性。

**命题 10.3** 在零售商分散式供应链条件下，存在唯一的纳什均衡($q_1^*$，$q_2^*$)，且零售商 $i$ 的最优订货量满足以下条件：

$$F_{D_i}(q_i^*)=\frac{p-w}{p}+\frac{t-v}{p}h_{ij}^1-\frac{p-t}{p}h_{ji}^2+\frac{p-t+v}{p}k_{ji}^1+\frac{p-t}{p}k_{ij}^2 \tag{10.33}$$

**证明** 重新排列式(10.32)，可得

$$\Pi_i(q_i)=pR_i+pU_{ji}+(p-t)(Z_{ji}-U_{ij})+(t-v)(Z_{ij}-U_{ji})-wq_i \tag{10.34}$$

根据 Fudenberg 和 Tirole[148] 的研究，如果反应函数$\frac{\partial q_i}{\partial q_j}$是单调的且其斜率绝对值小于 1，那么存在唯一的纳什均衡。式(10.34)对 $q_i$ 求导得

$$\begin{aligned}\frac{\partial \Pi_i}{\partial q_i}=&p[1-F_{D_i}(q_i)]+(p-t+v)k_{ji}^1+\\&(p-t)k_{ij}^2+(t-v)h_{ij}^1-(p-t)h_{ji}^2-w\end{aligned} \tag{10.35}$$

令 $M=p[1-F_{D_i}(q_i)]+(p-t+v)k_{ji}^1+(p-t)k_{ij}^2+(t-v)h_{ij}^1-(p-t)h_{ji}^2-w$，则由式(10.35)可得

$$\begin{aligned}\frac{\partial q_i}{\partial q_j}&=-\frac{\partial M/\partial q_j}{\partial M/\partial q_i}\\&=-\frac{(p-t+v)l_{ji}^1+(t-v)b_{ij}^1+(p-t)g_{ji}^1-(p-t)n_{ij}^1}{pa_i-(p-t+v)l_{ji}^2+(p-t)en_{ij}^2-(t-v)b_{ij}^2-(p-t)g_{ji}^2+(p-t+v)\frac{1}{e}l_{ji}^1+(t-v)b_{ij}^1+(p-t)g_{ji}^1-e(p-t)n_{ij}^1}\end{aligned} \tag{10.36}$$

因为 $b_{ij}^2=l_{ji}^2$，所以

$$\begin{aligned}&pa_i-(p-t+v)l_{ji}^2+(p-t)en_{ij}^2-(t-v)b_{ij}^2-(p-t)g_{ji}^2=\\&\quad pa_i-pb_{ij}^2-pg_{ji}^2+(p-t)n_{ij}^2+tg_{ji}^2\end{aligned} \tag{10.37}$$

又因为 $pa_i-pb_{ij}^2-pg_{ji}^2=0$，所以可以将式(10.37)重新排列为

$$pa_i-(p-t+v)l_{ji}^2+(p-t)en_{ij}^2-(t-v)b_{ij}^2-(p-t)g_{ji}^2=(p-t)n_{ij}^2+tg_{ji}^2>0 \tag{10.38}$$

因为零售商是对称的，所以 $l_{ji}^1=n_{ij}^1$，从而可以得到

$$(p-t+v)l_{ji}^1+(t-v)b_{ij}^1+(p-t)g_{ji}^1-(p-t)n_{ij}^1>0 \tag{10.39}$$

同时，因为 $0<e<1$，所以

$$\begin{aligned}&(p-t+v)\frac{1}{e}l_{ji}^1+(t-v)b_{ij}^1+(p-t)g_{ji}^1-e(p-t)n_{ij}^1>\\&(p-t+v)l_{ji}^1+(t-v)b_{ij}^1+(p-t)g_{ji}^1-(p-t)n_{ij}^1\end{aligned} \tag{10.40}$$

由式(10.38)至式(10.40)可得$\left|\frac{\partial q_i}{\partial q_j}\right|<1$。因此，存在唯一的纳什均衡，并

通过求解一阶条件得出了纳什均衡解。

综合上述分析，命题 10.3 得证。

接下来，我们将研究转载价格 $t$ 对最优订货量的影响。

**命题 10.4**　在零售商分散式供应链条件下，最优订货量随转载价格的增加而增加。

**证明**　由隐函数定理，可以得到

$$\frac{\partial q_i^*}{\partial t}=-\frac{\partial M/\partial t\times\partial G/\partial q_j-\partial G/\partial t\times\partial M/\partial q_j}{\partial M/\partial q_i\times\partial G/\partial q_j-\partial G/\partial q_i\times\partial M/\partial q_j}\tag{10.41}$$

式中，

$$G=p[1-F_{D_j}(q_j)]+(p-t+v)k_{ij}^1+(p-t)k_{ji}^2+(t-v)h_{ji}^1-(p-t)h_{ij}^2-w\tag{10.42}$$

因为零售商是对称的，所以$\dfrac{\partial M}{\partial t}=\dfrac{\partial G}{\partial t},\dfrac{\partial G}{\partial q_j}=\dfrac{\partial M}{\partial q_i},\dfrac{\partial G}{\partial q_i}=\dfrac{\partial M}{\partial q_j}$。因此，可以将式(10.41)重新排列为

$$\frac{\partial q_i^*}{\partial t}=-\frac{\partial M/\partial t}{\partial M/\partial q_i+\partial M/\partial q_j}\tag{10.43}$$

验证得

$$\begin{aligned}\frac{\partial M}{\partial t}&=-k_{ji}^1-k_{ij}^2+h_{ij}^1+h_{ji}^2=-k_{ji}^1-k_{ji}^2+h_{ij}^1+h_{ij}^2\\&=(1-e)[P(\text{Ⅲ})+P(\text{Ⅳ})]>0\end{aligned}\tag{10.44}$$

根据命题 10.2 的证明，可以得到$\partial M/\partial q_i+\partial M/\partial q_j<0,\dfrac{\partial q_i^*}{\partial t}>0$。

综合上述分析，命题 10.4 得证。

由于转载价格较高，一个零售商利用另一个零售商的库存成本更高。因此，零售商 $i$ 更偏向订购更多产品，并使用自己的库存来满足需求。从命题 10.4 中我们还发现，如果一个强大的供应商能够决定零售商的转载价格，那么他应该让零售商设定较高的转载价格，从而促使零售商订购更多的产品。对于固定的批发价，订货量越多，供应商的利润越高。

### 10.5.2　转载价格

在本小节中，我们的目标是得到两个对称零售商的利润最大化的转载价格。当 $q_i^*=q_i^{s*}$ 时，分散条件下零售商的利润总额与集中条件下零售商的利润总额相等，即横向协调。也就是说，横向协调意味着集中式供应链和分散式供应链的零售商在订货量的决策上是相同的。在此条件下，每个零售商都可以获得最大的利润。

比较式(10.20)和式(10.33)可知，为了保持 $q_i^* = q_i^{s^*}$，转载价格 $t$ 应满足以下条件：

$$t = \frac{ph_{ij}^1 + vh_{ji}^2 - pk_{ji}^1 - (p+v)k_{ij}^2}{h_{ij}^1 + h_{ji}^2 - k_{ji}^1 - k_{ij}^2} \tag{10.45}$$

由式(10.33)可以看出，$h_{ij}^1$，$h_{ji}^2$，$k_{ji}^1$ 和 $k_{ij}^2$ 是关于 $q_i^*(t)$ 和 $q_j^*(t)$ 的函数，因此式(10.45)的右边也是关于 $t$ 的函数。因为满足式(10.45)时有 $q_i^* = q_i^{s^*}$，所以可以将式(10.45)重新排列为

$$t^C = \frac{ph_{ij}^{1^*} + vh_{ji}^{2^*} - pk_{ji}^{1^*} - (p+v)k_{ij}^{2^*}}{h_{ij}^{1^*} + h_{ji}^{2^*} - k_{ji}^{1^*} - k_{ij}^{2^*}} \tag{10.46}$$

式中，$h_{ij}^{1^*}$，$h_{ij}^{1^*}$，$k_{ji}^{1^*}$ 和 $k_{ij}^{2^*}$ 分别为 $h_{ij}^{1^*}(q_i^{s^*}, q_j^{s^*})$，$h_{ji}^{2^*}(q_i^{s^*}, q_j^{s^*})$，$k_{ji}^{1^*}(q_i^{s^*}, q_j^{s^*})$ 和 $k_{ij}^{2^*}(q_i^{s^*}, q_j^{s^*})$ 的缩写形式。重新整理后，我们可以看到，式(10.46)的右边是一个与 $t$ 无关的常数。此外，为了确保两个零售商都愿意参与转载，转载价格必须高于转载成本 $v$，但低于销售价格 $p$。因此，可得如下命题。

**命题 10.5** 在零售商分散式供应链条件下，转载价格 $t^C$ 始终低于销售价格 $p$。存在唯一的 $\hat{e} \in \left(0, \frac{p-v}{p}\right)$，当 $e \leqslant \hat{e}$ 时 $t^C$ 高于转载成本 $v$；当 $e > \hat{e}$ 时 $t^C$ 低于转载成本 $v$。

**证明** 重新排列式(10.46)，可以得到

$$t^C = p + \frac{-(p-v)P(\text{Ⅳ}) - ve[P(\text{Ⅲ}) + P(\text{Ⅳ})]}{(1-e)[P(\text{Ⅲ}) + P(\text{Ⅳ})]} \tag{10.47}$$

$$t^C = v + \frac{(p-v-pe)P(\text{Ⅲ}) - peP(\text{Ⅳ})}{(1-e)[P(\text{Ⅲ}) + P(\text{Ⅳ})]} \tag{10.48}$$

由式(10.47)可以得到 $t^C < p$。由式(10.44)可知，$(1-e)[P(\text{Ⅲ}) + P(\text{Ⅳ})] > 0$，所以只需要检查 $(p-v-pe)P(\text{Ⅲ})$。定义 $(p-v-pe)P(\text{Ⅲ}) - peP(\text{Ⅳ}) = A$，我们发现，当 $e = \frac{p-v}{p}$ 时，$A < 0$；当 $e = 0$ 时，$A > 0$。因此，在区间 $\left(0, \frac{p-v}{p}\right)$ 内必然存在 $\hat{e}$ 使 $A = 0$。

$A$ 对 $e$ 求导得

$$\begin{aligned} \frac{\partial A}{\partial e} = & -p[P(\text{Ⅲ}) + P(\text{Ⅳ})] - \\ & (p-v-pe)\int_0^{q_i} \frac{q_i - x}{e^2} f_D\left(x, \frac{q_i - x}{e} + q_j\right) \mathrm{d}x < 0 \end{aligned} \tag{10.49}$$

由式(10.49)可以得到，$A$ 随 $e$ 的增加而减少。因此，存在 $\hat{e}$ 使 $A = 0$。而

当 $e \leqslant \hat{e}$ 时，$t^{C}$ 高于转载成本 $v$；当 $e > \hat{e}$ 时，$t^{C}$ 低于转载成本 $v$。

综合上述分析，命题 10.5 得证。

命题 10.5 表明，由式(10.46)推导出的转载价格 $t^{C}$ 可能不满足 $v \leqslant t \leqslant p$。此外，如果 $e=1$，我们可以验证 $q_i^{*} > q_i^{s^*}$。这意味着在分散式供应链条件下，高水平的竞争强度可以诱导零售商订购比在集中式供应链条件下更多的产品。由命题 10.4 可知，订购数量随转载价格的提高而减少。但竞争强度越大，转载数量越少。因此，转载价格对订货量的影响也有所降低。也就是说，零售商需要更低的转载价格来减少相同数量的订货量。这就是当 $e$ 较大的时候 $t^{C}$ 较低的原因。

**命题 10.6**　在零售商分散式供应链的条件下，当 $e \leqslant \hat{e}$ 时，最优转载价格为 $t^{*}=t^{C}$；当 $e > \hat{e}$ 时，最优转载价格为 $t^{*}=v$。

命题 10.6 表明，当竞争强度较小时，竞争零售商可以通过设定适当的转载价格来实现横向协调。然而，当竞争强度较大时，相互竞争的零售商无法利用转载价格实现横向协调。我们的结果与其他学者的研究结果(例如，Zhang 等，2017[43])不同。他们研究发现，两个对称的零售商可以利用转载价格实现横向协调。这一结果是正确的，只是在以前的研究中没有考虑竞争。因此，命题 10.6 暗示零售竞争削弱转载价格对订货量的影响。在实践中，零售商可以通过一定的策略来降低竞争强度，使转载达到横向协调。降低竞争强度意味着更多的客户愿意接受转载。如上所述，等待时间长和缺乏产品经验是客户拒绝转载的两个主要原因。对于第一个原因，现在有很多即时快递公司(如中国的闪送)，这些公司通常承诺在一个小时内将产品送达同一城市。因此，零售商可以使用即时配送公司，而不是传统的快递公司，进而减少等待转载的时间。对于第二个原因，零售商可以使用增强现实(AR)技术让顾客体验产品。事实上，像 Neiman Marcus、Zara 等零售商已经在顾客购买衣服时提供了这样的服务。

为了更好地说明命题 10.6，我们进行了数值分析，并将结果绘制在图 10.5 中。由图可知，当 $e \leqslant \hat{e}$ 时，零售商 $i$ 的利润关于转载价格的图形是凹的；当 $e > \hat{e}$ 时，零售商 $i$ 的利润随转载价格的下降而下降。

随后我们研究了转载成本 $v$ 和竞争强度 $e$ 对最优转载价格的影响。由命题 10.6 可知，当 $e > \hat{e}$ 时最优转载价格等于转载成本。因此，我们关注 $e \leqslant \hat{e}$ 的情况。在图 10.6 中，保持其他参数不变，改变转载成本或竞争强度和销售价格。

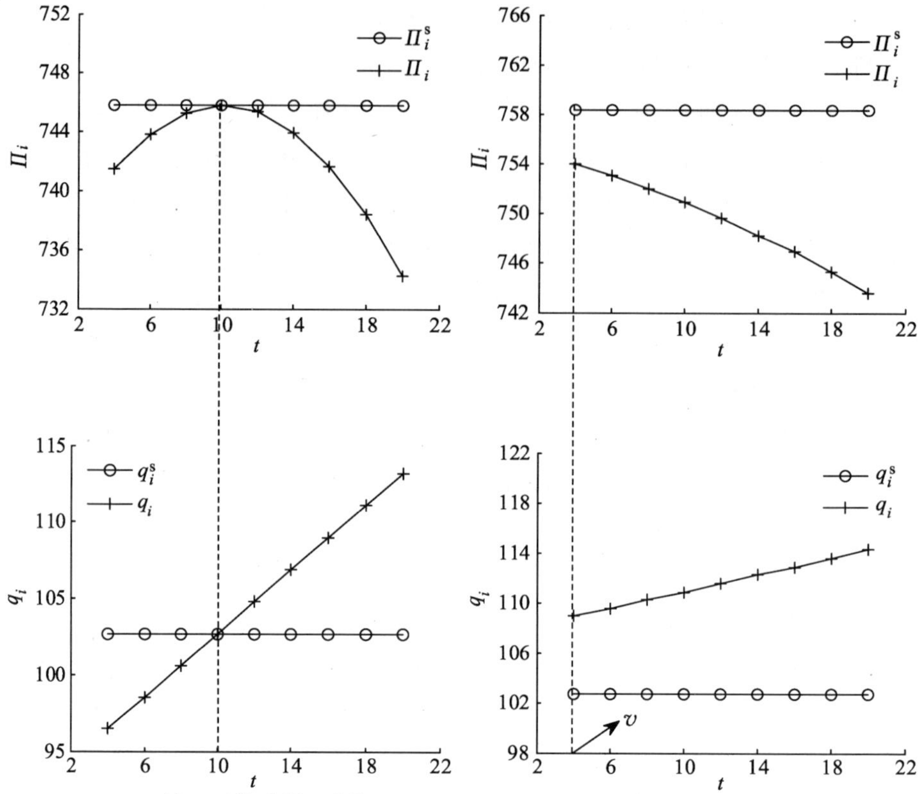


(a) $e \leqslant \hat{e}$ ($\hat{e}$=0.31,$e$=0.1)　　(b) $e > \hat{e}$ ($\hat{e}$=0.31,$e$=0.6)

**图 10.5　转载价格 $t$ 对订货量 $q_i^*$ 和利润 $\Pi$ 的影响**

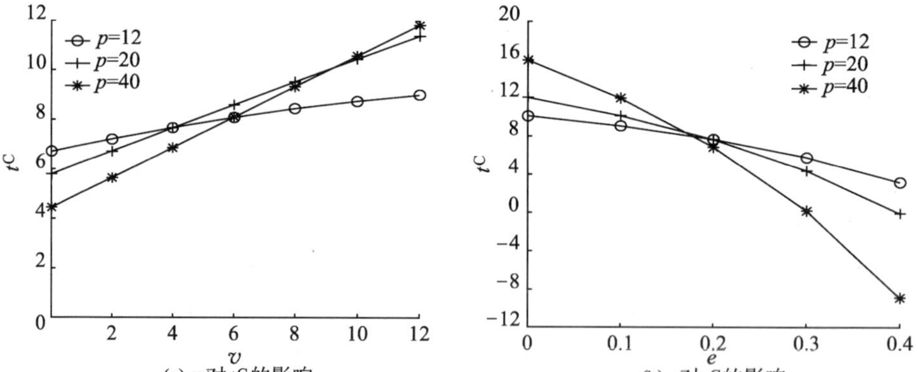


(a) $v$对$t^C$的影响　　(b) $e$对$t^C$的影响

**图 10.6　转载成本 $v$ 和竞争强度 $e$ 对转载价格 $t^C$ 的影响**

**观测 10.4**　转载价格 $t^C$ 随转载成本 $v$ 的增加而增加，随竞争强度 $e$ 的增大而降低。

在现实中，转载成本和竞争强度与零售商之间的距离密切相关。零售商之间的距离越长，转载成本越高，竞争强度越小。因此，观测 10.4 表明，当零售商选择与距离较远的竞争对手建立转载关系时，应设置较高的转载价格，否则应设置较低的转载价格。

接下来研究分散条件下竞争强度 $e$ 和转载成本 $v$ 对最优订货量的影响。由命题 10.6 可知，当 $e \leqslant \hat{e}$ 时，在适当的转载价格下，分散和集中两种情况下的最优订货量是相同的。因此，当 $e \leqslant \hat{e}$ 时，对分散式供应链下最优订货量的影响$(e, v)$与集中式供应链下的影响是一致的。在分散式供应链下，我们主要研究 $e > \hat{e}$，可得如下命题。

**命题 10.7**　当零售商处于分散状态时，最优订货量会随着竞争强度 $e$ 的增大而增加，如果 $e > \hat{e}$，最优订货量会随转载成本 $v$ 的降低而减少。

**证明**　用类似证明命题 10.4 的方法，可以得到

$$\frac{\partial q_i^*}{\partial e} = -\frac{p \partial k_{ji}^1 / \partial e + (p - v) \partial k_{ij}^2 / \partial e}{\partial M / \partial q_i + \partial M / \partial q_j} \tag{10.50}$$

由于零售商之间具有对称性，因此$\partial k_{ij}^2 / \partial e = \partial k_{ji}^2 / \partial e$。

$$p \partial k_{ji}^1 / \partial e + (p - v) \partial k_{ji}^2 / \partial e = p \partial P(\text{Ⅱ}) / \partial e + (p - v) P(\text{Ⅲ} \cup \text{Ⅳ}) + (p - v) e \partial P(\text{Ⅲ} \cup \text{Ⅳ}) / \partial e$$

因为$\partial P(\text{Ⅱ} \cup \text{Ⅲ} \cup \text{Ⅳ}) / \partial e = 0$ 且$\partial P(\text{Ⅱ}) / \partial e > 0$，所以$(p - v) \partial P(\text{Ⅱ}) / \partial e + (p - v) e \partial P(\text{Ⅲ} \cup \text{Ⅳ}) / \partial e > 0$，从而可以得到 $p \partial k_{ji}^1 / \partial e + (p - v) \partial k_{ij}^2 / \partial e > 0$。因此，$\frac{\partial q_i^*}{\partial e} > 0$。用类似的方法，可以得到

$$\frac{\partial q_i^*}{\partial v} = -\frac{k_{ji}^1 - h_{ij}^1}{\partial M / \partial q_i + \partial M / \partial q_j} \tag{10.51}$$

因为$k_{ji}^1 = P(\text{Ⅱ})$且$h_{ij}^1 = P(\text{Ⅱ}) + P(\text{Ⅲ})$，所以$k_{ji}^1 - h_{ij}^1 < 0$。因此，$\frac{\partial q_i^*}{\partial v} < 0$。

综合上述分析，命题 10.7 得证。

当竞争强度较大时，如果零售商缺货，就会失去更多的顾客。因此，零售商往往会订购更多产品。随着转载成本的降低，零售商 $i$ 的转载收益增加，这将促使零售商订购更多的产品。如今，随着城市内和城市间物流业的快速发展，转载成本预计将进一步降低。这表明，在有转载可能的情况下，零售商应该订购更多产品。接下来，研究当 $e > \hat{e}$ 时，转载成本 $v$ 和竞争强度 $e$ 如何影响分散零售商的利润 $\Pi_{ri}$。由于无法得到分析结果，因此我们进行了数值分析，结果如图 10.7 所示。

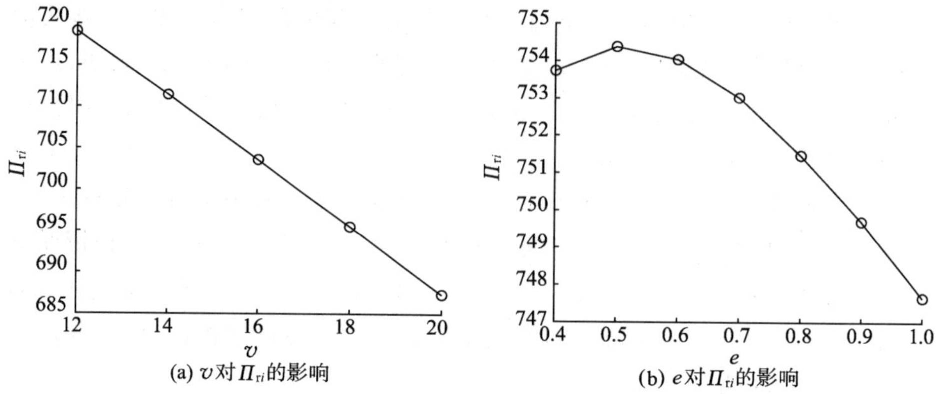


**图 10.7 转载成本 $v$ 和竞争强度 $e$ 对分散零售商利润 $\Pi_{ri}$ 的影响**

**观测 10.5** 零售商分散经营时,转载成本 $v$ 和竞争强度 $e$ 对零售商利润 $\Pi_{ri}$ 的影响如下:

① 零售商的利润随转载成本 $v$ 的增加而减少。

② 零售商的利润随竞争强度 $e$ 的增大先增加后减少。

转载利润随转载成本的降低而降低,这是导致零售商利润下降的主要原因。竞争强度的增大对零售商的利润是一把"双刃剑"。一方面,竞争强度增大,不满意的顾客就会从一个零售商免费转移到另一个零售商,从而使得库存分担成本降低。另一方面,从命题 10.7 可知,竞争强度越大,零售商的订单就会越多,从而使得预期的库存过剩成本增加。当竞争强度较小时,订单数量也较少,因此预期的积压成本也较低。在这种情况下,当竞争强度增大时,库存分担成本的降低大于预期库存积压成本的增加,因此零售商的利润随着竞争强度的增大而增加。相反,竞争强度越大,零售商的订货量就越大,因此库存积压成本的风险高于库存缺货的风险。在这种情况下,当竞争强度增大时,预期积压成本的增加将大于库存分担成本的减少,因此零售商的利润随着竞争强度的增大而减少。由观测 10.5 可知,就利润而言,零售商应选择竞争强度适中的竞争对手建立转载关系。

## 10.6 供应链协调

在这一节中,我们重点讨论在库存竞争和转载共同存在的情况下,如何实现供应链协调。供应链的协调机制可以激励集中式供应链和分散式供应链做出相同的决策[165](Govindan et al.,2013)。因此,出于基准考虑,我们首先推导出供应链的总利润$\Pi^{G}$。

$$\Pi^{G}(q_1^G,q_2^G)=p(R_1+R_2)+p(U_{12}+U_{21})+(p-v)(T_{12}+T_{21})-c(q_1^G+q_2^G) \tag{10.52}$$

与命题 10.1 的证明相似，我们发现，集中式供应链的最优订货量$(q_1^{G*},q_2^{G*})$应满足以下条件：

$$F_{D_i}(q_i^{G*})=\frac{p-c}{p}+\frac{p-v}{p}(h_{ij}^1-h_{ji}^2)+\frac{v}{p}(k_{ji}^1-k_{ij}^2) \tag{10.53}$$

将式(10.53)与式(10.20)和式(10.33)比较可以看出，供应链没有实现协调。这是供应链中转载和库存竞争的共同存在以及双重边缘化现象造成的。为了实现协调，我们设计了一个供应商管理库存的库存过剩风险和转载成本分担(RCS)合同。在供应商管理库存下，供应商持有并管理两个零售商的库存[166](Diabat，2014)，订货数量决策从两个零售商转移到供应商。同时，供应商也负责两个零售商之间的转载，从而避免了零售商在订货量上的博弈。在实践中，供应商管理库存应用于许多公司，如 Kmart、沃尔玛和宝洁公司。在供应商管理库存的条件下，供应商的期望利润为

$$\Pi_m^I(q_1^I,q_2^I)=w(R_1+R_2)+w(U_{12}+U_{21})+(w-v)(T_{12}+T_{21})-c(q_1^I+q_2^I) \tag{10.54}$$

由式(10.54)可知，供应链协调仍然是不可能的。其主要原因是供应商承担了所有的库存过剩的风险和所有的转载成本，但由于双重边缘化效应，供应商只享有部分供应链利润。为了消除这种影响，我们进一步设计了 RCS 合同。在 RCS 合同中，两个零售商将承担积压风险的一部分(记为 $0<a<1$，即 $ac[q_1+q_2-(R_1+R_2)-(U_{12}+U_{21})-(T_{12}+T_{21})]$)，以及转载费用的一部分(记为 $0<b<1$)。因此，在供应商管理库存的 RCS 合同下，供应商的利润为

$$\begin{aligned}\Pi_m^{IN}(q_1^{IN},q_2^{IN})=&(w-ac)(R_1+R_2)+(w-ac)(U_{12}+U_{21})+\\&[w-(1-b)v-ac](T_{12}+T_{21})-c(1-a)(q_1^{IN}+q_2^{IN})\end{aligned} \tag{10.55}$$

供应商的最优订货数量$(q_1^{IN*},q_2^{IN*})$应满足以下条件：

$$\begin{aligned}F_{D_i}(q_i^{IN*})=&\frac{w-ac-(1-a)c}{w-ac}+\frac{w-(1-b)v-ac}{w-ac}(h_{ij}^1-h_{ji}^2)+\\&\frac{(1-b)v}{w-ac}(k_{ji}^1-k_{ij}^2)\end{aligned} \tag{10.56}$$

通过式(10.56)和式(10.53)可以看出,为了满足 $q_i^{IN*}=q_i^{G*}$,必须同时满足下列方程:

$$\begin{cases}\dfrac{w-ac-(1-a)c}{w-ac}=\dfrac{p-c}{p}\\ \dfrac{w-(1-b)v-ac}{w-ac}=\dfrac{p-v}{p}\\ \dfrac{(1-b)v}{w-ac}=\dfrac{v}{p}\end{cases} \tag{10.57}$$

可以证明,当 $a=b=\dfrac{p-w}{p-c}$ 时,式(10.57)中的三个方程同时满足。因此,供应商管理库存的 RCS 合同可以协调供应链。将 $a=b=\dfrac{p-w}{p-c}$ 代入式(10.55),可得

$$\Pi_m^{IN}(q_1^{IN},q_2^{IN})=\frac{w-c}{p-c}\Pi^G(q_1^G,q_2^G) \tag{10.58}$$

由式(10.58)知,零售商和供应商可以通过变化 $w$ 任意分配利润。将上述结果总结为以下命题。

**命题 10.8** 当 $a^*=b^*=\dfrac{p-w}{p-c}$ 时,具有供应商管理库存的 RCS 合同能够在库存竞争和转载的同时协调供应链。此外,通过变化 $w$ 可以实现任意的利润分配。

在实践中,只有当一种协调机制能使双方都受益时,零售商和供应商才愿意接受它。因此,应选用适当的 $w$,以确保在所选择的 RCS 合同下,每个人的预期利润都能提高。

我们将协调效率定义为由供应链协调而产生的利润改进百分比,表达式为

$$\text{协调效率}=\left(\frac{\text{协调下的供应链利润}}{\text{未协调下的供应链利润}}-1\right)\times 100\%$$

没有协调的供应链利润可能意味着两种情况:零售商集中和零售商分散。因此,我们用 $\Pi_s^{CR}$ 和 $\Pi_s^{DR}$ 分别表示零售商集中和分散下的协调效率,并进行数值分析,结果绘制在图 10.8 中。

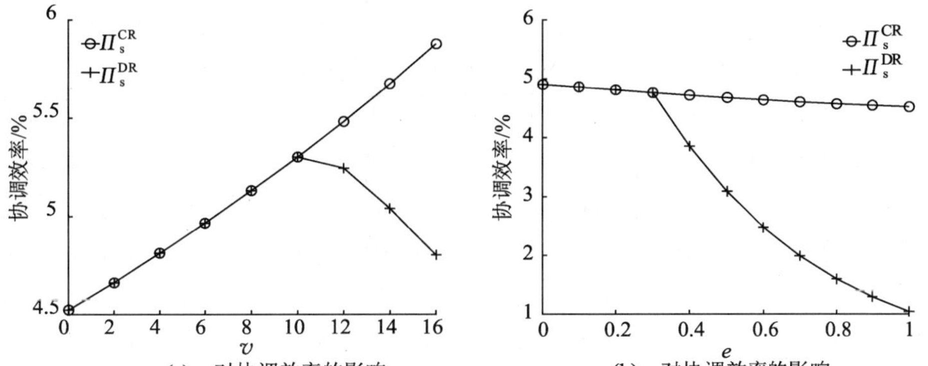


(a) $v$ 对协调效率的影响　(b) $e$ 对协调效率的影响

**图 10.8　转载成本 $v$ 和竞争强度 $e$ 对协调效率的影响**

由图 10.8 可知，协调对供应链总利润的提升百分比始终为正。这证实了 RCS 合同与供应商管理库存的合同确实可以提高供应链利润。此外，我们还有以下观测：

**观测 10.6**　当转载成本 $v$ 较高或竞争强度 $e$ 较大时，集中式零售商的协调效率大于分散式零售商；否则，协调效率是相同的。

观测 10.6 表明，当转载成本较高或竞争强度较大时，采用集中式零售商的协调契约可以获得更高的利润。原因如下：分散式零售商之间存在合作（转载）和库存竞争。当转载成本较高或竞争强度较大时，转载对订货数量的影响较小。在这种情况下，分散零售商之间的关系更倾向于竞争。而库存竞争会促使集中式零售商增加订单，从而缓解双边际效应。当转载成本较低或竞争强度较小时，分散式零售商可以通过适当的转载价格实现横向协调，因此分散式零售商和集中式零售商的协调效率相同。另外，由观测 10.6 可以看出，相对于分散式零售商，集中式零售商和横向协调对零售商有利，但对供应链不利。

**观测 10.7**　竞争强度 $e$ 和转载成本 $v$ 对协调效率的影响如下：

① 当零售商集中时，协调效率随转载成本 $v$ 的增加而增加，随竞争强度 $e$ 的增大而降低；

② 当零售商分散时，在转载成本 $v$ 较高和竞争强度 $e$ 相对较大的情况下，协调效率会随它们的增加而降低；否则，结果与集中式零售商下的结果相同。

集中式零售商分担库存的平均成本随竞争强度的增大而降低，随转载成本的增加而增加。也就是说，当竞争强度增大或转载成本降低时，集中式零售商的边际成本降低,从而缓解了双边际效应。因此,当零售商集中时,供应链的协调效率会因竞争强度的增大而降低,但会随转载成本的增加而增加。

对于分散式零售商而言,当转载成本较低或竞争强度较小时,零售商集中与分散下的协调效率是一致的。观测 10.6 表明,当转载成本较高或竞争强度较大时,分散式零售商之间的关系更倾向于竞争。当转载成本或竞争强度进一步增加时,转载成本对零售商订货量的影响将进一步减小。在这种情况下,分散式零售商的订货量更多地受到竞争关系的影响,从而缓解双边际效应。因此,当零售商分散时,转载成本较高或竞争强度较大,协调效率随着转载成本或竞争强度的增加而降低。

## 10.7 本章小结

缺货是零售业的普遍现象。在缺货后,零售商为了快速满足顾客,避免销售损失,往往与竞争对手建立转载关系。然而,在商业实践中,即使缺货零售商可以采用转载的方式,但一些顾客仍然会到其竞争对手那里购买相同或类似的产品。因此,在实践中,转载与库存竞争是并存的,然而已有文献中很少对此进行研究。

在本章中,我们研究了一条供应链中一个供应商向两个竞争的零售商销售产品、两个零售商之间采用转载。我们的主要研究问题包括:不确定需求实现前竞争零售商如何订货?不确定需求实现后竞争零售商之间如何进行转移?在同时存在库存竞争和转载的情况下,供应链是否以及如何实现协调?

本章的主要结论如下。首先,我们分析了在需求不确定的情况下,一个供应商和两个竞争的零售商同时存在库存竞争和转载的供应链。其次,我们证明了一个新发现:当零售商之间的竞争强度较小时,他们可以通过设置适当的转载价格来实现横向协调。在竞争强度较大的情况下,单靠转载无法实现横向协调。最后,由于同时存在转载和库存竞争,使用回购等几种常用的合同不可能实现供应链协调,因此我们提出了一个供应商管理库存的 RCS 合同,它可以协调供应链,并在供应商和零售商之间提供任意的利润分配。

进一步的研究方向如下。首先,两个竞争零售商的设置可以扩展到任意数量的竞争零售商的设置。其次,由于决策往往是多周期和动态的,因此可将模型和分析扩展到多周期设置。最后,可以考虑内生批发价格和销售价格。

# 参考文献

[1] LAL R, SARVARY M. When and how is the Internet likely to decrease price competition? [J]. Marketing Science, 1999, 18(4): 485—503.

[2] ZETTELMEYER F. Expanding to the Internet: pricing and communications strategies when firms compete on multiple channels [J]. Journal of Marketing Research, 2000, 37(3): 292—308.

[3] WALLACE D W, GIESE J L, JOHNSON J L. Customer retailer loyalty in the context of multiple channel strategies[J]. Journal of Retailing, 2004, 80(4): 249—263.

[4] BIYALOGORSKY E, NAIK P. Clicks and mortar: the effect of on-line activities on off-line sales[J]. Marketing Letters, 2003, 14(1): 21—32.

[5] BERNSTEIN F, SONG J S, ZHENG X N. "Bricks-and-mortar" vs. "clicks-and-mortar": an equilibrium analysis[J]. European Journal of Operational Research, 2008, 187(3): 671—690.

[6] OFEK E, KATONA Z, SARVARY M. "Bricks and clicks": the impact of product returns on the strategies of multichannel retailers [J]. Marketing Science, 2011, 30(1): 42—60.

[7] PARK S Y, KEH H T. Modelling hybrid distribution channels: a game-theoretic analysis [J]. Journal of Retailing and Consumer Services, 2003, 10(3): 155—167.

[8] FRUCHTER G E, TAPIERO C S. Dynamic online and offline channel pricing for heterogeneous customers in virtual acceptance[J]. International Game Theory Review, 2005, 7(2): 137—150.

[9] CHIANG W Y K,CHHAJED D,HESS J D. Direct marketing,indirect profits: a strategic analysis of dual-channel supply-chain design [J]. Management Science,2003,49(1):1—20.

[10] 陈明洋,孙毅,吕本富. 网络环境下主要营销渠道选择策略[J]. 管理评论,2008,20(9):9—13.

[11] ARYA A,MITTENDORF B,SAPPINGTON D E M. The bright side of supplier encroachment[J]. Marketing Science,2007,26(5):651—659.

[12] 许传永,苟清龙,周垂日,等. 两层双渠道供应链的定价问题[J]. 系统工程理论与实践,2010,30(10):1741—1752.

[13] YAO D Q,LIU J J. Competitive pricing of mixed retail and e-tail distribution channels[J]. Omega,2005,33(3):235—247.

[14] TSAY A A,AGRAWAL N. Channel conflict and coordination in the E-commerce age[J]. Production and Operations Management,2004,13(1):93—110.

[15] DUMRONGSIRI A,FAN M,JAIN A,et al. A supply chain model with direct and retail channels [J]. European Journal of Operational Research,2008,187(3):691—718.

[16] KUMAR N,RUAN R R. On manufacturers complementing the traditional retail channel with a direct online channel[J]. Quantitative Marketing and Economics,2006,4(3):289—323.

[17] HENDERSHOTT T,ZHANG J E. A model of direct and intermediated sales[J]. Journal of Economics & Management Strategy,2006,15(2):279—316.

[18] NETESSINE S,RUDI N. Supply chain choice on the Internet[J]. Management Science,2006,52(6):844—864.

[19] 浦徐进,唐建荣. 制造商面对占优零售商时的零售渠道选择[J]. 合肥工业大学学报(自然科学版),2008,31(7):1051—1055.

[20] KACEN J J,HESS J D,CHIANG W Y K. Bricks or clicks? Consumer attitudes toward traditional stores and online stores[J]. Global Economics and Management Review,2013,18(1):12—21.

[21] HE Y,ZHAO X,ZHAO L D,et al. Coordinating a supply chain with effort and price dependent stochastic demand[J]. Applied

Mathematical Modelling,2009,33(6):2777－2790.

[22] 王玲. 产品线上服务对制造商网络销售渠道引入的策略探讨[J]. 商业经济研究,2015(20):81－82.

[23] 傅为忠,韦志琴,晋青青. 制造商和零售商视角下双渠道供应链网络渠道选择[J]. 商业经济研究,2017(9):50－53.

[24] 范小军,刘艳. 制造商引入在线渠道的双渠道价格与服务竞争策略[J]. 中国管理科学,2016,24(7):143－148.

[25] 李娟,濮阳小娟. 具有折扣销售期的网络零售商定价策略分析[J]. 管理工程学报,2017,31(3):149－154.

[26] 梁喜,蒋琼. 考虑线上线下零售商竞争的制造商双渠道定价策略[J].控制与决策,2018,34(7):1501－1513.

[27] ZHANG P,HE Y. Optimal price strategy for dual-channel retailer under different channel power structures[J]. International Journal of Modelling and Simulation,2016,36(3):68－78.

[28] 岳柳青,刘咏梅,朱桂菊. 零售商主导的生鲜双渠道供应链协调契约研究[J]. 软科学,2016,30(8):123－128.

[29] 李强,汪传旭. 需求更新条件下零售商双渠道订货策略研究[J]. 工业工程,2017,20(5):15－20.

[30] 陈国鹏,向从武. "互联网＋"环境下双渠道零售商定价策略研究[J]. 价格理论与实践,2016(5):152－155.

[31] HEO C Y. Exploring group-buying platforms for restaurant revenue management[J]. International Journal of Hospitality Management,2016,52:154－159.

[32] ZHENG X B,GUO X L. E-retailing of restaurant services: pricing strategies in a competing online environment[J]. Journal of the Operational Research Society,2016,67(11):1408－1418.

[33] XU J M,HU L,GUO X L,et al. Online cooperation mechanism: game analysis between a restaurant and a third-party website[J]. Journal of Revenue and Pricing Management,2020,19(1):61－73.

[34] ZHANG H,LUO K,NI G Q. The effects of price subsidy and fairness concern on pricing and benefits of take-away supply chain[J]. Journal of Combinatorial Optimization,2022,43(5):1106－1124.

[35] LIU Y,GUO B,CHEN C,et al. FooDNet: toward an optimized

food delivery network based on spatial crowdsourcing[J]. IEEE Transactions on Mobile Computing,2019,18(6):1288—1301.

[36] WANG L,YU Z,HAN Q,et al. Multi-objective optimization based allocation of heterogeneous spatial crowdsourcing tasks[J]. IEEE Transactions on Mobile Computing,2018,17(7):1637—1650.

[37] BAI L B,SHI C M,GUO Y T,et al. Quality risk evaluation of the food supply chain using a fuzzy comprehensive evaluation model and failure mode, effects, and criticality analysis[J]. Journal of Food Quality,2018,2018:1—19.

[38] YOUNG J A,CLARK P W,MCLNTYRE F S. The web as an E-commerce medium: an exploratory study of consumer perceptions in a restaurant setting[J]. Journal of Marketing Channels,2006,14(1—2):5—22.

[39] WANG L N,YI B. Research on O2O take-away restaurant recommendation system: taking ele. me APP as an example[J]. Cluster Computing,2019,22(3):6069—6077.

[40] YU X Q, REN X X. The impact of food quality information services on food supply chain pricing decisions and coordination mechanisms based on the O2O E-commerce mode[J]. Journal of Food Quality,2018,2018:1—18.

[41] BECKER-PETH M,KATOK E,THONEMANN U W. Designing buyback contracts for irrational but predictable newsvendors[J]. Management Science,2013,59(8):1800—1816.

[42] NOSOOHI I, NOOKABADI A S. Approaches to designing the revenue sharing contract under asymmetric cost information[J]. IMA Journal of Management Mathematics,2018,29(1):69—97.

[43] ZHANG P,HE Y,SHI C V. Transshipment and coordination in a two-echelon supply chain[J]. RAIRO-Operations Research,2017,51(3):729—747.

[44] CHEN J, ZHANG H, SUN Y. Implementing coordination contracts in a manufacturer Stackelberg dual-channel supply chain[J]. Omega,2012,40(5):571—583.

[45] HE Y, ZHANG P, YAO Y L. Unidirectional transshipment

policies in a dual-channel supply chain[J]. Economic Modelling, 2014,40:259—268.

[46] ZHU B L, WEN B, JI S F, et al. Coordinating a dual-channel supply chain with conditional value-at-risk under uncertainties of yield and demand[J]. Computers & Industrial Engineering, 2020, 139:106181.

[47] ZHA Y, ZHANG J H, YUE X H, et al. Service supply chain coordination with platform effort-induced demand[J]. Annals of Operations Research, 2015, 235(1):785—806.

[48] HAMARI J, SJÖKLINT M, UKKONEN A. The sharing economy: why people participate in collaborative consumption[J]. Journal of the Association for Information Science & Technology, 2016, 67(9):2047—2059.

[49] 闫永博.开放条件下共享经济的消费行为及规制[J].商业经济研究, 2019(14):59—63.

[50] 贺明华,刘小泉.共享经济下消费者信任的形成机理及影响机制[J].中国流通经济,2020,34(2):69—82.

[51] 邵婷,余嘉盈.消费者对共享单车品牌忠诚度的影响因素分析[J].牡丹江师范学院学报(社会科学版),2020(1):43—50.

[52] 史乐峰,吕通,陈真.共享汽车租赁定价策略研究:基于租还车便捷度和单车驾乘体验度的分析[J].价格理论与实践,2018(4):155—158.

[53] 桂云苗,武众,胡红春.共享经济下车货匹配平台定价策略[J].山东大学学报(理学版),2020,55(1):69—76,85.

[54] WEBER T A. Product pricing in a peer-to-peer economy[J]. Journal of Management Information Systems, 2016, 33(2):573—596.

[55] TIAN L, JIANG B J. Effects of consumer-to-consumer product sharing on distribution channel[J]. Production and Operations Management, 2018, 27(2):350—367.

[56] 彭赓,吕芸,刘颖.共享单车平台定价策略研究[J].数学的实践与认识,2019,49(10):11—21.

[57] BELK R. Sharing[J]. Journal of Consumer Research, 2010, 36(5): 715—734.

[58] PUSCHMANN T, ALT R. Sharing Economy[J]. Business & Information Systems Engineering, 2016, 58(1): 93-99.

[59] 李四海，傅瑜佳.未来共享经济的主战场：从资本竞赛到创新竞赛[J].清华管理评论，2018(5)：64-69.

[60] 王千，范文芳.价值共创视角下协同消费模式及创新探析[J].管理现代化，2020，40(4)：47-50.

[61] LESSIG L. Remix: making art and commerce thrive in the hybrid economy[J]. Information Science, 2010, 26(1): 80-81.

[62] LI X Z, HU X J, QIU J, et al. Can a manufacturer get better off when providing product sharing services? [J]. Discrete Dynamics in Nature and Society, 2021, 2021: 1-13.

[63] ESENDURAN G, LU L X, SWAMINATHAN J M. Buyback pricing of durable goods in dual distribution channels[J]. Manufacturing & Service Operations Management, 2020, 22(2): 412-428.

[64] CHEN Y J, WANG D, CHEN K, et al. Optimal pricing and availability strategy of a bike-sharing firm with time-sensitive customers [J]. Journal of Cleaner Production, 2019, 228: 208-221.

[65] CHEN Y J, ZHA Y, WANG D, et al. Optimal pricing strategy of a bike-sharing firm in the presence of customers with convenience perceptions[J]. Journal of Cleaner Production, 2020, 253: 119905.

[66] REN X J, HERTY M, ZHAO L D. Optimal price and service decisions for sharing platform and coordination between manufacturer and platform with recycling[J]. Computers & Industrial Engineering, 2020, 147: 106586.

[67] DOU Y F, HU Y J, WU D J. Selling or leasing? Pricing information goods with depreciation of consumer valuation[J]. Information Systems Research, 2017, 28(3): 585-602.

[68] YU Y G, DONG Y X, GUO X L. Pricing for sales and per-use rental services with vertical differentiation[J]. European Journal of Operational Research, 2018, 270(2): 586-598.

[69] GILBERT S M, RANDHAWA R S, SUN H Y. Optimal per-use rentals and sales of durable products and their distinct roles in price discrimination[J]. Production & Operations Management,

2014,23(3):393—404.

[70] YAN P,PEI J,CHINCHULUUN A. Strategic decisions of sales and pay-per-use rentals under incomplete product availability[J]. Journal of Global Optimization,2020,78(4):671—691.

[71] LI K J,XU S H. The comparison between trade-in and leasing of a product with technology innovations [J]. Omega, 2015, 54: 134—146.

[72] GEBAUER H,SAUL C J,HALDIMANN M,et al. Organizational capabilities for pay-per-use services in product-oriented companies [J]. International Journal of Production Economics, 2017, 192: 157—168.

[73] SUN L L,QIU J,HAN X,et al. Per-use-share rental strategy of distributed BESS in joint energy and frequency control ancillary services markets[J]. Applied Energy,2020,277:115589.

[74] SATO K,NAKASHIMA K. Optimal pricing problem for a pay-per-use system based on the Internet of things with intertemporal demand[J]. International Journal of Production Economics,2020, 221:107477.

[75] GAIARDELLI P,RESTA B,MARTINEZ V,et al. A classification model for product-service offerings[J]. Journal of Cleaner Production,2014,66:507—519.

[76] AGRAWAL V,BELLOS I. The potential of servicizing as a green business model[J]. Management Science, 2017, 63(5): 1545—1562.

[77] BELLOS I,FERGUSON M,TOKTAY L B. The car sharing economy: interaction of business model choice and product line design [J]. Manufacturing & Service Operations Management,2017,19(2):185—201.

[78] BALASUBRAMANIAN S,BHATTACHARYA S,KRISHNAN V V. Pricing information goods: a strategic analysis of the selling and pay-per-use mechanisms[J]. Marketing Science,2015,34(2): 218—234.

[79] CHEN L. Selling or renting: competition of electronic book retai-

lers[J]. Advances in Management & Applied Economics, 2016, 6(5): 17-37.

[80] YUAN Q, SHEN B. Renting fashion with strategic consumers in the sharing economy[J]. International Journal of Production Economics, 2019, 218: 185-195.

[81] JIA K H, LIAO X W, FENG J. Selling or leasing? Dynamic pricing of software with upgrades[J]. European Journal of Operational Research, 2018, 266(3): 1044-1061.

[82] LACOURBE P. Durable goods leasing in the presence of exporting used products to an international secondary market[J]. European Journal of Operational Research, 2016, 250(2): 448-456.

[83] XIONG Y, YAN W, FERNANDES K, et al. "Bricks vs. clicks": the impact of manufacturer encroachment with a dealer leasing and selling of durable goods[J]. European Journal of Operational Research, 2012, 217(1): 75-83.

[84] BHASKARAN S R, GILBERT S M. Implications of channel structure and operational mode upon a manufacturer's durability choice [J]. Production & Operations Management, 2015, 24(7): 1071-1085.

[85] PEI J, YAN P, KUMAR S, et al. How to react to internal and external sharing in B2C and C2C [J]. Production and Operations Management, 2021, 30(1): 145-170.

[86] TANG F F, XING X L. Will the growth of multi-channel retailing diminish the pricing efficiency of the web? [J]. Journal of Retailing, 2001, 77(3): 319-333.

[87] LYNCH J G, ARIELY D. Wine online: search costs affect competition on price, quality, and distribution[J]. Marketing Science, 2000, 19(1): 83-103.

[88] SHANKAR V, RANGASWAMY A, PUSATERI M. The online medium and customer price sensitivity[Z]. Park: the Pennsylvania State University, University Park, 1999.

[89] ZETTELMEYER F. Expanding to the Internet: pricing and communications strategies when firms compete on multiple channels

[J]. Journal of Marketing Research,2000,37(3):292—308.

[90] CHU J H,CHINTAGUNTA P K,VILCASSIM N J. Assessing the economic value of distribution channels: an application to the personal computer industry[J]. Journal of Marketing Research, 2007,44(1):29—41.

[91] CAMPBELL M C. Perceptions of price unfairness: antecedents and consequences[J]. Journal of marketing research,1999,36(2): 187—199.

[92] ASHERAFT D. The multichannel pricing challenge—managing customer service in stores and on the Internet—brief article[J]. DSN Retailing Today,2001(16):1530—6259.

[93] ANCARANI F,SHANKAR V. Price levels and price dispersion within and across multiple retailer types: further evidence and extension[J]. Journal of the Academy of Marketing Science,2004,32(2):176—187.

[94] 刘洋. 网络渠道与传统渠道的冲突及共存问题研究[J]. 商场现代化,2010(16):21—22.

[95] WOLK A,EBLING C. Multi-channel price differentiation: an empirical investigation of existence and causes[J]. International Journal of Research in Marketing,2010,27(2):142—150.

[96] 汪旭晖,李燕艳. 多渠道零售商的定价策略研究[J]. 价格理论与实践,2012(3):81—82.

[97] CHUN S H,KIM J C. Pricing strategies in B2C electronic commerce: analytical and empirical approaches[J]. Decision Support Systems,2005,40(2):375—388.

[98] DRUEHL C T,PORTEUS E L,SMITH R H. Online versus offline price competition: service differentiation and the effect of Internet shopping penetration[Z]. Park: University of Maryland, 2005.

[99] HUANG W,SWAMINATHAN J M. Introduction of a second channel: implications for pricing and profits[J]. European Journal of Operational Research,2009,194(1):258—279.

[100] RAJU J S,ROY A. Market information and firm performance[J].

Management Science,2000,46(8):1075—1084.

[101] STEINFIELD C. Understanding click and mortar e-commerce approaches: a conceptual framework and research agenda[J]. Journal of Interactive Advertising,2002,2(2):1—10.

[102] CHOPRA S. Designing the distribution network in a supply chain [J]. Transportation Research Part E: Logistics and Transportation Review,2003,39(2):123—140.

[103] BERMAN B,THELEN S. A guide to developing and managing a well-integrated multi-channel retail strategy[J]. International Journal of Retail & Distribution Management, 2004, 32(3): 147—156.

[104] BENDOLY E,BLOCHER J D,BRETTHAUER K M,et al. Online/In-store integration and customer retention[J]. Journal of Service Research,2005,7(4):313—327.

[105] ZHANG J,FARRIS P W,IRVIN J W,et al. Crafting integrated multichannel retailing strategies[J]. Journal of Interactive Marketing,2010,24(2):168—180.

[106] HERHAUSEN D,BINDER J,SCHOEGEL M,et al. Integrating bricks with clicks: retailer-level and channel-level outcomes of online-offline channel integration[J]. Journal of Retailing,2015, 91(2):309—325.

[107] FORRESTER. Customer desires vs. retailer capabilities: minding the omni-channel commerce gap[R]. California: Forrester Consulting,2014.

[108] CHATTERJEE P. Multiple-channel and cross-channel shopping behavior: role of customer shopping orientations[J]. Marketing Intelligence & Planning,2010,28(1):9—24.

[109] KIM E,PARK M C,LEE J. Determinants of the intention to use buy-online,pickup in-store(BOPS): the moderating effects of situational factors and product type[J]. Telematics and Informatics,2017,34(8):1721—1735.

[110] GALLINO S, MORENO A. Integration of online and offline channels in retail: the impact of sharing reliable inventory availa-

bility information[J]. Management Science,2014,60(6):1434—1451.

[111] GAO F, SU X M. Omni-channel retail operations with buy-online-and-pickup-in-store[J]. Management Science,2017,63(8):2478—2492.

[112] CHEN T H. Effects of the pricing and cooperative advertising policies in a two-echelon dual-channel supply chain [J]. Computers & Industrial Engineering,2015,87(9):250—259.

[113] YAN R L,CAO Z X,PEI Z. Manufacturer's cooperative advertising,demand uncertainty,and information sharing[J]. Journal of Business Research,2016,69(2):709—717.

[114] YANG J Q,ZHANG X M,ZHANG H Y. Cooperative inventory strategy in a dual-channel supply chain with transshipment consideration[J]. International Journal of Simulation Modelling,2016,15(2):365—376.

[115] ZHAO F G,WU D S,LIANG L A,et al. Lateral inventory transshipment problem in online-to-offline supply chain[J]. International Journal of Production Research,2016,54(7):1951—1963.

[116] LEI M;LIU H H,DENG H H,et al. Demand information sharing and channel choice in a dual-channel supply chain with multiple retailers[J]. International Journal of Production Research,2014,52(22):6792—6818.

[117] GARICANO L, KAPLAN S N. The effects of business-to-business E-commerce on transaction costs[J]. The Journal of Industrial Economics,2001,49(4):463—485.

[118] OSBORNE M J,PITCHIK C. Equilibrium in Hotelling's model of spatial competition[J]. Econometrica,1987,55(4):911—922.

[119] ZHANG P, HE Y, ZHAO X A. "Preorder-online, pickup-in-store" strategy for a dual-channel retailer[J]. Transportation Research Part E: Logistics and Transportation Review,2019,122:27—47.

[120] STEINFIELD C,ADELAAR T,LIU F. Click and mortar strategies viewed from the web: a content analysis of features illustra-

ting integration between retailers' online and offline presence[J]. Electronic Markets,2005,15(3):199—212.

[121] OH L B,TEO H H,SAMBAMURTHY V. The effects of retail channel integration through the use of information technologies on firm performance[J]. Journal of Operations Management, 2012,30(5):368—381.

[122] LI F,LI S L,GU J R. Whether to delay the release of eBooks or not? An analysis of optimal publishing strategies for book publishers[J]. Journal of Theoretical and Applied Electronic Commerce Research,2019,14(2):124—137.

[123] LEE W J. Unravelling consumer responses to omni-channel approach[J]. Journal of Theoretical and Applied Electronic Commerce Research,2020,15(3):37—49.

[124] TON Z. The role of store execution in managing product avail ability[D].Cambridge:Harvard University Press,2002.

[125] KRISHNAN K S, RAO V R K. Inventory control in N warehouses[J]. Journal of Industrial Engineering, 1965, XVI: 212—215.

[126] HERER Y T, TZUR M, YÜCESAN E. Transshipments: an emerging inventory recourse to achieve supply chain leagility[J]. International Journal of Production Economics, 2002, 80 (3): 201—212.

[127] AXSÄTER S. A new decision rule for lateral transshipments in inventory systems[J]. Management Science,2003,49(9):1168—1179.

[128] SLIKKER M,FRANSOO J,WOUTERS M. Cooperation between multiple news-vendors with transshipments[J]. European Journal of Operational Research,2005,167(2):370—380.

[129] ZHAO H,RYAN J K,DESHPANDE V. Optimal dynamic production and inventory transshipment policies for a two-location make-to-stock system[J]. Operations Research, 2008, 56 (2): 400—410.

[130] ZHAO X A,ATKINS D. Transshipment between competing re-

tailers[J]. IIE Transactions,2009,41(8):665—676.

[131] ARCHIBALD T W,BLACK D,GLAZEBROOK K D. An index heuristic for transshipment decisions in multi-location inventory systems based on a pair wise decomposition[J]. European Journal of Operational Research, 2009,192(1):69—78.

[132] OLSSON F. An inventory model with unidirectional lateral transshipments[J]. European Journal of Operational Research, 2010, 200(3):725—732.

[133] PATERSON C, TEUNTER R, GLAZEBROOK K. Enhanced lateral transshipments in a multi-location inventory system[J]. European Journal of Operational Research, 2012,221(2):317—327.

[134] DONG L X,RUDI N. Who benefits from transshipment? Exogenous vs. endogenous wholesale prices[J]. Management Science, 2004,50(5):645—657.

[135] BURTON J,BANERJEE A. Cost-parametric analysis of lateral transshipment policies in two-echelon supply chains[J]. International Journal of Production Economics, 2005,93—94:169—178.

[136] ZHANG J. Transshipment and its impact on supply chain members' performance[J]. Management Science, 2005,51(10):1534—1539.

[137] LEE Y H,JUNG J W, JEON Y S. An effective lateral transshipment policy to improve service level in the supply chain[J]. International Journal of Production Economics, 2007,106(1):115—126.

[138] SHAO J, KRISHNAN H, MCCORMICK S T. Incentives for transshipment in a supply chain with decentralized retailers[J]. Manufacturing & Service Operations Management,2011,13(3):361—372.

[139] NASR W W, SALAMEH M K, MOUSSAWI-HAIDAR L. Transshipment and safety stock under stochastic supply interruption in a production system[J]. Computers & Industrial Engineering, 2012,63(1):274—284.

[140] EMMONS H,GILBERT S M. Note. the role of returns policies in pricing and inventory decisions for catalogue goods[J]. Management Science, 1998,44(2):276—283.

[141] WENG Z K. Channel coordination and quantity discounts[J]. Management Science, 1995,41(9):1509—1522.

[142] WANG Q Z,TSAO D B. Supply contract with bidirectional options: the buyer's perspective[J]. International Journal of Production Economics, 2006,101(1):30—52.

[143] TAYLOR T A. Supply chain coordination under channel rebates with sales effort effects[J]. Management Science, 2002,48(8):992—1007.

[144] CACHON G P. Supply chain coordination with contracts[M]//de Kok A G,Graves S C,Handbooks in Operations Research and Management Science(vol. 11).Amsterdam: Elesiver Science Publishers,North-Holland,2002:229—339.

[145] BOYACI T. Competitive stocking and coordination in a multiple-channel distribution system[J]. IIE Transactions, 2005,37(5):407—427.

[146] CAI G S, ZHANG Z G, ZHANG M. Game theoretical perspectives on dual-channel supply chain competition with price discounts and pricing schemes[J]. International Journal of Production Economics,2009,117(1):80—96.

[147] HEZARKHANI B, KUBIAK W. A coordinating contract for transshipment in a two-company supply chain[J]. European Journal of Operational Research, 2010,207(1):232—237.

[148] FUDENBERG D,TIROLE J. Game Theory[M].Cambridge:MIT Press,1991.

[149] LEE C Y,LU T. Inventory competition with yield reliability improvement[J]. Naval Research Logistics(NRL),2015,62(2):107—126.

[150] TIERNEY S. P&G has better news on stock-outs[J]. Supply Chain Europe,2004,13(9):28.

[151] VERBEKE W,FARRIS P,THURIK R. Consumer response to

the preferred brand out-of-stock situation[J]. European Journal of Marketing,1998,32(112):1008－1028.

[152] oTMS. 城市商圈门店调货优质利器　o速配“小而轻”要你好看[EB/OL](2016－08－30)[2023－02－15]. http://www.otms.com/news/oSuper-introduce.

[153] NOHAM R,TZUR M. The single and multi-item transshipment problem with fixed transshipment costs[J]. Naval Research Logistics(NRL),2014,61(8):637－664.

[154] FENG P P,FUNG R Y K,WU F. Preventive transshipment decisions in a multi-location inventory system with dynamic approach [J]. Computers & Industrial Engineering,2017,104:1－8.

[155] TIMAJCHI A, MIRZAPOUR AL-E-HASHEM S M J, REKIK Y. Inventory routing problem for hazardous and deteriorating items in the presence of accident risk with transshipment option [J]. International Journal of Production Economics, 2019, 209: 302－315.

[156] FENG X H,MOON I,RYU K. Warehouse capacity sharing via transshipment for an integrated two-echelon supply chain[J]. Transportation Research Part E: Logistics & Transportation Review,2017,104:17－35.

[157] LEE C,PARK K S. Inventory and transshipment decisions in the rationing game under capacity uncertainty[J]. Omega,2016,65: 82－97.

[158] ZOU L, DRESNER M, WINDLE R. A two-location inventory model with transshipments in a competitive environment[J]. International Journal of Production Economics, 2010, 125(2): 235－250.

[159] ABOUEE-MEHRIZI H, BERMAN O, SHARMA S. Optimal joint replenishment and transshipment policies in a multi-period inventory system with lost sales[J]. Operations Research,2015, 63(2):342－350.

[160] NAKANDALA D,LAU H,ZHANG J J. Strategic hybrid lateral transshipment for cost-optimized inventory management[J]. In-

dustrial Management & Data Systems, 2017, 117 (8): 1632 — 1649.

[161] OLSSON F. Emergency lateral transshipments in a two-location inventory system with positive transshipment leadtimes[J]. European Journal of Operational Research,2015,242(2):424—433.

[162] DAN B,HE Q R,ZHENG K W,et al. Ordering and pricing model of retailers' preventive transshipment dominated by manufacturer with conditional return[J]. Computers & Industrial Engineering, 2016,100:24—33.

[163] TORABI S A,HASSINI E,JEIHOONIAN M. Fulfillment source allocation,inventory transshipment,and customer order transfer in e-tailing[J]. Transportation Research Part E: Logistics & Transportation Review,2015,79:128—144.

[164] DIJKSTRA A S, VANDER HEIDE G, ROODBERGEN K J. Transshipments of cross-channel returned products[J]. International Journal of Production Economics,2019,209:70—77.

[165] GOVINDAN K,POPIUC M N,DIABAT A. Overview of coordination contracts within forward and reverse supply chains[J]. Journal of Cleaner Production,2013,47:319—334.

[166] DIABAT A. Hybrid algorithm for a vendor managed inventory system in a two-echelon supply chain[J]. European Journal of Operational Research,2014,238(1):114—121.